西安石油大学优秀学术著作出版基金资助
西安石油大学油气资源经济管理研究中心资助

教育部人文社会科学研究青年项目
"民生导向下的乡村旅游转型升级研究——以西部地区为例"
（编号：12YJC630125）资助

刘笑明 ◎ 著

民生导向下的

乡村旅游转型升级研究
——以西部地区为例

中国社会科学出版社

图书在版编目（CIP）数据

民生导向下的乡村旅游转型升级研究：以西部地区
为例/刘笑明著．—北京：中国社会科学出版社，2016.6
ISBN 978 - 7 - 5161 - 8291 - 8

Ⅰ.①民…　Ⅱ.①刘…　Ⅲ.①乡村—旅游业发展—
研究—西北地区②乡村—旅游业发展—研究—西南地区
Ⅳ.①F592.3

中国版本图书馆 CIP 数据核字（2016）第 124054 号

出 版 人　赵剑英
责任编辑　刘晓红
责任校对　周晓东
责任印制　戴　宽

出　　　版　中国社会科学出版社
社　　　址　北京鼓楼西大街甲 158 号
邮　　　编　100720
网　　　址　http：//www.csspw.cn
发 行 部　010 - 84083685
门 市 部　010 - 84029450
经　　　销　新华书店及其他书店
印刷装订　北京君升印刷有限公司
版　　　次　2016 年 6 月第 1 版
印　　　次　2016 年 6 月第 1 次印刷
开　　　本　710×1000　1/16
印　　　张　15
插　　　页　2
字　　　数　219 千字
定　　　价　56.00 元

目　录

上篇　综合研究

第一章　绪论 ·· 3

　　第一节　研究背景、目的与意义 ···················· 3

　　第二节　研究设计 ································ 7

　　第三节　基本概念 ································ 11

第二章　国内外研究状况与述评 ······················ 17

　　第一节　乡村旅游研究综述 ························ 17

　　第二节　旅游转型升级研究综述 ···················· 35

第三章　理论基础 ···································· 50

　　第一节　旅游发展理论 ···························· 50

　　第二节　产业发展与转型升级理论 ·················· 55

　　第三节　民生发展理论 ···························· 60

第四章　旅游民生及乡村旅游的民生效应 ·············· 61

　　第一节　民生与旅游民生 ·························· 61

　　第二节　乡村旅游的民生效应 ······················ 63

第五章　我国西部地区乡村旅游发展现状、
　　　　民生效应及存在问题 ……………………………………… 68

　　第一节　西部地区乡村旅游发展的总体态势与成绩 ……… 68
　　第二节　西部各省（市、自治区）乡村旅游发展概况 …… 70
　　第三节　西部地区乡村旅游发展存在的主要问题 ………… 85

第六章　国内外乡村旅游发展的经验借鉴 …………………… 91

　　第一节　国外乡村旅游发展经验借鉴 ……………………… 91
　　第二节　国内乡村旅游发展经验借鉴 ……………………… 103

第七章　民生导向下乡村旅游转型升级的背景、主体与动力 …… 111

　　第一节　民生导向下乡村旅游转型升级的背景 ………… 111
　　第二节　民生导向下乡村旅游转型升级的主体 ………… 117
　　第三节　民生导向下乡村旅游转型升级的动力 ………… 121

第八章　西部地区乡村旅游转型升级的内容与路径 ………… 130

　　第一节　基本认识、方向与原则 ………………………… 130
　　第二节　乡村旅游的转型 ………………………………… 134
　　第三节　乡村旅游的升级 ………………………………… 143

第九章　西部地区乡村旅游转型升级的对策建议 …………… 152

　　第一节　政府部门 ………………………………………… 152
　　第二节　乡村社区 ………………………………………… 157
　　第三节　中介组织 ………………………………………… 160
　　第四节　旅游企业 ………………………………………… 162

参考文献 …………………………………………………………… 165

下篇 专题研究

陕西省乡村旅游低碳化发展研究 ……………………… 179

陕西省乡村旅游标准化的现状与对策分析 ……………… 212

基于游客感知与评价的乡村旅游地发展研究
　　——以西安上王村为例 …………………………… 221

后 记 …………………………………………………… 231

上 篇

综 合 研 究

第一章 绪论

第一节 研究背景、目的与意义

一 研究背景

旅游业是公认的幸福产业、民生产业，在满足游客旅游需求、提升公民幸福指数方面具有不可替代的作用。实际上，早在1980年发表的《马尼拉世界旅游宣言》中，世界旅游组织就已将公民的旅游、度假、休闲权看作是基本人权的组成部分，呼吁各国通过立法来保障实现这一权利。近年来，随着我国社会进入转型期，旅游业在经济社会发展中的地位不断提升，旅游的民生效应也日益凸显并得到重视。2009年12月，《国务院关于加快发展旅游业的意见》中提出，要把旅游业培育成为国民经济战略性支柱产业和人民群众更加满意的现代服务业。2013年2月，国务院办公厅颁布《国民旅游休闲纲要（2013—2020年）》。2013年10月1日起，《中华人民共和国旅游法》正式实施。2014年8月《国务院关于促进旅游业改革发展的若干意见》印发。为贯彻落实《中华人民共和国旅游法》，加强部门间协调配合，促进我国旅游业持续健康发展，2014年9月，国务院建立旅游工作部际联席会议制度。这一系列重大战略性举措的出台，是从国家战略层面对旅游业进行的新定位，做出的新设计，使旅游业性质、地位、作用和发展目标更加明确，既表明政府对发展旅游业的高度重视，也体现了国家对国民基本人权的重视和对旅游民生的高度期望。习近平总书记指出："人民对美好生活的向往，就是我们的奋斗目标"；"旅游是综合性产业，是拉动经济增长的重要动力"；"旅游业是传播文明、交流文化、增进友谊的桥梁，是人民生活水平提高的一个重要指标"。李克强总理也特别强调，要"发挥旅游在扩内需、稳增长、增就业、减贫困、惠民生中的独特作用"。可见，在旅游已经成为公民的一项基本权利的社会现实之下，通过发展旅游产业来改善民生、通过旅游活动让人民群众"活得更加幸福、更有尊严"，就必然成为我国旅游业义无反顾的担当。

当前，我国经济发展进入增速放缓、结构优化、驱动升级的新常态。旅游业作为综合性大产业，关联度大、涉及面宽、拉动力强，越来越成为扩大内需的重要抓手，推动经济增长的朝阳产业。在新常态下，大力发展旅游业，加快旅游转型升级，充分释放旅游消费对经济增长的内生动力，是稳增长的重要引擎、调结构的重要突破口、惠民生的重要抓手、生态文明建设的重要支撑。旅游业在国民经济和社会发展中的重要战略地位更加凸显。

乡村旅游是我国旅游产业的重要组成部分，在打造国民经济战略性支柱产业和人民群众更加满意的现代服务业进程中，地位独特，作用重要。党的十八届三中全会通过的《中共中央关于全面深化改革若干重大问题的决定》（以下简称《决定》）提出"探索新型城镇化道路、构建新型工农城乡关系"的新理念。健全体制机制，形成以工促农、以城带乡、工农互惠、城乡一体的新型工农城乡关系，让广大农民平等参与现代化进程、共同分享现代化成果。这为进一步推进乡村旅游业在更高层次上的提升和转型发展树立了理念，指明了方向。《决定》告诉我们：发展乡村旅游，已不单纯是为了发挥乡村资源的经济价值、丰富旅游产品的类型，更为重要的是，发展乡村旅游已经成为解决"三农"问题、提高"三农"发展绩效、实现"以人为核心的城镇化"的重要途径。[1]可见，乡村旅游如何在新常态下顺利实现转型升级，并努力成为新的增长点，是一个值得各方关注、有必要深入探讨的重要话题。

乡村旅游历史悠久，但作为一种新的旅游方式与产业形态，仅肇始于第二次世界大战以后的西方发达国家。乡村旅游在我国国内起步较晚，发展迅速。根据国家旅游局的测算，2012 年，我国乡村旅游年接待游客人数已经达到 3 亿人次，旅游收入超过 500 亿元，占全国出游总量的近 1/3。每年的三个黄金周，全国城市居民出游选择乡村旅游的比例约占 70%，每个黄金周形成大约 6000 万人次的乡村旅游市场，全国主要城市周边乡村旅游接待人数年增长均高于 20%。截至 2014 年底，全国有"农家乐"超 190 万家，休闲农业区 3 万余家，乡村旅游特色村 10 万个，全年接待游客 12 亿人次，乡村旅游营业收入 3200 亿元，带动了 3000 万农民受益。我国乡村旅游初步形成围绕大中城市、名胜景区、山水生态区、特色农业区的发展格局，成为城镇居民"5 + 2"生活模式的主要载体，国内旅游发展的主战场。[2] 较之于其他的旅游形式，乡村旅游具有资源潜力大、覆盖面广、受益群体多、综合带动性强的特点。从近年来各地发展实践来看，我国乡村旅游的快速发展确实大大增加了乡村社区的就业机会与消费需求，有力促进了目的地经济社会的快速转型，有效提升了当地居民的社会福利水平。其在促进农民就业、拉动社会消费、深化城乡交流、保护乡村生态环境、推动农村社区经济社会发展方面的民生效应不断凸显，在统筹城乡发展、建设社会主义新农村进程中的特殊地位与独特作用得到广泛认同。2016 年中央一号文件提出，要大力实施乡村旅游扶贫，推进农村第一、第二、第三产业融合发展，这是乡村旅游发展的重大历史机遇。但客观来看，我国乡村旅游总体上仍然处于发展的初级阶段。分布分散、力量弱小、功能单一、特色缺乏、低质竞争、管理粗放等涉及产业、企业、产品、管理等不同层面的问题在各地普遍存在。粗放型发展模式所导致的目的地社会阶层分化、社会文化异化、生态环境恶化等负外部效应比比皆是。这些问题微观上阻碍了乡村旅游企业的健康发展，宏观上导致乡村旅游目的地竞争乏力、素质不高，总体上又削弱了当地居民社会福利水平的提高。目前，我国民众对乡村旅游的需求在质与量两个方面持续走高，大众化、体验化、休闲化的趋向日益明朗。在民生成为当下中国社会焦点与热点问题的大背景下，包括各级政府和目的地居民在内的各方主体也都对乡村旅游的进一步发展充满了更多的民生期待，寄予了更大的厚望。当前，乡村旅游市场需求的变动与产业发展存在的问题相互交织，政府的民生期待与面临的发展机遇彼此影响。面对我国民众不断提升的旅游需求和日益加剧的市场竞争，我国乡村旅游要避免分散化经营，同质化竞争，防止衰退，提质增效，就必须充分挖掘现有资源潜力、切实增强综合带动作用、不断扩大产业受益面、切实发挥民生功能，而这一切，皆依赖于其能否尽快实现转型发展。因此，将乡村旅游的发展置于民生视域之下，以转型升级作为切入点，积极探索其实现可持续发展的有效途径，成为提升乡村旅游竞争力、发挥产业综合效应、满足民众旅游需求、建设旅游强国的重要课题。

二　研究目的

（1）理论目标：借助旅游学、地理学、经济学、管理学等多学科基础理论与方法，解析乡村旅游的民生特征与民生效应，构建乡村旅游转型升级的理论框架，阐明乡村旅游转型升级的背景、主体与动力机制，指明乡村旅游转型升级的基本目标、方向、原则、主要内容与基本路径，从而为乡村旅游转型升级提供理论依据。

（2）实证目标：对我国西部地区乡村旅游发展现状进行广泛调查，科学判断其乡村旅游发展的民生效应并分析存在的主要问题。对美国、法国、英国等世界乡村旅游发达国家以及我国台湾、北京等地发展乡村旅游的成功经验进行归纳总结，为西部地区乡村旅游转型升级、健康持续发展提供经验借鉴和实证支持。选择若干典型乡村旅游目的地，从不同的方向，如低碳化、标准化、集群化等，对其转型升级发展进行专题探讨。

（3）对策目标：产业、企业、产品、管理转型是实现乡村旅游转型升级的核心内容；其中，企业转型居于中心位置，管理转型是重要保证。政府、企业、社区、中介组织等则是乡村旅游转型升级的主要参与者。以理论分析为基础，以实际调研结果和国内外发展经验为依据，从不同主体视角分别提出有针对性的对策建议，为区域乡村旅游转型升级提供操作指南。

三　研究意义

（1）理论意义：课题基于国内对乡村旅游转型升级研究不足这一事实，从关注民生、改善民生、扩大民生的新视角，对乡村旅游转型升级问题进行的系统化理论分析与实证研究，将弥补我国乡村旅游理论研究的不足，对推动旅游民生研究、拓展乡村旅游研究视野、丰富乡村旅游研究内容均具有重要意义。

（2）实践意义：课题以乡村旅游民生效应扩展为导向，以乡村旅游的转型升级作为化解上述问题的出路，试图经过理论分析，凸显乡村旅游的民生功能和价值；通过提出乡村旅游转型升级的目标、方向、总体思路与对策建议，为整个乡村旅游产业和乡村旅游企业的可持续发展以及各级政府旅游管理部门提供决策依据，从而体现出研究成果较好的政策价值。另外，针对我国西部地区典型区域乡村旅游产业转型升级的专题研究，对涉及地区、企业乡村旅游发展具有直接的指导意义。研究结果还可以为高校、旅游研究机构、旅游规划机构的学科建设、学术研究及规划实践做出贡献。

第二节　研究设计

一　研究思路

首先，通过文献分析，把握国内外乡村旅游民生研究、乡村旅游转型升级研究的基础理论、主要方法、最新进展与研究趋势；针对不同区域不同类型乡村旅游地、乡村旅游企业以及相关政府旅游管理部门、旅游研究机构等，通过实际走访、面上调查、入户访谈、统计分析等多种手段，探寻不同主体对乡村旅游的属性、态度、认识与评价，掌握我国西部地区乡村旅游的发展现状，研判乡村旅游的民生功能与实际效应，分析存在问题，论证乡村旅游转型升级的必要性。

其次，从实践层面分析国内外乡村旅游发达地区的先进做法与经验，为西部地区乡村旅游实现转型升级提供参考。从理论层面，以民生为导向，借助多学科理论，对乡村旅游的转型升级进行系统的理论分析。包括转型升级的时代背景、重要主体、动力机制分析，转型升级的目标、原则、方向、整体思路、主要内容，以及基于不同主体的对策建议研究。

最后，选择若干典型区域或乡村旅游目的地，对理论层面提出的转型升级路径与方向（如低碳化、集群化、标准化、智慧化等）作出进一步的专题研究，以便为我国西部地区具体区域乡村旅游的转型升级提供直接指导。

二 研究方法

（1）文献分析法。充分利用网络资源和馆藏文献与资料，研究国内外最新的专著、论文、报告、政府文件等，掌握研究领域的新动态与新趋势，并为研究提供翔实可靠的基础资料和理论支撑。

（2）规范分析法。通过文献回顾，梳理乡村旅游转型升级研究的脉络，构建转型升级发展的理论框架，从产品、企业、产业、管理、理念、模式、产业、营销等不同层面进行逻辑推演，提出转型升级的方向、思路，从企业、政府、社区、中介组织等主体视角，提出具有针对性的对策建议。

（3）实证研究法。在研究周期内，分别对陕西（长安区、礼泉县袁家村、岐山县北郭村、石泉县后柳古镇、户县东韩村等）、四川（成都郫县、龙泉驿）、重庆（南岸区）、贵州（西江千户苗寨、黄果树旅游区、青岩古镇）、甘肃（麦积山风景区）、宁夏（沙湖风景区、沙坡头）等省市区多地乡村旅游目的地进行了实际考察，深入当地农户、企业、学术机构等进行了一定范围的访谈和问卷调查，获得第一手资料。

（4）跨学科研究法。借鉴旅游学、地理学、经济学、管理学、社会学等相关学科思想和方法，对研究问题进行多方位理论思考。

（5）理论和实践相结合的方法。既有理论层面的系统化、逻辑化分析，又有对典型案例地的实证研究，以保证研究结果的科学性和可信度。

三 研究内容

（1）国内外研究现状和动态。通过广泛查阅文献，掌握国内外关于乡村旅游、旅游转型升级问题研究的最新进展。

（2）基础理论归纳。认为民生导向下乡村旅游转型升级是一个复杂的问题系统，必须借助于多学科理论进行多维度审视。社区参与理论、利益相关者理论、产业升级理论、产业链理论、产业集群理论、民生发展理论等均可以从不同方面为乡村旅游转型升级提供理论依据和科学参考。

（3）我国西部地区乡村旅游发展现状、民生效应及存在问题分析。对乡村旅游民生的含义、表现进行解析和阐发。对西部地区乡村旅游发展的总体态势与成绩进行考察。介绍了西部各省（区、市）乡村旅游发展概况，并指出了存在的主要问题。为西部地区乡村旅游转型升级及民生效应拓展的必要性提供现实依据。

（4）国内外乡村旅游发展的经验借鉴。从国外、国内两个层面分别介绍了乡村旅游发达国家和地区的主要经验与做法，为西部地区乡村旅游实现转型升级发展归纳总结出具体的经验借鉴。

（5）民生导向下西部地区乡村旅游转型升级的背景、主体与动力机制分析。西部地区乡村旅游转型升级的背景是：产业发展进入新阶段、旅游需求发生新变化、扶贫减困成为新价值、共享发展成为新理念、供给侧改革成为新要求。转型升级的主要主体是：社区居民、政府部门、旅游企业和旅游者。转型升级的动力包括：需求动力、供给动力、政府动力、创新动力，这四方面的力量相互交织、相互渗透，综合作用于乡村旅游产业和乡村旅游目的地，共同推进乡村旅游转型升级这一复杂进程。

（6）乡村旅游转型升级的目标、方向、总体思路与主要内容。更好惠及民生是乡村旅游转型升级必须面对的现实问题；乡村旅游转型升级的目标是提质增效、改善民生；总体思路是"以民生为导向，以产品为基础，以企业为主体，以产业为核心，以管理为关键"。乡村旅游转型升级必须坚持文化、乡土、地方、生态、本地化五大原则。乡村旅游的转型包括产品转型、企业转型、产业转型、管理转型与旅游教育培训的转型。乡村旅游的升级包括理念升级、产业升级、模式升级、营销升级。

（7）乡村旅游转型升级的对策建议。政府应承担起规划者、组织者、协调者和控制者的角色，创新完善乡村旅游管理体制机制，加强规划引导与日常监管，强化政策与资金支撑、公共服务和设施配套，积极推动乡村旅游扶贫工作，完善乡村旅游专业人才培养机制，实施旅游"大营销"战略。乡村社区要谨慎选择乡村旅游发展模式，建立以社区为主导的旅游发展机制，明确自身的角色扮演与旅游参与，强化自主管理，重点提升贫困居民旅游参与能力。中介组织应发挥专门作用，成立乡村旅游微型企业联合体，构建乡村旅游资源共享平台。乡村旅游企业要创新机制增强发展活力，努力提高旅游服务质量，创新旅游营销模式，加快品牌建设。

（8）专题研究。以陕西省及具体乡村旅游目的地为案例研究对象，从低碳化、标准化等方面对其转型升级进行专题研究，提出具体对策建议。

四 研究重点与难点

（1）研究重点。乡村旅游的转型升级是一个复杂过程，其所包含的内容是多方面的。根据研究的目标与意义，课题将重点在以下方面寻求突破：①如何在科学界定乡村旅游转型升级参与主体的基础上，厘清各主体的利益诉求，进而在民生导向下确定各主体的行为安排是本课题研究的重点。②乡村旅游转型升级的路径与对策研究。路径研究的重要性在于，其可以为区域乡村旅游转型升级提供行动方案；对策研究的重要性则在于，其可以为区域乡村旅游转型升级提供操作指南。③针对典型区域的实证研究。西部地域广阔，各地乡村旅游发展的水平、类型、内容等各有不同，对其民生效应的期待也各有侧重，需要通过对典型案例区域的实证研究，为不同区域提供具体参考。

（2）研究难点。乡村旅游转型升级的内容、路径与对策是本课题研究的难点所在。主要原因在于研究问题本身的复杂性、如何与民生问题实现有效对接以及学科基础薄弱使然。由于各个层次上乡村旅游统计工作的缺位，通过文献收集、实际考察全面掌握西部地区乡村旅游发展现状及其民生效应存在较大困难，科学判读发展过程中存在的问题、探明影响转型升级的主要障碍因素，也是本课题研究的难点所在。

五　创新之处

乡村旅游、民生问题分别是目前国内各方关注的焦点与热点之一。本课题拟以乡村旅游的转型升级为切入点，从社会福利扩展、产业竞争力提升的视角，将乡村旅游的发展与其民生功能效应结合起来进行分析，探究乡村旅游又好又快发展的现实路径。

在研究内容方面，国内针对乡村旅游转型升级的系统化思考与研究还不多见，本课题所进行的探索性研究将具有较好的前瞻性，会丰富乡村旅游的研究内容，对国内西部地区乡村旅游转型升级将提供较好的指导和参考。

在研究视角方面，国内对乡村旅游的研究较多关注其经济功能与产业属性，缺乏对其社会效应的关照。"十三五"期间，民生问题的重要性会进一步凸显，民生将成为重要的社会价值取向。本课题注意到这一事实，独辟蹊径，从民生视角，对乡村旅游的民生功能与效应进行科学审视，将拓展国内对乡村旅游的研究视野，有助于各方重新认识乡村旅游在统筹城乡发展、建设社会主义新农村进程中的重要地位与独特作用，从而在规划、管理等层面做出更为科学合理的安排，让乡村旅游的发展成果最大限度地惠及于民。

第三节　基本概念

一　乡村旅游

究竟何为"乡村旅游"？到目前为止，仍然没有统一的答案。欧盟和世界经济合作与发展组织（1994）将乡村旅游（Rural Tourism）定义为"发生在乡村的旅游活动"，并且认为"乡村性"（Rural – toursium）是乡村旅游整体推销的核心。世界经济合作与发展委员会（OECD，1994）定义为：在乡村开展的旅游，田园风味（rurality）是乡村旅游的中心和独特的卖点。西班牙学者 Gibber 和 Tung 认为：乡村旅游就是农户为旅游者提供住宿条件，使其在农场、牧场等典型的乡村环境中从事各种休闲活动的一种旅游形式。以色列的 Arie Reichel 与 Oded Lowengart 和美国的 Ady Milman（1999）均认为：乡村旅游就是位于农村区域的旅游，具有农村区域的特性，如旅游企业规模小、区域要开阔和具有可持续发展性等特点。英国的 Bramwell 和 Lane（1994）认为：乡村旅游不仅是基于农业的旅游活动，而是一个多层面的旅游活动，它除了包括基于农业的假日旅游外，还包括特殊兴趣的自然旅游，生态旅游，在假日步行、登山和骑马等活动，探险、运动和健康旅游，打猎和钓鱼，教育性旅游，文化与传统旅游，以及一些区域的民俗旅游活动。德诺伊（Dernoi，1991）指出：乡村旅游是发生在与土地密切相关的经济活动（基本上是农业活动）的、存在永久居民的非城市地域的旅游活动。他还鲜明地指出：永久性居民的存在是乡村旅游的必要条件。

国内有关乡村旅游的定义也较多。何景明和李立华认为狭义的乡村旅游是指在乡村地区，以具有乡村性的自然和人文客体为旅游吸引物的旅游活动。杜江和向萍认为：乡村旅游是以乡野农村的风光和活动为吸引物，以都市居民为目标市场，以满足旅游者娱乐求知和回归自然等方面需求为目的的一种旅游方式。马波认为乡村旅游是以乡村社区为活动场所，以乡村独特的生产形态、生活风情和田园风光为客体的类型。王兵则认为，乡村旅游是以农业文化景观、农业生态环境、农事活动及传统的民俗为资源，融观赏、考察、学习、参与、娱乐、购物、度假为一体的旅游活动。另有众多学者从不同视角根据自身的理解，给出了多种不同的界定。

以上机构和学者对乡村旅游的界定在内涵上虽大体一致，但又有不同。明确的概念界定是一切研究工作的开始，概念内涵的模糊会直接影响后续研究的精准性。本书认为，要全面正确理解乡村旅游的内涵与外延，必须抓住乡村和旅游两个主要特征。其中，"乡村"是相对于城市的一个概念，针对城市而言，乡村是以从事农业活动为主要收入来源，人口较为分散的空间地域。乡村不是孤立封闭的，它处在动态和变化之中，是一个综合体，在自然、经济、社会、文化等方面有区别于城市的一系列明显特征。因此，所谓的乡村旅游活动必须发生在纯粹的乡村地理空间。异地性、体验性、差异性是旅游活动的重要特征。引致游客前往乡村地域的旅游吸引物一定是其在城市地区或惯常生活地区所不能见到、感受和体验到的那些独特之物。从资源角度看，不仅包括乡野风光等自然资源，还包括乡村建筑、聚落、民俗、文化、饮食、服饰、农业景观和农事活动等。因此，乡村旅游必然以乡村性作为旅游吸引物。总体而言，乡村旅游的概念应包含两个方面：一是发生在乡村地区，二是以乡村性作为旅游吸引物，二者缺一不可。

二　旅游产业

国内外学术界对旅游产业的内涵及外延存在着不同的理解和多种具体提法。广义的观点认为，旅游产业是为旅游者服务的一系列相互关联的行业。狭义的观点认为，旅游产业是在旅游者和住宿、饮食、交通等有关单位之间联络，通过为旅游者导游、交涉、代办手续，并利用本企业的交通工具、住宿设备等为旅游者提供服务并从中收取报酬的行业。[3] 上述两种观点都有其局限性：广义的观点对旅游产业的外延界定过于泛化，而狭义的观点又过于狭窄，没有能够准确把握产业的本质内涵。旅游产业是社会分工不断发展的产物，其内涵和外延都非常宽泛。仅用为游客提供产品或服务这一基准来判断，旅游产业不仅包括旅游景区、旅行社、旅游饭店等直接为旅游者服务的企业，也包括交通运输业、零售业、餐饮业、公共设施服务业、娱乐服务业、信息咨询服务业等部分为旅游者提供产品或服务的企业，还包括提供公共服务、市场监管的旅游行业管理部门。可见，旅游产业所包含的范围小到企业的某个部门、单个企业，大到整个行业、整个产业，体现出较强的层次性，这是其他任何一个产业所无法比拟的。

旅游产业是一个消费趋向型产业。旅游者的多重需要交织在一起，使得设法满足这些需要的旅游产业天然地具有综合性，跨行业、跨产业的特征，自然也具有强大的联动性。总结来看，旅游产业的产业结构由里向外依次可以分为三个层次：提供核心旅游产品的旅游资源开发经营业；提供组合旅游产品的旅行社业、旅游饭店业、旅游商品销售业、旅游交通业；为旅游业提供相关服务和支撑的关联行业群。基于上述认识，本书将旅游产业定义如下：旅游产业是为旅游者提供以旅游服务为核心的综合服务的企业和行业的集合体。旅游产业具有综合性、复杂性、层次性和系统性。

三 转型升级

何为"转型"？何为"升级"？作为研究的前提，必须对这一涉嫌泛化的用语在学术语境下做出较为精准的解析。"转型"是指事物由一种运行状态转向另一种运行状态。作为一个基本概念，最初应用在数学、医学和语言学领域，后来才延伸到社会学和经济学领域。布哈林在研究市场经济向计划经济的转型过程中，曾首先使用了"经济转型"的概念。"升级"是指事物由较低的等级上升到较高的等级。（现代汉语词典）从唯物辩证法的角度看，事物的"转型"与"升级"类似于事物在发生、发展过程中的质变与量变。"转型"是事物的"质"发生了变化，"升级"是事物的"量"发生了变化。量变是质变的必要准备，质变是量变的必然结果。因此对转型升级来说，转型是升级的前提，是不断升级的结果，而升级是转型的基础，是进行转型的方法和途径。转型中包含着升级，升级中孕育着转型，两者相互统一。[4]

转型升级实际上是发展模式的转变问题，其实质在于转变经济发展方式，提高经济发展质量，即通过科技进步和创新，在优化结构、提高效益和降低能耗、保护环境的基础上，实现速度质量效益相协调、投资消费出口相协调、人口资源环境相协调、经济发展和社会发展相协调的又好又快发展。一般而言，转型升级包括三个层面的内容：一是经济的转型升级，二是产业的转型升级，三是企业自身的转型升级。三者之间既相互促进又相互制约。经济转型升级包括不同产业结构的优化，区域、城乡经济的平衡发展，集约化发展方式等方面的内容，是产业转型升级和企业转型升级结果的集中体现。产业转型升级是在充分发挥企业主动性的基础上，通过整合业内资源，吸引新增资源，吸纳其他产业转移的资源，提高行业的整体竞争力，从而实现产业自身的发展。从低附加值转向高附加值，从高能耗高污染转向低能耗低污染，从粗放型转向集约型是产业转型升级的主要表征，产业转型升级对经济转型升级起促进作用。企业是产业的组成单元，宏观上的产业升级和转型只有通过微观的、具体的企业升级和转型才能得以实现，企业自然是转型升级的主体，即企业转型升级是产业转型升级落地开花的终极途径。三者之中，产业的转型升级是重中之重。

旅游产业的转型升级是旅游产业发展到一定阶段的必然趋势和选择，其既包括产业发展模式与发展形态的改变，也包括产业结构的优化与产业要素的提升。旅游产业的转型升级是一个由低级到高级、由简单到复杂、由粗放走向集约、由规模走向效益、由单一功能走向综合功能的渐进过程。旅游产业的转型与升级相互作用、相互影响，殊途同归，最终的目的都是促进旅游产业持续健康地发展。从途径和内容看，旅游产业转型升级主要包括产业、市场、产品、企业、管理、人才培养的转型升级等方面。

2008 年全国旅游工作会议上，国家旅游局提出全国旅游工作的总体思路和首要任务是"全面贯彻落实党的十七大精神，加快推进旅游产业转型升级"。由此，转型升级成为我国旅游业发展在国家层面上的战略性选择。国家旅游局对我国旅游业转型升级的权威表述是："要转变旅游业的发展方式、发展模式、发展形态，实现我国旅游产业由粗放型向集约型发展转变，由注重规模扩张向扩大规模和提升效益并重转变，由注重经济功能向发挥综合功能转变，就是要提升旅游产业素质，提升旅游发展质量和效益，提升旅游市场竞争力。"国家旅游局提出推进我国旅游业转型升级的基本思想是："要以转变旅游发展方式为核心，以优化产业结构为基础，以推进集约型发展为重点，以提高旅游发展质量、效益和竞争力为目标，实现速度、质量、效益的协调发展。"由此可见，转型升级既是未来我国旅游业发展的一个战略方向，也是我国旅游业进行战略调整的重要内容。乡村旅游是我国旅游产业的重要组成部分，不可能超然物外、独善其身，其也必然在飞速前行和我国经济社会转型发展的浪潮中，遵循上述基本思想，推进自身的转型升级。

第二章　国内外研究状况与述评

第一节　乡村旅游研究综述

在西方发达国家，乡村旅游并不是一种新的旅游形式。早在 19 世纪，乡村旅游因应现代人逃避工业城市的污染和快节奏生活方式而发展起来。[5] 但早期的乡村旅游具有比较明显的贵族化特点，普及性不强。[6] 20 世纪 60 年代，西班牙开始发展现代意义上的乡村旅游，随后，美国、日本、波兰等国先后推出乡村旅游产品，乡村旅游逐渐盛行开来。[6] 20 世纪 70 年代以来，随着技术的持续进步与乡村可达性的不断改善，乡村旅游在西方主要国家显示出极强的生命力和越来越大的发展潜力。乡村旅游在发达国家的蓬勃发展缘于在工业化和城市化进程的不断加速中乡村社区的持续"衰落"。由于年轻人口的移出以及乡村老龄化等问题的日益突出，乡村地区的发展引起了西方发达国家政府的重视。而发展旅游业作为改变乡村经济结构的重要途径之一，自然引起了人们的广泛关注。[5]

我国大陆的乡村旅游出现于 20 世纪 90 年代前后。深圳举办"荔枝节"，首开先河，并以可观的经济效益形成引领之势，各地竞相效仿。1998 年，国家旅游局将当年旅游活动主题确定为"华夏城乡游"；2006 年，国家旅游局将旅游主题定为"中国乡村旅游年"；2007 年，国家旅游局又将全国旅游宣传主题定为"中国和谐城乡游"。这些举措持续助推了乡村旅游的高潮不断。我国乡村旅游的出现同样与工业化、城市化进程加速发展的背景相关，而市场需求的拉动与农村社区发展的冲动则是我国乡村旅游发展的主要驱动力量。据国家旅游局的最新测算，目前我国乡村旅游年接待游客人数已经达到三亿人次，旅游收入超过 500 亿元，占全国出游总量的近1/3。每年的三个黄金周，全国城市居民出游选择乡村旅游的比例约占 70%，每个黄金周形成大约 6000 万人次的乡村旅游市场。[7]

一　国外研究综述

国外针对乡村旅游的学术研究是从 20 世纪 50 年代开始的，如Ager 较早研究了山村地区的旅游开发，强调了乡村旅游开发在增加村民额外收入、改善生活条件、为年轻人提供额外的工作机会、减少乡村人口集体外迁方面的重要性。这一时期文献产出极少，乡村旅游不是学术界关注的主要话题。20 世纪 70 年代开始，针对乡村旅游经济效益的分析、对乡村旅游开发引致的社会问题和心理影响的一系列批评声音开始出现。国外对乡村旅游的研究主要集中于 20世纪 80 年代后至 21 世纪初这一时间段内。[6]这一时期，研究文献大量出现，研究内容开始大大扩展，涉及乡村旅游开发发展的方方面面，尤其是有关乡村旅游管理及社会影响方面的成果比较多见，针对特定目的地的定量化研究方法也进一步提升了研究结果的可靠性与科学性。何景明、王琼英、王素洁、魏敏等多位学者在不同时期分别对国外乡村旅游研究情况进行了系统梳理，参考这些研究成果并结合最新国外研究文献，国外相关研究主要集中在以下几个方面。

（一）主要研究内容

1. 乡村旅游需求与供给研究

乡村旅游需求研究。从需求角度看，乡村旅游是城市人逃避城市污染和快节奏生活方式，渴望回归乡野的心理需要。随着乡村旅游的普及，其需求结构和消费结构也相应变化。有较多学者进行了客源市场方面的研究，并对游客需求结构特征及其多样化发展进行了深入研究。如 Cecilia Hegarty 重点研究了乡村旅游游客的需求特征、心理趋向与出游目的。Gartner 通过对美国明尼苏达州游客的调查，考察了乡村旅游发展的市场动力，认为即便是美国这样发达的国家也需要瞄准市场机会，加强推介工作。[8]Greffe 对旅游者的需求由两个轴（一个轴为物质主义者—理想主义者，另一个轴为现代的—传统的）划分为 4 个象限，认为乡村旅游者的主要兴趣集中在右边两个象限，以主题度假和家庭度假为主要目标。[9]这为确定乡村旅游潜在市场需求、营销的重点对象和对口服务提供了依据。

乡村旅游供给研究。需求多样化伴随的是供给的多样化。在技术飞速创新的时代背景下，乡村旅游服务的类型和范围也随之多样化。住宿类型的不同以及伴随的服务的差异是供给研究的重要内容。有学者认为，服务的网络化、标准化及质量目前已成为重要的旅游吸引因素。有些学者则从供给出发，研究了乡村旅游企业的营销策略选择。如 Middleton 提出了市场细分的观点，认为乡村旅游企业应该对旅游者在地理、人口、心理、社会文化、经济、购买行为等方面进行细分，制定有利于竞争并能更好地服务于顾客的经营策略。[9]有些学者则对乡村旅游产品和服务质量进行了针对性研究。DernoiL A. 对加拿大的乡村旅游产品和服务的提升提出了自己独到的见解。Embacher Hans 基于产业升级的角度对澳大利亚的乡村旅游产品服务质量从战略和实践两个方面进行了论述。Friesen、John 从个案出发，对滑铁卢近郊农场旅游的产品服务质量的提升提出了自己的看法。此外，Hja – lager A. M. 和 Johnson G. 从产业多样化、Reid D. G. 、A. M. Fuller、K. M. Haywood 和 J. Bry – den 从乡村文化和娱乐整合、Wrathal James E. 基于乡村假日和节庆等方面分别予以了探讨。[6]

2. 乡村旅游管理研究

在欧洲，政府十分关注乡村旅游的发展，其对乡村旅游主要是通过制定开发政策、提供人力和财政支持、进行专门的机构管理、组织市场开拓进行管理。Sharpley 在研究塞浦路斯乡村旅游发展时就指出，由于缺乏长期的财政支持、基本的交通和服务设施、必要的职业培训和有效的管理机构，致使乡村旅游的发展面临诸多挑战。[6]Jennifer（1986）认为，乡村旅游的经营与可持续发展都依赖于乡村社区提高管理水平以及有经营能力、掌握相关技术的企业管理人员的培养。乡村旅游资源的管理可以尝试新的管理体制，如由社区、管理经纪人、科学工作者、非政府组织、文化组织、经济利益人、股东等共同组成管理机构，使土地等资源的使用更具有扩张性和更有意义。有较多学者对乡村旅游的冲突管理进行了研究，如Klejdzinski M. （1991）对乡村旅游中发生的各种旅游地居民之间、当地居民与旅游者之间、乡村居民与旅游企业之间的冲突进行了统计与描述，并进行了相应的分析。Huang Yueh – Huang 和 William P. Stewart （2000） 主要从博弈角度对乡村旅游的冲突进行了分析。[8]2000 年以后，有众多西方学者在研究中都强调了社区参与（community participation） 在乡村旅游管理中的重要作用。

3. 乡村旅游者研究

国外学者较早关注乡村旅游者研究，主要聚焦于旅游动机、旅游者特点和旅游者分类等方面。其中旅游动机研究又集中于心理动机、社会文化动机、经济动机和环境动机等。20 世纪 90 年代有较多的学者对此做了深入分析，如 Pearce （1990）、Murphy （1999）、Oppermann （1996）、Sharpley （1997） 等。在旅游者特点方面，有众多研究结果显示：乡村旅游者与其他类型的旅游者在人口学特征、态度和行为特征上有许多不同 （Murphy，1999），如认为乡村旅游者多是具有相当经济实力的中老年人或带孩子的家庭 （Cavaco，1995），乡村旅游者较之于其他类型旅游者平均花费较低 （Walmsley，2003），其最常参与的旅游活动是探亲访友、游览名胜、乡村漫步等 （Davidson，1995）。根据利益诉求的不同，国外研究者通常会将乡村旅游者进行市场细分，不同类型旅游者在行为方面存在显著差异，如 Frochot （2005） 研究发现，走马观花、浮光掠影观赏乡村景观和了解乡村文化表象的旅游者占多数，Cai （2001） 注意到会议与会务旅游市场是乡村旅游的一个重要细分市场等。[10]

4. 乡村旅游影响研究

乡村旅游影响一般集中在经济、社会文化、环境生态等方面。多数学者对其经济影响持比较乐观的态度，认同乡村旅游对乡村经济和就业有较好的促进作用。部分学者认为乡村旅游受制于季节性、规模等多种因素的影响，对于增加乡村经济收入只起到一种有益的补充作用，而不是治疗乡村经济疾患的灵丹妙药（Oppermann，1996）。也有学者经过调查和研究认为，乡村旅游会进一步加剧城乡差距，因为旅游收入不仅微不足道，而且要以失去生活的独立性、个人生活隐私、社区环境破坏、传统文化变异为代价（Fleischer，2000）。在社会文化影响方面，多数研究认为旅游活动有助于推动乡村与外界的社会文化交流，但旅游开发对乡村社区的影响既有消极的一面也有积极的一面。积极的一面表现在：充分挖掘传承了乡村传统文化、农耕文化、民俗文化，居民自豪感的增强更有利于促进地方文化发展和遗产保护（WTO，1993），有利于乡村社会结构优化，更多的女性从业并更加独立等。但消极的一面引起了越来越多学者的担心，如旅游收入分配不均、社区的分化和隔阂、犯罪率上升、人口拥挤、传统破坏等。在生态环境效应方面，研究结论也各有不同。有较多的人认为，乡村旅游不利于乡村保护，大量游客的到访会造成当地的自然景观的破坏和乡村环境的恶化，会影响野生动物的栖息规律。

5. 乡村旅游社区居民态度与感知研究

社区居民对待乡村旅游的态度是影响乡村旅游发展的重要因素。研究认为，居民对乡村旅游的态度随旅游发展阶段的不同而变化。旅游发展阶段理论和社会承载力理论在一定程度上可以解释居民对乡村旅游的态度。进一步的研究表明，能否建立合理的利益分享机制直接关系到居民对待旅游和对待游客的态度，并最终影响乡村旅游能否顺利发展。国外的研究一般涉及社区参与以及利益相关者研究。Ahn 在对社区居民态度的研究中，将当地人的态度与旅游者的感受作定性与定量的相关分析，从而使研究达到一定深度。[9]居民态度与当地经济社会发展程度有较大的相关性。如 Tosun 通过对土耳其 Urgup 地区的案例发现，在社区参与与居民态度方面，发达国家与发展中国家有较大的不同。在发展中国家，由于管理体制、法制结构以及居民财力、能力等不同，居民参与程度受限，使旅游利益落在少数人手里，因而居民对待乡村旅游很可能由积极走向消极甚至加以抵制。

6. 乡村旅游利益相关者研究

乡村旅游的发展是一个涉及众多利益相关者相互作用的复杂过程，不同的利益相关者在乡村旅游的发展过程中拥有不同的权力和利益。[11]国外研究比较关注乡村旅游利益相关者的综合分析，如Simpson 认为在外来企业主导的发展模式中涉及政府、非政府组织、私人企业和社区四个利益相关者，而社区不一定需要直接参与经营管理与控制旅游项目。[12]Kalsom 分析了游客、旅游从业人员、企业所有者、当地居民、政府部门对以社区为基础的乡村旅游发展的利益分配和关注程度问题，发现利益相关者拥有的权利、对乡村旅游发展的依赖性和在乡村旅游发展中的各种投入，影响其对乡村旅游发展的感知。[11]近年来，国外学者将研究重点更多转向乡村旅游社区利益相关者合作和参与问题。如 Bramwell 认为利益相关者的合作是乡村旅游经营成功的关键，鼓励乡村旅游利益相关者相互合作，建立利益相关者网络，平等地管理并分享乡村旅游的经济利益。[13]研究发现利益相关者对乡村旅游发展感知是决定其社区参与的最重要因素；他们感知到的乡村旅游正面影响越强，参与的意愿越强；按照参与程度对利益相关者进行划分，发现政府在乡村旅游活动中参与度最高，其次是旅游企业、社区居民，参与最低的是旅游者。[14]

7. 乡村旅游可持续发展研究

在许多发达国家，乡村成为了人们高度关注的对象。人们认为乡村是独特的，应倍加保护。因此，乡村地区所有旅游开发活动都要以保护或维持乡村的独特性为核心，实现可持续开发（Bramwell，1994）。[10]乡村旅游的可持续发展研究特别强调乡村旅游发展中的公平和公正问题，即当地社区在承受旅游带来的负面影响的同时，应分享旅游带来的利益；乡村社区各阶层和团体都应从中受益。[9]有众多学者对实现乡村旅游可持续发展的方法、策略等问题进行了深入分析。如 Hall（2004）、Knowd（2006）、Turnock（2002）等就强调了社区参与、地方控制的必要性；而 Turnock（1999）、Hall

（2004）、Sugiar – ti（2003）等则认为，乡村旅游起步阶段的财政资助、得当的管理、区域合作也是实现可持续旅游的关键要素。

除此之外，国外乡村旅游研究还对乡村旅游规划与产品设计、乡村旅游与女性的关系、乡村旅游地空间布局、乡村旅游品牌建设、乡村旅游市场营销等众多问题进行了大量深入研究。

（二）研究述评

国外对乡村旅游的研究虽然起步较早，但直到20世纪七八十年代以后，随着乡村旅游的加速与深入发展，相关研究才开始受到重视。由于国外乡村旅游已经经历了萌芽阶段、越过了全面发展阶段并演进到成熟阶段，因此，研究的深度和广度也不断得到扩展。就研究内容而言，从最初主要关注乡村旅游的基本概念及乡村开发策略、乡村旅游经济影响等基础研究，逐渐转向乡村旅游的社会文化效应、居民对乡村旅游的感知与态度、乡村旅游的动力机制、乡村旅游可持续发展和乡村旅游营销等深层次研究。[10]国外对乡村旅游的研究除了传统的旅游学与地理学、环境学等学科外，还有大量社会学、心理学、行为学、统计学、历史文化学、经济学和管理学等学科领域的专家加入，研究视角逐渐拓展到多个维度，并较好地实现了多学科理论、知识与方法体系的有机结合与综合运用，跨学科研究日益热络。从研究方法来看，发生由定性到定量再到定性与定量相结合的转向。在大量实证研究中，较多地运用了多种定量分析方法，如因子分析、结构方程模型、聚类分析、数理统计法等，大大提高了研究结论的科学性与可靠性。研究中访谈法、问卷调查法、统计法等社会学、心理学学科的研究方法得到了广泛应用，这有助于从人文社科角度深入现象的背后，从而揭示旅游现象的本真。

乡村旅游是一个涉及面很广、错综复杂的社会现象，需要跨学科的多层面分析才能逐步透过现象看清本质。因此，今后的研究仍要继续借鉴相关学科的概念、理论和方法，多层面、多角度地展开研究。由于国内外乡村旅游发展在所处阶段、发展层次、产品类型等诸多方面存在较大的差异性，因而针对国内乡村旅游的相关研究一定要在借鉴国外理论成果与实践经验的基础上，结合我国国情进行本土化的审视与分析。

二　国内研究综述

（一）研究概况

国内针对乡村旅游的学术研究与理性思考伴随着其迅猛发展一路跟进。在中国学术期刊全文数据库（CNKI）中，以"乡村旅游"作为主题进行搜索（2013年10月）发现，从1990年第一篇文献产出到2013年上半年，共有各类相关文献6200多篇。其中，从2007年开始，年文献产出量达600篇以上。在中国优秀硕士学位论文全文数据库、中国博士学位论文全文数据库以"乡村旅游"作为主题进行搜索，分别得到论文927篇和37篇。可见，国内针对乡村旅游的研究已经进入文献产出的"丛林"阶段。对这些"海量"文献进行仔细梳理，厘清国内针对乡村旅游的研究脉络、把握其研究进程、跟踪其研究热点显属必要，且大有意义。考虑到优秀硕士学位论文和博士学位论文的主体内容一般都会以小论文的形式公开发表，故仅对中国学术期刊全文数据库中收录的单篇论文进行分析。以被引率为指标，进行排序显示，并摘录出排名前100位的学术论文（被引率637—653次）。这100篇论文应该是国内乡村旅游研究方面最具影响力的研究成果，它们代表着国内乡村旅游研究的主要领域与最高水平，引领着近期的研究方向和研究热点。

1．期刊分布

这100篇论文分别刊载在48种中文期刊上，分布较为广泛，说明乡村旅游研究受到了广泛的重视。其中，代表国内旅游研究最高水准的《旅游学刊》共载文25篇，占到25%，保持了对乡村旅游研究的持续性、高强度的关注。其他发文量较高的期刊分别是：《地域研究与开发》、《旅游论坛》、《经济地理》、《北京第二外国语学院学报》、《农村经济》、《旅游科学》、《人文地理》等，这些期刊也是目前国内刊载旅游类论文的主要学术阵地。（见表2—1）

表 2 - 1   **100 篇高被引论文的主要期刊分布**

编号	期刊	数量
1	《旅游学刊》	25
2	《地域研究与开发》	7
3	《旅游论坛》	6
4	《经济地理》	5
4	《北京第二外国语学院学报》	5
5	《农村经济》	4
6	《旅游科学》	3
6	《人文地理》	3

2. 时间分布

这 100 篇高被引论文的发表时间跨度涉及 1992—2010 年。结合中国期刊网乡村旅游研究方面的发文量发现，1998 年以后，随着乡村旅游热的升温，国内关于乡村旅游研究的文献产出开始增加，有分量的研究文献也明显增多。其中 2002—2006 年是一个高峰值阶段，这 5 年高被引文献达 75 篇。这 100 篇高被引论文中，最早的是 1992 年重庆市潼南县工业局杨旭发表在《旅游学刊》上的《开发"乡村旅游"势在必行》一文（该文是国内最早以乡村旅游为题的 3 篇论文之一；被引 94 次）。该文虽然出现较早，但其中一些观点具有非常好的前瞻性并仍具有现实指导性（如建立乡村度假区、老年旅游园区等建议）。这 100 篇高被引论文中，最晚的是 2010 年刘啸在《北京社会科学》杂志发表的《低碳旅游——北京郊区旅游未来发展的新模式》一文，该文引领了国内低碳旅游研究的新风尚，并最早提出了乡村旅游低碳化发展的新理念。（见表 2 - 2）

表 2 - 2   **100 篇高被引论文的时间分布**

年份	篇数	年份	篇数
1992	1	2002	13
1993	0	2003	91

年份	篇数	年份	篇数
1994	0	2004	17
1995	0	2005	15
1996	0	2006	19
1997	1	2007	6
1998	1	2008	1
1999	7	2009	0
2000	3	2010	1
2001	4		

3. 作者及其所属研究机构分布

这 100 篇高被引论文共涉及 82 位作者。其中，入选 2 篇次以上的作者共有 9 位。（见表 2－3）这些人多为国内旅游学术界的领军人物，也是乡村旅游研究领域的翘楚。何景明、王云才、邹统钎教授等不仅贡献了大量原创性的学术成果，而且参与了多地乡村旅游规划编制等实践工作，并有多部乡村旅游专著问世。从作者所在单位来看，比较分散，说明乡村旅游研究受到了广泛的重视。相对而言，2 篇以上入选论文单位，与"学术超人"存在、地缘位置有很大的关系。

表 2－3　　　　　　　100 篇高被引论文的作者分布

编号	作者	数量	单位
1	何景明	7	华中科技大学公共管理学院
2	王云才	4	同济大学建筑与城市规划学院
3	邹统钎	3	北京第二外国语学院旅游管理学院
4	肖佑兴	2	云南师范大学旅游与地理科学学院
5	王兵	2	北京联合大学旅游学院
6	吴必虎	2	北京大学旅游研究与规划中心
7	熊凯	2	武汉大学旅游学院
8	李伟	2	云南师范大学旅游与地理科学学院
9	罗永常	2	黔东南民族师范高等专科学校

（二）主要研究内容

以上述 100 篇高被引论文为基础，结合 2011 年以来最新产出的乡村旅游文献，发现现有研究主要集中在以下几个方面：

1. 基本概念研究

乡村旅游的概念研究从乡村旅游活动开展以来就被学者广泛关注。但对于何为"乡村旅游"一开始就出现了分歧。在国内研究的初期，有众多学者对乡村旅游概念进行了界定和诠释。何景明教授认为乡村旅游概念的多样性与理解的差异性不利于乡村旅游知识体系和理论框架的构建，会使乡村旅游的理论研究受到影响，也会限制乡村旅游的开发思路和开发模式，困扰乡村旅游开发政策的制定。[15]为此，何景明全面深入地剖析了乡村旅游这一概念的含义和特征。刘德谦教授认为世界旅游组织对乡村旅游主要发生在偏远地区的表述不妥，他对乡村旅游、农业旅游与民俗旅游这几个概念进行了深入的辨析，认为乡村旅游的核心内容应该是乡村风情，并提出乡村旅游就是以乡村地域及农事相关的风土、风物、风俗、风景组合而成的乡村风情为吸引物，吸引旅游者前往休息、观光、体验及学习等的旅游活动，乡村旅游可区分为传统乡村旅游和现代乡村旅游。[16]杜江等将乡村旅游定义为以乡野农村的风光和活动为吸引物，以都市居民为目标市场，以满足旅游者娱乐、求知和回归自然等方面需求为目的的一种旅游方式。[17]肖佑兴、明庆忠等指出了 Gibber 和 Tung、杜江、马波、王兵等人关于乡村旅游定义的不足之处，分析了乡村旅游概念的应有内涵，提出乡村旅游是指以乡村空间环境为依托，以乡村独特的生产形态、民俗风情、生活形式、乡村风光、乡村居所和乡村文化等为对象，利用城乡差异来规划设计和组合产品，集观光、游览、娱乐、休闲、度假和购物为一体的一种旅游形式，认为乡村旅游具有乡土性、知识性、娱乐性、参与性、高效益性、低风险性以及能满足游客回归自然的需求性等特点。[18]林刚与石培基教授则运用内容分析法，对中外 20 个有影响力的乡村旅游概念进行了定量分析，归纳出乡村旅游概念架构所包含的 6 个标准，并给出了乡村旅游的概念：乡村旅游是指发生在乡村地域，以乡村田园风情、农业生产活动、农家生活和民俗文化等自然和人文景观为旅游吸引物的休闲、观光、游览及度假活动。目前，国内关于乡村旅游概念的界定虽然仍有分歧，但在乡村性等问题上可以说基本取得了共识。

2. 乡村旅游可持续发展研究

杜江较早从乡村旅游需求和供给、主客互动关系的角度对乡村旅游的可持续发展进行了研究。[17]郑文俊认为旅游产品的体验性、旅游环境的和谐性、旅游经济的循环性、旅游开发的扶贫性是可持续乡村旅游的基本特征，强调应通过维护乡土特色、优化旅游环境、发展循环经济、全方位旅游扶贫等途径来实现乡村旅游可持续发展。[19]崔凤军提出正确把握乡村旅游与城市旅游、市场主导与政府引导、公共利益与个体利益、宣传造势与乡村接待能力等7个关系，才能实现乡村旅游可持续发展。[20]王继庆认为乡村旅游资源产权的缺失、乡村旅游系统因子之间的摩擦以及乡村旅游的飞地化和经营者的低价竞争是阻碍乡村旅游可持续发展的主要制约因素。[21]邹统钎等研究认为产业链本地化与经营者共生化，政府扶持与规划是乡村旅游实现可持续发展的内在机制。[22]王素洁、李想基于社会网络分析方法，从决策角度探讨了乡村旅游的可持续发展，并对乡村旅游利益相关者的关系属性进行了分析，得出有较为广泛的民主基础的旅游决策，才能体现大多数利益相关者的利益，并最终促进乡村旅游可持续发展。[23]左晓斯则提出了乡村旅游可持续发展的根本出路在于政治变革、经济重构、社区参与及政府的重新定位。[24]张集良、邬秋艳通过定量分析，得出乡村社区居民对本土文化的认同感以及对旅游业的参与程度是乡村旅游可持续发展的关键因子，并最终影响社区的物质、精神、制度、生态文明的建设。[25]陶卓民以南京农业旅游开发为例，提出了农业旅游开发理论基础与开发模式，构建了农业旅游可持续发展指标体系。[26]综观以上主要研究结论可以发现：乡村旅游可持续发展是国内旅游研究的热点方向之一，大量学者对此保持了持续关注；这方面的文献产出较多，研究也在不断深入；但由于个人视角的不同，研究结论呈现出多样化。

3. 乡村旅游利益相关者研究

利益相关者理论最初来源于管理学。20 世纪 80 年代后期，旅游发展中的平等参与、民主决策、组织协作等问题日益凸显，该理论开始被引入旅游研究领域。2000 年，张广瑞、保继刚分别将该理论引入国内并初步进行了规划实践。由此，利益相关者理论才真正引起国内学者的关注。朱华以成都市三圣乡红砂村观光旅游为例，对当地农民、城市居民、当地政府、旅游企业、旅游投资主体等不同利益主体之间的矛盾进行了分析，提出只有从战略的眼光审视、规划和管理乡村旅游，加强利益主体的协调与合作，寻求利益主体更多、更广泛的利益共同点，我国乡村旅游才可能深入持久发展。[27]胡文海以安徽省池州市为例，分析了乡村旅游开发过程中当地政府、社区居民、旅游企业、旅游者的利益诉求和冲突。[28]李文军以某国家级自然保护区为案例研究地，分析了保护区管理局、当地社区和旅游经营企业 3 个利益相关者的获益能力，并探讨了社区难以参与自然资源旅游经营和利益分配的原因。[29]郭华基于制度变迁的视角，对乡村旅游社区利益相关者进行了理论和实证两个层面的深入分析。[30]总之，国内关于乡村旅游利益相关者研究已经开始，但由于时间较短，研究成果不多，还有待深入，尤其是需要以复杂系统的观点，从动态演化视角进行分析，才能提高研究结论的精确性、适用性与实用性。

4. 乡村旅游社区参与研究

乡村旅游离不开当地居民的参与和支持，因而乡村旅游中的社区参与也是学者们研究的一个热点。如宋章海认为社区参与既是乡村旅游发展的途径，也是乡村旅游发展的目标。他认为倡导社区参与乡村旅游发展，必须做好四个方面的工作：合理调配社区参与乡村旅游发展的经济活动和利益；倡导社区参与乡村旅游发展的规划和开发决策；通过社会教育、学校教育、家庭教育和自我教育等方式构建生态道德；突出社区参与乡村旅游发展的文化整合和维护。[31]王琼英建立了一个乡村旅游社区参与模型，深入分析了参与的内容和方式，探讨社区参与乡村旅游的动力与保障机制，以期促进社区参与乡村旅游的深度与广度[32]。陈志永等以贵州安顺天龙屯堡乡村旅游发展模式为个案，对乡村居民参与旅游发展的多维价值进行分析，并提出了相应的完善建议。[33]尽管大量学者对社区参与做了生动鲜活的研究，但是实现社区参与乡村旅游在实际操作中存在很大难度。刘昌雪在分析皖南古村落可持续旅游发展的限制性因素时，就介绍了旅游发展与社区参与良性互动机制建立过程中的困难：不同的旅游开发模式及开发主体形成与社区不同的合作态势，旅游发展规划中社区参与面狭窄，居民缺乏必要的参与意识和旅游知识等。[34]郭华、甘巧林以社会排斥为概念工具，通过对江西婺源李坑村实例研究，认为该社区中大多数村民存在对社会排斥的感知，这种社会排斥不仅导致社区居民的自我排斥，也会对旅游业的发展形成冷淡甚至敌对态度，从而影响乡村旅游的可持续发展。[35]正因为在乡村旅游开发过程中社区参与模式存在着诸多局限，国内很多学者由此开始将视角转向社区主导型模式的研究。如邹统钎、王燕华等以北京市通州区大营村为例，提出将社区居民作为开发主体而非客体，构建以产业链本地化、经营者共生化与决策权民主化为支撑的乡村旅游社区主导开发模式。[36]周永广、姜佳将也认为以外源型发展为特征的社区参与不利于乡村旅游的可持续发展，而应采取内生式发展的社区主导开发模式，并通过社区参与和社区主导的对比研究，提出3种不同的社区主导模式：基层组织主导模式、股份制运营模式和专业合作社主导模式。[37]张环宙、周永广（2008）等则基于行动者网络和内生式发展理论，针对浙江仙华山景区"有力行动者"发生"伪取代"的现象，提出必须建立一个能够体现当地人意志，且有权干涉地区发展、制定决策的有效基层组织。[38]但实际上无论是社区参与模式还是社区主导模式，都在操作层面上存在较大难度，这或许与乡村旅游本身的复杂性、综合性相关。重要的是，这些研究都提出了要提高旅游目的地居民的参与程度，协调各方利益，充分调动利益相关者的积极性，从而促进乡村旅游健康持续发展，这就为学界的研究指明了继续努力的方向[39]。

5. 乡村旅游与"三农"研究

乡村旅游就是发生在乡村地区的旅游活动，因而其开发、发展无疑会对乡村地区经济社会发展产生全方位的影响。大量学者对乡村旅游的重要意义与作用进行了论述分析。如王龙等以广西桂林市龙胜县和安徽铜锣寨风景区为例进行了实证分析，得出乡村旅游是农民增收有效途径的结论。[40]高谋洲对乡村旅游促进农民增收机理进行了探析，认为要使乡村旅游在促进农民增收方面发挥重要作用，就必须加强乡村旅游规划，促进乡村旅游的本地化，加强乡村旅游的组织化，加大政府的扶持力度，强化乡村旅游的监管机制。[41]乡村旅游在增加就业岗位、提高农民收入、调整农村产业结构、振兴农村经济、实现城乡经济社会一体化发展方面的积极作用得到了一致的认同。党的十六届五中全会提出了社会主义新农村建设任务，明确了新时期农业和农村工作的总目标和总要求。在此背景下，不少学者视发展乡村旅游为解决"三农"问题的有效途径之一，将乡村旅游与社会主义新农村建设结合在一起，对其相互关系进行了深入分析。如罗明义等对乡村旅游与新农村建设两者如何相互促进发展提出了相关的对策：完善基础设施、建立科学合理的管理体制、提供社区参与旅游服务的多种渠道、加强旅游服务与管理的培训等。[42]邹统钎在借鉴世界旅游组织成员国先进经验的基础上，总结出乡村旅游推动社会主义新农村建设的6条经验，并提出乡村旅游开发的最佳模式——政府扶持、社区主导的产业化开发模式（CBD模式）。[43]也有不少学者从旅游扶贫的角度进行了大量实证研究，这些研究以贵州作为对象的居多，这与贵州省将乡村旅游作为民族地区扶贫开发的重要手段这一举措密切相关。如张遵东以雷山县西江苗寨为例，从旅游扶贫角度指出，应加强政府主导、提高贫困人口素质及参与能力、提高旅游企业经营管理水平和完善利益分配机制来实现乡村旅游发展扶贫目标。[44]张勇（2006）认为，旅游扶贫开发的特殊性在于它是旅游开发与中国政府扶贫开发战略的结合点，依据旅游开发的一般理论，国家扶贫开发的方针和政策，是旅游扶贫开发的出发点和决策依据，关注贫困人口的利益，让贫困人口从旅游开发中获得利益和发展机会，是旅游扶贫开发的核心目标。[45]

6. 乡村旅游规划与开发研究

有较多的学者以特定目的地为例，对乡村旅游规划质量的提升做了一般性的分析。如何景明以成都乡村旅游为例，提出乡村旅游开发应注重规划、加强科技含量、进行产品差异化设计和整合营销、推进软硬环境建设等对策和建议。[46]王仰麟借鉴区域旅游规划的一般流程，结合密云县农业开发实践，对区域观光农业规划过程和方法进行了探讨。[47]众多专家学者也从不同角度和层面对乡村旅游规划与设计提出了自己的见解。如王云才借助景观科学理论，采用定性与定量相结合的方法，全面系统地研究了乡村景观评价以及乡村旅游规划设计等问题。[48]熊凯强调了乡村旅游规划中乡村意象形成、维护的重要性。[49]吴文智主张通过主题提炼与体验线索设计、场景设计和体验氛围营造等手段，最终实现旅游产品体验化设计。[50]乡村旅游离不开当地居民的参与和支持。文军等建议组织由村民组成的旅游开发指导委员会参与规划全过程，以期获得社区居民及公众的理解和支持。[51]也有学者对特定乡村旅游类型的规划设计进行了探讨。如章锦河等分析了安徽黟县宏村古村落的地理文脉、村落特征、聚集景观、市场感应等，提出了宏村古村落旅游形象定位理念，并就主题口号、视觉形象、行为形象进行了方案设计。[52]国内针对乡村旅游规划设计问题的研究，大多结合案例地展开，以实证研究较多。但大多停留在定性分析和一般归纳总结水平上，缺乏高质量的理论抽象。另外，大多数研究基于市场视角，多迎合游客需求，对乡村旅游发展给当地社会文化带来的负面影响在规划中如何规避，考虑较少。

7. 乡村旅游类型及发展模式研究

学者们从不同角度总结、设计了不同的开发或发展模式。如叶宝忠从旅游经营角度出发，在兼顾市场和环境的基础上划分出7种旅游经营模式。[53]陈谨从机制、技术、产业3个层面，提出4种乡村旅游发展模式：乡村承包人经营模式、绿色生产—消费模式、田园空间博物馆模式和"前店后园"模式。[54]王铄从空间视角出发，基于市场细分，认为多景点互补式联合发展模式将是中国乡村旅游未来的发展方向。[55]贾跃千、周永广等提出建立一个盈利模式与开发模式相匹配的理论框架，旨在从根本上解决乡村旅游开发中门票经济、旅游飞地和公地悲剧三大核心问题。[56]戴斌等根据推动力量的不同，将乡村旅游的发展模式归纳为政府推动型（含旅游扶贫型）、市场驱动型和政府干预与经济结合发展的混合成长型。[57]有较多的学者从参与主体、运营机制等视角进行了研究。如卢杨根据参与主体的不同，探讨了5种不同乡村旅游开发模式的运行机制。[58]郑群明认为在乡村旅游的多种开发模式中，注重社区和居民参与的开发模式是最佳选择，参与式乡村旅游开发模式包括：公司＋农户模式、政府＋公司＋农村旅游协会＋旅行社模式、股份制模式、农户＋农户模式和个体农庄模式。[59]李德明根据乡村旅游与农村经济的互动关系，将乡村旅游划分为政府主导发展驱动模式、旅—农—工—贸联动发展模式、农旅模式、以股份制为基础的收益分配模式、公司＋农户的经营模式和资源环境—社区参与—经济发展—管理监控持续调控模式6大模式。[60]也有学者从产品开发、营销体验等视角出发，进行了模式设计。王云才认为新时期替代传统旅游产品的乡村旅游新模式有主题农园与农庄发展模式、乡村主题博物馆发展模式、乡村民俗体验与主题文化村落发展模式、乡村俱乐部模式、现代商务度假与企业庄园模式、农业产业化与产业庄园发展模式、区域景观整体与乡村意境梦幻体验模式7大类。[61]赵承华基于旅游体验理论和文化营销理论把乡村文化体验分为娱乐型、逃避型、教育型、审美型4种模式，并提出在实施过程当中要注意文化体验的真实性、互动性和主题性。[62]

8. 乡村旅游发展存在问题与策略研究

大量学者认为，我国的乡村旅游经过发展已经取得了很大的成就，但是由于理论研究滞后、管理不规范等原因使得目前我国乡村旅游现状不容乐观。[63]综观国内学者的文献研究，我国乡村旅游存在的共性问题有以下几个方面：盲目建设、低水平发展、大规模扩张、缺乏科学的规划和管理；产品过于单一，体验性、参与性产品缺乏，系列化深度开发不够；乡村旅游发展与环境保护、文化传承矛盾突出；乡村意向的破坏与乡村文化的异化；商业化与乡村性缺失；政府的宏观管理力度与紊乱，缺乏相关的法律法规，机构机制不够健全；从业人员素质不高，经营管理人才缺乏；资金投入不足；基础设施不完善；随着竞争加剧，乡村旅游企业效益下降；乡村旅游企业经营管理水平与服务质量有待提高；当地居民参与不足；乡村利益的外流；产业融合不够；缺乏系统的营销策略；品牌建设滞后等。上述这些问题，有些在我国乡村旅游发展的初期就已经存在，但仍然没有得到根本的解决或改观，有些是最近几年才暴露出来的问题，需要进一步进行深入分析与探讨。除了以上内容之外，还有学者对乡村旅游发展过程中土地使用方面存在的问题、乡村旅游发展中的"公地悲剧"、乡村旅游综合效应发挥方面存在的问题等进行了分析论述，并提出了各自的对策建议。

9. 乡村旅游的中外对比及国际经验研究

王云才以澳大利亚酒店业旅游和中国台湾观光农业发展为案例，以国际乡村旅游发展政策为核心，综合研究了国际乡村旅游发展的政策经验，结合我国实际情况，提出了我国乡村旅游在替代产业、旅游基地、主题工作组、社区参与、合作组织和法规体系6个领域的政策经验借鉴。[64]张环宙等系统地介绍了欧美乡村旅游的发展和主要成功经验，包括正确的定位、合理的形式选择、政府和社区的协调参与以及法律法规和专门的管理机构等。[65]戴斌等从发展进程、发展模式、发展机制等方面对国内外乡村旅游发展情况进行了分析比较，并提出了发展中国乡村旅游的若干政策建议。[57]邹统钎分析了国际上政府与非政府组织对乡村旅游发展的扶持与规制，发现多数国家把乡村旅游作为政治任务或公益事业来发展，实施了一系列计划支持乡村旅游的发展，把社会效益（比如扶贫、增加就业等）放在经济效益之上。政府在乡村旅游发展中的角色从原来的管制（government）转变为现在的治理（governance）。[66]

（三）研究述评

通过对乡村旅游研究的大量文献进行回顾可以发现，我国乡村旅游的理论研究与实践发展相伴相随，一路持续进步并不断深入。学者们从不同的研究视角对乡村旅游进行研究，取得了许多有价值的研究成果，研究领域在不断扩展。最显著的特征是实证研究不断增多，定量研究开始受到重视，有越来越多的学科领域的成熟理论被应用于乡村旅游研究，这些都为乡村旅游研究注入了新的血液。但是客观来看，我国乡村旅游研究仍然存在一些突出问题，例如重复研究严重，缺乏对研究领域的横向比对与批判性思考，缺乏对具体领域的深入研究；与国外研究相比，国内在实证研究中数学模型和统计方法的运用仍然偏少，缺少定量数据的支撑，很难保证有关乡村旅游研究结论的可适性和科学性。[11]我国理论研究仍然滞后于跨越式发展的实践，对国外经验及成果的研究借鉴不足。正如何景明教授所言，由于乡村旅游发展阶段、研究积累等方面的原因，我国乡村旅游研究在内容、层次、方法和理念等方面都与国外存在一定的差异和差距；虽然我国乡村旅游研究近年来发展迅速，但整体上研究水平不高，许多方面都有待深入。[67]今后，应该继续深化乡村旅游的理论研究；利用多种研究方法与手段提高研究结论的科学性与实用性；加快对国外乡村旅游研究成果的吸收和消化；加强多学科融合的综合研究，继续开展对乡村旅游的多向度探索。

第二节　旅游转型升级研究综述

关于转型升级，目前国内外学者还没有权威统一的认识，但学者们从不同的专业背景和视角做了大量卓有成效的研究。一般而言，"转型"是指事物由一种运行状态转向另一种运行状态；"升级"是指事物由较低的等级上升到较高的等级。"转型"是事物的"质"发生了变化，"升级"是事物的"量"发生了变化。转型升级包括三个层面的内容：一是经济的转型升级，二是产业的转型升级，三是企业自身的转型升级。三者之间既相互促进又相互制约。就乡村旅游而言，其转型升级仅包括后两个方面。主要体现在：一是乡村旅游在整个旅游产业结构中，由"数量"比重逐级向"质量"比重演进，实现产业增长方式的转移；二是从乡村旅游企业尺度看，实现由"劳动密集型"向"智力信息密集型"演进，由"制造初级观光产品"向"制造最终文化体验产品"演进，实现产业发展的依赖要素与产品形态的转移。[68]

一 国外研究综述

（一）转型升级研究

1986 年在美国匹兹堡大学企业管理研究所举行的"组织转型研讨会"中首次对转型（Transformation）主题进行了研讨。20 世纪末 21 世纪初，国外出现了基于价值链理论对企业升级问题的探索。此后，转型升级的理论研究逐渐引起各国学者的兴趣和重视。莱维和默瑞（Levey，Merry，1986）将组织转型描述为一种彻底的、全面的变革，认为组织转型需要解决组织的核心流程、精神、意识、创新能力和进化等方面的问题。M. M. Klein（1996）指出，企业转型升级是企业的经营环境发生变化时，为求生存发展、突破经营"瓶颈"而采取组织调整或目标转换的战略，改变组织结构，创造出适应环境变化的新经营模式。巴图克（1998）认为组织转型是一种发生在组织对自身认识上的跳跃式的变革，并伴随着组织战略、结构、权力方式、模式等各方面的变化。Gary Gereffi（1999）认为企业升级是一个企业或经济体迈向更具获利能力的资本和技术密集型经济领域的过程。同时，他从资源配置的角度将企业升级划分为企业内部升级、企业之间升级、本土或国家升级和国际区域升级四个层面。John Humphrey 和 Hubert Schmitz（2000，2002）认为，企业升级是指通过获得技术能力和市场能力，以改善其竞争能力以及从事高附加值的活动。他们提出企业升级的四种模式，即过程升级、产品升级、功能升级和跨产业升级。Kap Knsky 和 Morris（2000）指出，企业升级是企业制造更好的产品、更有效地制造产品或者从事需要更多技能的活动。他们认为在一般情况下，企业升级是从过程升级开始，逐步实现产品升级和功能升级，最终实现价值链升级，有时也会出现跨越或倒退情形。Poon（2004）认为，企业升级是制造商成功地从生产劳动密集型的低价值产品转向生产更高价值的资本或技术密集型产品的一种经济角色转移过程。B. Blumenthal 和 P. Haspeslagh（1994）认为，企业转型升级是认知、思考和行为上的全新改变，是组织变革和企业再造。Martin Bell 和 Michael Albu（1999）认为企业的转型升级，一是要关注核心竞争力的研究，从核心竞争力的角度关注企业所具备的其他企业难以复制的、为最终消费者提供所需要价值的能力，具有实用性、价值性和难以模仿性；二是关注动态能力的研究，强调企业必须努力适应不断变化的环境，更新发展自己的能力，提高和更新能力的方法则是通过技能的获取和知识及诀窍的管理、学习，通过动态能力的发展实现企业升级。[69]总体而言，国外学者围绕基本概念、影响因素、类型模式、路径选择等问题，大多从企业尺度，基于价值链理论和核心能力理论等对转型升级进行了大量研究。

（二）旅游业转型升级的相关研究

国外针对旅游业转型升级的文献产出十分有限。有学者以旅游者为对象，分析了旅游者自身的转型并探讨了由此引致的旅游服务的转型。如 Edward M. Bruner（1991）研究了旅游者在旅游过程中自我转型。P. Arnfalk、B. Kogg（2003）对服务转型进行了研究。Naomi Rosh，Peter B. 和 White（2004）通过验证澳大利亚长期旅行的中老年游客如何描述他们的旅游动机与旅游经验，来研究旅行所带来的旅游者自身的转型。Schechter、Mitchell 在《更好的管理转型》中，讨论了若干管理咨询服务顾问如何决策管理形式，以能够更好地应对服务承包商和运营商转型。也有学者从人类学、社会学视野出发研究了旅游地变迁、旅游企业的组织变革及旅游模式的转变问题。如 White、Naomi Rosh 和 White、Peter B. 在《旅行转型：游客和旅游地》中，通过对在澳大利亚内陆长期进行旅行的中老年旅客描述他们旅途的动机和经验的探讨，阐述了游客和旅游地的变化过程。Brownell、Judi 在《象征性文化方式：服务业的管理转型》

中，从象征性/文化的角度分析了组织转型，并探讨了转型过程中组织文化的影响力。组织变革进程被看作是对现有的组织价值观、信念和假设的破坏，并指出企业应帮助管理人员加强对组织文化的性质和发展的了解，提高沟通能力以更好地应付持续的改变。McK-enzie、Brent 和 Merrilees、Bill 在《转型经济中的跨文化研究——一种营销视角：从理论到实践》中，从概念上对转型经济中有关文化研究的不同流派进行了整合，对如何开展市场调研提出了建议，并把个人主义、集体主义、价值类型和价值观调查这三个相互关联的研究领域作为转型期开发市场研究模式的一个基本分析框架。[4]

（三）研究述评

总体来看，旅游转型升级是一个富有中国特色的专业词汇。国内外关于这一领域的研究存在着较大的差异。欧美等西方资本主义国家市场经济发展较为成熟，旅游业已经渡过了高速发展的黄金时期，转型升级已经成为一般过去时。对旅游业的研究更多采用了文化人类学和组织行为学的方法，从关注经济效应转向社会人文方面。[4]就乡村旅游而言，虽然西方国家的地方政府和学者普遍将发展乡村旅游看作是"拯救乡村社会"的良方，相关研究文献较多，成果丰硕，但由于西方国家市场经济发展成熟，度假休闲是传统的主流旅游形态，因而专门对应于乡村旅游转型升级的研究十分有限。现有关于乡村旅游地变迁、全球化背景下乡村旅游业应对金融危机冲击，实现可持续发展等方面的研究，因与中国具体国情以及乡村旅游业所处发展阶段存在较大差异，缺乏相应的参照性。[4]

二 国内旅游业转型升级研究现状

全球化是当今世界不可逆转的潮流。正是在全球化进程中，中国的改革开放开始起步，并初步实现了经济转轨与社会转型。作为不可分割的一部分，我国旅游业发展也经历了从事业向产业、从计划向市场的转变。20 世纪 90 年代以来，在转型升级的大趋势下，在市场需求拉力以及政策与竞合推力引致之下，我国旅游业发展开始提速并不断转型。在 2008 年全国旅游工作会议上，国家旅游局作出了推进我国旅游业转型升级的战略部署，并明确指出：在当前和今后一个时期，促进中国旅游业又好又快发展，关键就是实现旅游产业的转型升级。最近几年，由于内外条件的持续变化，我国旅游业转型升级的速度更是明显加快。学术界围绕我国旅游业转型升级问题，进行了系列化思考与研究。

（一）主要研究内容

1. 基本概念研究

关于旅游业转型升级这一基本概念，目前尚存在一定的争议。一部分学者认为转型、升级是两个完全不同的命题，应分别对待；也有部分学者认为转型与升级密不可分，应将两者统一起来，综合分析。甚至有学者认为旅游业转型升级在理论上是个伪命题，因为转型升级所涉及的都是质的飞跃，是从一种状态到另一种不同状态的转换，而实践中，旅游业既依赖于其他关联行业的发展，同时不同层次的旅游产品也并非存在替代关系，因而建议用产业结构的高度化研究替代转型升级研究。这种说法不无道理，但客观来看，其实现实中没有哪一个行业或产业不依赖于、受制于其他产业的发展，对特定旅游企业、旅游目的地而言，也确实存在着旅游产品的升级换代现象。从现有文献来看，对转型升级这一概念将二者联系起来统一论述的做法比较普遍。如国家旅游局曾博伟（2009）认为，作为一个产业，旅游业的转型升级是指依托于整个经济社会发展，以满足多元化、多层次、复合型的旅游需求为出发点，以提升服务质量为落脚点，通过旅游企业经营方式的创新、新型旅游产品的创造，通过政府部门对旅游发展方式的引导，对旅游经济运行的监管，进而实现旅游服务水平明显提高，旅游市场明显净化，游客满意程度明显增加，带动经济转型升级作用明显增强和经济、社会、文化、生态效益得到全面体现的过程。谢春山等分析认为，旅游产业转型升级的含义应包括以下几个方面：旅游产业的转型升级是旅游产业发展到一定阶段的必然趋势和选择。旅游产业的转型升级，既包括产业发展模式与发展形态的改变，也包括产业结构的优化与产业要素的提升。旅游产业的转型升级是一个由粗放走向集约、由规模走向效益、由单一功能走向综合功能的渐进过程。旅游产业转型升级的结果可能会大大促进产业的发展，也可能使产业形态发生某些变化或形成某种新的业态。旅游产业的转型与升级相互作用、相互影响，殊途同归，最终的目的都是促进旅游产业持续健康发展。[70]

2. 基础理论研究

有部分学者借鉴相关学科的理论体系，试图构建旅游业转型升级的理论基础与分析框架。如郑四渭借用产业融合的基本理论，论证了城市旅游业转型升级与产业融合的关联性，从供给、需求、支撑三方面分析研究城市旅游产业转型升级的驱动机制，并建立了基于产业融合理论的城市旅游产业转型升级驱动模型，针对性地提出城市旅游业转型升级的多层互动的驱动策略。[71]张晶基于产业链理论，以贵州为例，探讨了其旅游产业链延伸、整合以及纵深化发展，培育旅游产业集聚区等相关问题。[72]王伟基于协同理论的视角，针对"旅行社战略联盟"模式及其机理进行深入研究，剖析了制约和影响旅行社战略联盟协同发展的主要因素，为旅行社业实现转型升级提出对策与建议。[73]麻学锋认为中国旅游业领域不断扩大，产业链条不断延伸，形成一个由资源、体制、政策、结构、利益、创新、生产、市场等关联要素构成的完整的复杂系统，并从价值链视角、系统论观点，分析了旅游产业结构升级的动力机制与动态演化进程。[74]赵书虹深刻剖析了民族地区旅游产业发展的现状和旅游产业升级优化面临的现实问题，认为民族地区旅游产业发展各种问题的根本原因是技术创新薄弱。应用经济学的技术变迁理论，分析和指出技术变迁是民族地区旅游产业升级和优化的必由之路，并运用技术变迁模型分析了民族地区旅游产业升级优化的技术创新途径，提出以技术变迁模式来加快对优势资源的利用，形成集"绿色产业、高新技术产业"于一身的旅游产业优势，促进民族地区旅游产业结构调整和升级优化的总体思路。[75]上述这些研究虽然属于探索性的，但为从不同理论视角解析旅游业转型升级问题提供了很好的切入点，对后续研究必然起到较好的理论引导作用。

3. 转型升级的背景分析

车玲认为，市场经济大环境的变化、旅游产业规模的扩大和产业地位的提升、旅游产业发展国际环境的变化是我国旅游业转型升级的社会经济背景。[76]曾博伟（2009）认为，在新的时期，我国旅游业发展面临着新的机遇，这些机遇也为旅游业的转型升级提供了重要的支撑。包括在发展环境上，地方政府对旅游业的重视程度明显提高；在发展条件上，支撑旅游业转型升级的有利因素明显增加；在发展潜力上，推进旅游转型升级的有利条件正在逐步释放。张文建认为，旅游多样化和大众化时代的到来是我国旅游转型升级的社会经济背景，目前我国旅游需求市场日益呈现出以下变化格局：旅游意愿常态化、旅游动机多元化、旅游主体散客化、旅游资讯技术化、旅游距离近程化、旅游供给更新化。[77]

4. 转型升级面临的问题分析

车玲分析认为：供需矛盾不断强化，资源约束越来越明显，需求则呈现出无限增长的趋势。单纯地追求接待人数的增加，忽视消费结构的改善，给热点旅游目的地的基础设施带来巨大的压力，严重影响了目的地的感知形象。对旅游资源的掠夺性开发，造成有限资源的严重浪费，旅游发展的成本惊人攀升。[76]马波提出：在内外两种力量的共同作用下，中国旅游业进入了转型发展期，旅游产业的功能、形态、结构、动力都面临深刻的变革。旅游效应的统筹调控、国际化发展、市场化和公私伙伴关系的建设、产业结构和产业组织的优化、旅游与城市发展的融合、人力开发与科学研究水平的提升，是中国旅游业转型发展中最为重要的6个问题。这些问题的最终解决依赖于制度创新，而解决问题的过程也就是中国旅游业制度创新的过程。中国旅游业转型发展是一个宏大的命题，是一个渐进的、富有挑战性的过程。转型发展的核心是制度创新，诸多问题的最终解决依赖制度创新，而转型发展的过程也正是中国旅游业制度创新的过程。[78]

5. 转型升级整体框架的研究

从最近几年的情况看，旅游业转型升级的速度明显加快，对旅游转型升级的背景、内容、要求、主体、路径、动力、整体思路、发展战略与对策等的框架性研究也随之展开。马波最早从总体发展模式、市场供求关系、产业增长方式、产业空间布局、产业组织结构五个方面对我国旅游业转型进行了探索性研究。[78]王大悟认为我国在进入小康社会之际，我国旅游业出现了旅游目的、旅游目的地、景区开发、旅游服务等方面的转型。[79]张辉（2005）指出旅游产业转型既有发育期所具有的模式特征，同时也带有演进期的变化特点，并进一步提出中国旅游产业将出现旅游方式、旅游产业组织、旅游经营空间、管理模式、旅游产品等方面的转型。此后，马波指出我国主要的旅游城市或地区已开始进入目的地发展和区域旅游发展的高级阶段，而这种向高阶段的跃升就是旅游业的转型过程。同年，马波认为在转型背景下，旅游产业的功能、形态、结构、动力都面临深刻的变革，并对转型发展中旅游效应的统筹调控、国际化发展、市场化和公私伙伴关系的建设、产业结构和产业组织的优化、旅游与城市发展的融合以及人力开发与科学研究水平的提升等进行了系统分析。[78]王衍用、宋子千（2008）从资源、景区、产品、要素、市场、形象、营销、规划、产业发展、宏观管理等方面提出了十大观念变革助推我国旅游产业转型升级。曾博伟（2009）对我国旅游业转型升级的基本背景、基本表现和基本要求进行了总体概括，并重点从旅游行政管理层面对推进旅游业转型升级的总体思路、主要途径和主要方式进行了战略性思考并提出了切实可行的对策。这些研究为我国旅游业转型升级的实践和研究提供了一个整体框架。

6. 旅游业转型的产业政策、动力机制、路径和对策研究

唐留雄就转型期产业政策如何适应旅游产业发展的新要求，产业政策选择、导向等方面进行了探讨。[80]麻学锋（2009）指出在旅游业转型过程中把握好政府作用和自发作用的关系并使之有机结合是关键所在，并从理论层面廓清了旅游业转型的动力机制。[81]在转型升级的路径和对策方面，成果较多。吴南（2006）认为创新是处于转型时期旅游业的产业形态变革的灵魂，并分别对产业增长方

式、就业渠道、产业运行方式、产业组织结构、产业运行机制、企业经营方式、产品形式、营销主体和手段八个方面的创新进行了探讨。王永和、俞铁军认为我国旅游业存在业态、产品结构、市场组织结构和国民经济地位转型等问题，并对转型期存在的"瓶颈"及对策进行了相关研究。[82]刘小军（2008）指出要从协调发展、产品创新、体制改革和文旅结合四个方面推进转型升级。钱文芳、钱文科以海南旅游业为例，分析了转型增效的背景、意义以及促进海南旅游产业实现转型增效的若干措施。[83]李太光、张文建认为在转型升级期旅游业需要进行业态创新，并从市场、技术、生产经营方式、组织、供应流通渠道、制度六个方面对旅游业态创新机制进行了针对性研究。同年，李太光、张文建又指出我国旅游业的转型升级必须寻求多维突破和创新发展，并分别从主体、产业、空间、功能、技术和运营维度对旅游业转型升级战略进行了探讨。2009 年，李太光、张文建全面分析了上海旅游业转型升级的背景、机遇、目标、内涵、特征和新要求，并从主体、产业、空间、功能和技术维度上指出上海旅游业转型升级的发展路径。[84]但上述成果多为探索性和规范性研究，案例和实证研究少，所提出的对策路径针对性和可操作性不强，研究有待深入。旅游业转型升级需要产业部门间的相互联系和协调，因此旅游产业链的研究对于中国旅游业的纵深发展显得越来越迫切。王起静通过分析旅游产业链的内涵和特点，对转型时期我国旅游产业链构建中存在的问题和对策进行了探讨。[85]李万立从产业链的监控和预测、板块旅游、民航改革、旅游企业集团的角度对转型期旅游产业链建设进行了相应研究。[86]2007 年，李万立又以旅行社业为例，对转型时期旅游供应链优化进行了相应研究。[87]李秀金（2007）分析了文化创意和旅游业转型的关系，指出旅游业是文化创意的重要载体，文化创意为丰富旅游内涵和旅游业发展转型提供了一条重要途径。尽管旅游产业链条作为一个术语经常被人们使用，但是关于拉长产业链条的具体研究，迫切需要深入探讨。此外，刘少和通过文献分析和理论研究对国内外有关旅游转型研究进行了系统梳理，并进一步提出了有关旅游转型的概念、动力、主体、方向、焦点与本质及其区域性，总结了我国旅游转型发展的一般路径模式。[88]

7. 旅游市场转型与升级的研究

这方面的研究主要集中在我国旅游业三大市场的关系层面。杜江认为旅游市场需要从"大力发展入境旅游，积极发展国内旅游，适度发展出境旅游"向"大力发展国内旅游，积极鼓励出境旅游，继续发展入境旅游"转变。[89]厉新建（2005）指出在转型发展时期，入境旅游和出境旅游的重要性已经发生了变化，应当在大力发展入境旅游的同时，进一步推动现行的出境旅游指导方针与政策的改革。张广瑞（2009）提出了"大力发展入境旅游，全面提升国民旅游，着力改善产品质量"的转型升级的观点，并结合金融危机对旅游业的影响，指出入境旅游应下大力气开发区域旅游市场，同时国家应当出台支持旅游促销的政策。出境旅游则应用"以市场换市场"的战略取得"双赢"；应借扩大内需之势，培养国内旅游的消费热点；同时，张广瑞指出就中国出境旅游的发展而言，有两个问题非常值得研究，一个是要对现有的出境旅游人次统计方式进行"除沫与正名"，另一个是要在出境政策方面处理好"关闸与铺路"的关系。此研究既为今后相关研究的开展奠定了基础，也为我国旅游市场转型升级实践指明了方向，具有极强的理论和现实意义。

8. 旅游产品转型与升级的研究

旅游产品的转型升级一直是业界和学界关注的焦点和讨论的热点。自 20 世纪 90 年代以来，我国一些地方特别是东南沿海地区与内陆大中城市的人均 GDP 开始突破 3000 美元大关，旅游界就开始流行"中国旅游应当从观光旅游向度假旅游转型"。有关人士明确指出"观光是旅游发展的最低层次，休闲是旅游发展的最高境界"，这些观点也体现在各级政府旅游管理部门的决策上，对此，学术界出现颇多争议。杨军（2006）指出在目前和今后一定时期内团队式观光游仍是我国旅游市场的核心和主流，只有那些适合发展度假旅游的地区才可以实施"转型"战略，其他地区则应因地制宜实施"升级"战略。刘思敏（2007）认为我国需要走出"从观光旅游向度假转型"的误区。徐菊凤（2007）认为西方传统主流旅游方式以度假旅游为主，中国则以观光旅游为主，随着社会文化价值观的变化，多元化与休闲化将是旅游发展的大方向。张广瑞等（2008）认为观光旅游与度假旅游是满足不同市场需求的两种产品，它们之间既没有层次的区别，也没有必然的替换性，完全可以平行发展，旅游产品转型应该以市场需求和当地条件为依据。2008年，我国人均GDP突破3000美元大关，有关旅游产品转型升级的研究更加细化而深入。王剑、彭建（2008），严宽荣等（2008）认为温泉旅游适应我国旅游业由观光旅游向休闲度假旅游转型升级的需求，并对温泉旅游的开发进行了对策研究。马丽卿等（2008）剖析了长三角地区转型时期旅游产业的新形态，并提出了构建海洋特色旅游产品链的设想。赵迎昕（2008）从产品开发的角度对黑龙江、牡丹江旅游产业转型升级进行了分析。刘少和、李秀斌（2009）提出了旅游产品将向多元化、休闲化以及创新化、体验化转型，并对广东休闲度假产品体系建设的条件、模式、价值和政策等进行了深入分析。这些成果将旅游产品转型升级的研究推到一个更高的层次，细分性研究将成为今后的研究方向和重点。

9. 旅游企业转型与升级的研究

曾博伟（2009）指出，"旅游业的转型升级是以满足多元化、多层次、复合型的旅游需求为出发点的，因此以满足消费者需求，实现利润最大化为目标的企业自然是转型升级的主体"。这说明如何推动旅游企业的转型升级是我国旅游业转型升级的关键所在，而有关这方面的研究相对薄弱，针对性的研究成果不多。其中，张跃西（2004）认为发展旅游联合体是转型期中国旅游企业发展的战略选择，并对联合体的核心竞争力培育及其发展战略进行了针对性研究。厉新建等（2005）指出我国旅行社转型的重点在于对人力资本的激励，而转型进程中旅行社管理的重点在于行业范围的再界定，同时指出在转型期应该在利益结构中科学看待景区两权分离。马波指出在旅游业转型升级过程中，政府应当在鼓励集团化发展的同时，还需通过多种手段关注和支持旅游中小企业。[78]孙飒运用竞争优势理论的相关原理，对转型背景下旅行社行业的竞争优势进行了探讨。[90]由上可见，对旅游企业转型升级的研究主要集中在旅行社方面，且多为探索性研究，有关饭店、景区和旅游交通企业的研究亟待加强和深入。

此外，刘志江从分析旅游教育的应用性特点入手，围绕旅游院校布局、旅游教育教学的各环节论述了旅游教育与旅游业发展相适应的问题。[91]马波指出随着旅游业的转型升级，旅游产、学、研一体化发展的推动，会由原来的以院校为主转变为以企业为主，旅游教育的结构优化也必然从提升办学层次的"追高"转向多种办学层次的均衡求实发展。[78]王永和、俞铁军（2007），盛正发（2008）等也都从转型角度对旅游人才培养进行了探索性的研究。其他学者在相关的研究成果中也谈到了转型期旅游人才培养、旅游教育、旅游培训等与旅游业的适应性问题，但都并未真正在转型升级背景下展开深入系统的研究，这也将成为今后学界、业界和政府关注的焦点。

（二）研究述评

综合来看，尽管国内学术界对我国旅游业转型升级问题已经做出了不少的研究，但仍然存在一些不足：第一，相关研究与我国旅游业的发展实践紧密相关，但起步较晚。2004年以后文献产出明显增加且研究深度缓慢深入。这表明旅游业转型升级问题引起了学界的关注与响应，但研究力量薄弱，在旅游诸多研究领域中处于边缘状态。第二，现有研究多从全国尺度展开，以政府和战略层面的总体性研究和探索性研究居多，企业和策略层面的细分性研究较少，且基本没有考虑到地区之间旅游业发展现状及转型升级的差异。第三，研究不够深入，大多数研究还仅限于从表象上探讨旅游业转型升级的方法与途径，未对其内在机理进行深入探析，诸如转型升级的概念界定、内涵特征、方式途径等相关理论研究有待进一步深入。第四，研究方法上仍以定性为主，缺乏相关的指标体系及模型的构建，定量方法的应用明显不足。第五，案例研究和实证研究还不甚丰富，给出的对策建议大多缺少针对性和可操作性。[92]

三　国内乡村旅游转型升级研究现状

在中国学术期刊网（CNKI）上以"乡村旅游 + 转型升级"为主题进行搜索（2014 年 10 月 8 日），得到 79 条搜索结果。经过进一步分析，筛除掉重复出现、新闻报道等无效文本，最终得到 45 篇有用文献。可以发现，国内有关乡村旅游转型升级的学术文献比较有限，相关讨论最早出现在 2008 年，与 2008 年全国旅游工作会议作出推进我国旅游业转型升级的战略部署在时间上相契合。从 2011 年开始文献产出有所增加（2011 年和 2012 年各 15 篇），2013 年以来相关文献产出明显增多。

（一）理论研究

近年来有关乡村旅游的转型升级问题引起了许多学者的关注。吴必虎等从产品、营销和市场拓展三方面提出我国乡村旅游产业升级的建议。[93]胡敏指出转型乡村旅游专业合作组织将推动我国乡村旅游发展的产业升级。[94]徐福英等从产业、产品、市场、合作组织和教育培训五个层面提出了转型升级的对策和建议。[95]乌兰等（2010）从生态理念的视角出发探索了乡村旅游转型升级的动力机制、途径、目标以及对策。

（二）实证研究

一些学者还从不同的角度对乡村旅游转型与升级进行了案例研究，黄震方深入研究了云南西双版纳傣族园和香格里拉雨崩社区的权能建设，认为社区权能建设对推动旅游社区转型升级和新农村建设具有借鉴作用。[96]李月丽从加强科学规划、推动乡村旅游产业化发展、培育乡村旅游新业态、加强乡村旅游人才培养等方面探寻了湖州乡村旅游转型升级的可能路径。[97]李玉新以山东省寿光市、蓬莱市、长岛县为例，认为产业协同和城乡统筹发展，是促进乡村旅游转型的典型路径。[98]陈艳秋（2012）以武汉市石榴红村为典型，通过实地考察和问卷调查，提出了从主题形象、市场细分、项目策划、旅游目的地营销、辅助设施和服务等方面实现乡村旅游产品的转型升级。郑耀星等通过分析福建乡村旅游发展的现状，并试图从开发经营理念、产业链、服务理念以及乡村旅游标准等方面着手，融入生态理念的元素，以期为福建乡村旅游转型升级提供理论指导。[99]刘战慧将韶关市作为一个研究点，结合韶关市的实际，从实施体验式开发、构建价值链增值、催生产业新业态等方面归纳了乡村旅游转型升级的路径选择。[100]安传艳认为在中原经济区建设背景下，河南省乡村旅游转型升级面临着良好的机遇，可以通过培育特色、精品旅游目的地，政府引导和规范标准，培训从业人员，细分市场加大营销力度等方式实现乡村旅游的产品、管理、服务、市场和功能的转型升级。[101]刘孝蓉认为传统农业与乡村旅游的融合既可以推动传统农业的产业化发展，也有利于推动乡村旅游的转型升级，并提出了传统农业与乡村旅游融合的互动发展模式。[102]

值得欣喜的是，自2013年以来，陆续有硕士学位论文以乡村旅游转型升级为题进行了理论和实证两方面的初步探索。如杨超构建了乡村旅游产业转型升级驱动模型，提出乡村旅游产业转型升级应在产业结构、政府行为、市场营销、旅游产品、社区参与、人才培养六个路径方面做出努力，并针对漓江流域乡村旅游产业发展中存在的问题，给出了其乡村旅游产业转型升级的路径和建议。[103]贾君钰运用可持续发展理论、文化再造理论、社区参与理论、利益相关者理论、生命周期理论、竞争力理论、生态文明理论和经济发展方式转变理论，研究了民族村寨旅游转型升级的必要性、主要范畴和路径选择，并对恩施市枫香坡侗族村寨的旅游转型升级进行了实证分析，总结出了民族村寨旅游转型升级的对策。[3]

乡村旅游的转型升级是乡村旅游发展到一定阶段的必然选择，是乡村旅游实现可持续发展的重要途径。实践中许多地方都在进行乡村旅游产业转型升级，但对于什么是乡村旅游产业转型升级，乡村旅游转型升级的目标方向、主要内容，乡村旅游转型升级的作用机制和途径等基本问题尚不明确。[103]目前关于乡村旅游转型升级问题的理论探讨，尚处于起步阶段：对乡村旅游转型升级的关注不够，投入不足；现有研究多着眼于乡村旅游的经济功能与产业属性，缺乏深度、可操作性、系统性，结合民生视角的研究更是处于空白。

　　"十二五"以来，民生问题的重要性进一步凸显，民生成为重要的社会价值取向。我国乡村旅游业要实现又好又快发展，全面提升产业素质和行业竞争力，其核心和关键就在于能否以民生为导向顺利实现转型升级。本课题研究正是对这一现实问题做出的学术响应。

第三章 理论基础

　　民生导向下乡村旅游转型升级是一个复杂的问题系统，会涉及不同产业、不同领域、不同层面、不同尺度、不同主体，因而对其研究必须借助于多学科理论进行多维度审视。这些理论应包括三大方面：旅游发展方面的理论、产业发展与转型升级方面的理论、民生发展方面的理论。其中，旅游发展方面的理论主要包括社区参与理论、利益相关者理论；产业发展与转型升级方面的理论主要包括产业升级理论、产业链理论、产业集群理论等。这些理论均可以从不同方面为乡村旅游转型升级提供理论依据和科学参考。

第一节　旅游发展理论

一　社区参与理论

　　社区参与旅游发展理论源于社会参与理论。该理论认为，外部的支持固然重要，但社区发展的一个重要过程是强化和提高当地人自我发展的能力。这就要求在发展过程中必须尊重和重视当地居民的意见、建议，培养他们对发展的责任感、认同感，善于将外部的各种支持变成内在的发展动力，走一条"以人为本"、自下而上、全员参与的新发展道路。1985 年，墨菲（Murphy）首先把社区参与方法引入到旅游研究领域（*Tourism：A Community Approach*）。后来这个概念发展为现在普遍使用的"社区参与"，很多学者基于发达国家的背景下对发展旅游业的社区参与进行了大量的研究。国内自 2000 年以后，有越来越多的学者开始关注旅游社区参与问题，并取得了大量的研究成果。

旅游活动的兴起与开展必然会对乡村社区产生全方位的深刻影响。旅游业既可以促进乡村社区经济社会的发展，加速其现代化进程，但也可能给社区带来环境压力，冲击社区传统的生活秩序，引起社区文化的变迁，社区居民也可能因为利益未得到充分保障甚至流失，对旅游者和旅游活动产生抵制和敌对情绪，甚或引起怨恨和对抗。因此，必须考察乡村旅游对社区发展的负面影响，从社区和当地居民角度来思考乡村旅游可持续发展。

社区参与旅游发展是指合理利用社区现有资源和外来援助，从社区的共同意识、利益和需要出发，有计划地推动和引导社区居民共同参与旅游发展。旅游社区内各个利益主体承担其应有的责任，享受其应得的利益，尤其是社区居民，通过增加经济收益，接受培训和教育，提高就业和从商机会，享受因发展旅游而改善了的社会自然环境，具有较强的旅游社区意识，全面而自觉地参与到旅游发展的过程中，从而实现旅游发展真正为社区发展服务。

社区参与旅游发展理论是基于对传统旅游发展模式的反思。传统的旅游开发模式使得当地社区的利益从属于外界投资者及旅游企业的利益，当地居民通常只是旅游服务行业的廉价劳动力，这种模式将普通民众排斥在旅游发展进程之外，它们通常被看成是旅游开发、规划、管理的旁观者和局外人，社区也仅仅被视为开发的客体而非主体。[31]由于忽视社区因素及当地居民的诉求，使许多地方的乡村旅游发展进程中出现了诸多经济、社会、文化、环境问题，尤其是乡村旅游收益产生大量漏损且分配日益不公，引发居民的各种不适与矛盾，甚至严重影响到居民社会福利水平的持续提升。社区参与理论认为，社区居民是当地旅游发展的主体与核心力量，社区居民不仅是旅游发展的受益者，更应是旅游发展的获益者。社区居民参与当地旅游发展实际上是居民对社区旅游业发展责任的分担和对社区旅游业发展成果的分享。

社区参与旅游发展作为一种新型旅游发展模式和开发理念，其核心体现在参与的内容和目的两个方面。即获得参与社区旅游发展决策的权力和公平获得旅游收益的机会。在参与旅游发展过程中，通过经济参与（利益分享）、政治参与（发展决策）可以拥有更多的经济自由、政治自由和更多的民主。（谈论社区参加旅游发展理论）社区参与旅游发展的目标取向是繁荣社区经济，实现社区全面发展和人的全面发展：通过充分参与，确保农民直接获益，促进社区旅游业实现可持续发展；在满足居民生活、安全等低层次的需要的基础上，进一步满足其自我实现的高层次需要；并增强居民的凝聚力，文化的认同感与社区的归属感，以实现乡村社会的可持续发展。

社区参与乡村旅游发展是以乡村居民为中心的本质要求，是衡量基本人权、政治权利和法律权利等的实现程度的重要依据。实际上早在1997年，世界旅游组织在《关于旅游业的21世纪议程》中就明确提出要将居民作为旅游业发展的关怀对象，并把居民参与当作旅游发展进程中的一项重要内容。乡村旅游是发生在乡村地区的旅游活动，其发展天然地与社区参与紧密关联。社区参与理论则以乡村社区的经济社会发展作为关注焦点，本质上以民生为其价值取向。因而，社区参与理论是指导乡村旅游发展重要的基础理论之一，它不仅为乡村旅游指明了正确的发展方向，而且为乡村旅游发展阶段及其民生效应的判断提供了依据，更为以民生为导向的乡村旅游的转型升级提供了理论和实践基础。

二 利益相关者理论

"利益相关者"（Stakeholder）一词最初源于管理学，1963年由斯坦福研究院的学者首次提出。根据弗里曼（Freeman）的定义，利益相关者指"任何能影响组织目标实现或被该目标影响的群体或个人"。该理论认为企业的经营管理活动要为综合平衡各个利益相关者的利益要求而展开，任何企业的发展都离不开各个利益相关者的投入或参与。企业追求的是利益相关者的整体利益，而不仅仅是某个主体的利益。利益相关者理论要求企业治理层在经营决策中妥善处理与不同利益相关者的关系，平衡他们正当的权益要求，抵制他们的非分要求，争取利益相关者最大程度的合作以便实现企业的战略目标。[104]利益相关者理论提出后，得到了众多学者的广泛关注与研究，并由最初的企业为研究主体延伸到政府、社会组织、社区、政治、经济和社会环境等众多方面。

20 世纪 80 年代中后期，旅游发展中的平等参与、民主决策、组织协作等问题日益凸显。发端于 20 世纪 60 年代的利益相关者理论强调企业经营管理中的伦理问题，恰好与旅游业所面临的种种困惑相呼应，因此，利益相关者理论在旅游研究中得到了响应。[105] 1999 年"利益相关者"出现在世界旅游组织制定的《全球旅游伦理规范》之中，标志着这一概念正式得到官方认可。我国旅游学术界于 21 世纪初引入"利益相关者"概念，并在理论与实践两个层面进行了大量研究与探索。

利益相关者理论对研究中国乡村旅游具有重要的指导意义。旅游业的综合性决定了乡村旅游涵盖众多的利益相关者，乡村旅游的持续发展目标取决于利益相关者利益的协调程度和行为的协作方式。因此，研究不同利益相关者的利益要求，充分发挥各利益相关者参与旅游发展的积极性，合理有效地协调不同利益相关者的矛盾与冲突，实现利益相关者参与旅游发展目标的融合，成为乡村社区旅游业可持续发展的关键所在。[106]

代则光根据社区居民在乡村旅游中的特殊地位，从旅游地社区居民角度出发，以社区居民为中心，绘制了社区参与乡村旅游的利益相关者图（图 3 – 1）。[107]

无论从哪个主体的视角出发，当地居民、政府、旅游企业、旅游者都是最重要、最核心的利益主体。社区居民是乡村旅游利益相关者中最关键的群体，是乡村旅游得以健康稳定发展的重要因素。居民的态度和行为直接影响着旅游者的旅游体验质量以及对旅游目的地的感觉和印象，因而社区居民在乡村旅游地形象的确立中扮演着重要的角色。而开发商的利益分配会影响参与居民的积极性，政府的旅游规划征用土地则关系着社区居民的切身利益。在乡村地区，政府进行乡村旅游项目开发的首要动机就是获取经济利益。但是随着乡村旅游的深入发展，政府还会逐步追求社会效益与环境生

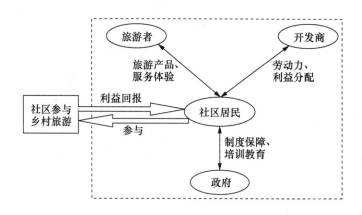

图 3 - 1   以社区居民为对象的乡村旅游利益相关者

态效益，要保护旅游者的利益。在监督、管理以及政策制定过程中，政府可能与其他利益主体产生冲突。如征地时与居民的冲突，履行监督职能时与旅游企业的冲突等。旅游企业即旅游开发商一般包括从事交通、餐饮、娱乐、购物等相关的企业。旅游企业的目标就是追求经济利益，实现利润的最大化。旅游企业通过提供良好的旅游相关服务给旅游者获得经济回报的同时，必须处理好与其他各方主体之间的关系。一旦协调不好，就可能引发与政府部门及当地社区居民的矛盾冲突，产生资源环境问题，最终影响乡村旅游地的健康发展。旅游的本质特征是一种体验，旅游者利益的核心是旅游经历的质量和满足感。科学地开发乡村旅游，突出乡村旅游的本土性、生态性、文化性、体验性、参与性等特征，可以使旅游者获得最大程度的满足感；反之，乡村旅游盲目开发以及旅游产品的低水平重复出现、当地社区居民的不友好态度、乡村环境的恶化等往往会损害旅游者的利益。上述各利益主体都有各自的利益要求，且对每个利益需求的重视程度又有很大的差异，其对乡村旅游发展的控制力也不均衡。如果这些利益要求不能很好地协商，演化为冲突，就可能严重地阻碍了乡村旅游的发展。

乡村旅游的发展实际上是一个动态博弈的过程，是资源的分配和利益的平衡过程，是利益相关者之间通过交易、协调、利益让渡和责任分担而进行社会建制的过程。[107]乡村旅游地要实现可持续发展，就必须以利益相关者理论为指导，深入研究各利益相关者的利益诉求，正确把握其利益关系，科学分析其利益博弈过程。乡村旅游的转型升级，涉及产品、企业、乡村旅游地等不同的层面，如何在以市场需求为导向高质量地满足旅游者的旅游需求、尊重旅游企业的市场主体地位与利益诉求的基础上，通过完善利益分配与保障机制，发挥政府部门的主导与协调作用，最大限度地满足各利益相关者的利益要求，尤其是使乡村旅游发展惠及社区及其居民是需要深入思考的问题。

第二节　产业发展与转型升级理论

一　产业升级理论

谢春山等学者认为，旅游产业的转型升级应主要从产业升级理论、产业转型理论、产业结构及其优化理论等获得学理支持。[70]产业升级可以从单个企业、产业结构、产业转移、产业集群等不同的视角来分析。企业升级意味着企业的创新以及向全球价值链的高附加值环节攀升；产业结构升级意味着产业由低级向高级，由低生产率向高生产率，由劳动密集型向资本、技术密集型的演化；产业转移的升级意味着选择适当的产业制造环节，积极参与区域间分工与贸易；产业集群升级意味着区域产业发展对集群特征的目标设定以及对集群作用的追求（见图3－2）。

产业转型理论认为："产业转型就是指一国或地区在一定历史时期内，根据国际和国内环境，通过特定的产业或财政金融政策，对其现有产业结构的各个方面进行调整。"产业转型可以从宏观和微观两个方面来界定和探讨。宏观上，产业转型可以定义为在一国或地区国民经济的主要构成中，产业结构、产业规模、产业组织、产业技术装备等发生显著变动的状态或过程，其实质是资本、劳动力、技术等要素在各个产业之间的重新配置。微观上，产业转型是

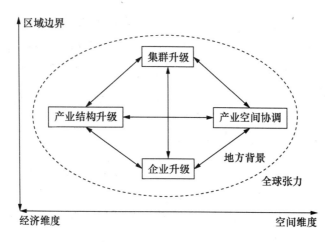

图 3 – 2　区域产业升级理论分析

资料来源：谢春山、孟文、李琳琳等：《旅游产业转型升级的理论研究》，《辽宁师范大学学报》（社会科学版）2010 年第 1 期。

指一个行业内资源存量在产业间的再配置，也就是将资本、劳动力等生产要素从衰退产业向新兴产业转移的过程。从经济学的角度看，技术进步可以提高产业要素的素质，使要素在产业之间重新配置，从而推动产业转型。因此，技术进步在产业转型的过程中具有极其重要的意义。

　　产业结构是生产要素在各产业部门之间的配置状况和生产力水平的反映。旅游产业结构是指旅游产业各区域、各行业部门、各产品类型、各目标市场、各种经济成分和经济活动各环节的构成及其相互比例关系。按照旅游产业内部的行业来划分，旅游产业结构从纵向上可分为三个层次，即第一层次——游览娱乐业（旅游资源开发经营业）；第二层次——由旅行社业、旅游交通运输业、餐饮业、住宿业和旅游购物业的行业群；第三层次——为旅游业直接提供硬件、软件支撑和服务的行业群（见图 3 – 3）。旅游产业结构优化是在产业的动态发展过程中达到旅游产业之间的协调、产品供求结构的相对均衡，进而实现生产要素在部门之间的优化组合和对全社会资源的优化配置，优化的目标是产业结构的高度化和合理化。

　　二　产业链理论

　　产业链是产业经济学中的一个概念，其本质是用于描述一个具有某种内在联系的企业群结构——处于不同产业部门之间的若干企业基于一定的技术经济关联,在价值链、企业链、供需链和空间链四个维度相互对接的均衡过程中形成的空间结构与形态。产业链中大量存在着上下游关系和相互价值的交换,上游环节向下游环节输送产品或服务,下游环节向上游环节反馈信息。

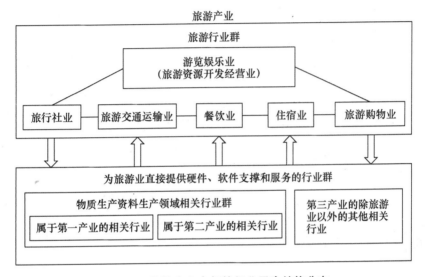

图3-3 旅游产业内部的行业层次结构分布

资料来源:谢春山、孟文、李琳琳等:《旅游产业转型升级的理论研究》,《辽宁师范大学学报》(社会科学版)2010年第1期。

产业链是产业层次、产业关联程度、资源加工深度、满足需求程度的表达。产业链分为接通产业链和延伸产业链。接通产业链是指将一定地域空间范围内的断续的产业部门(通常是产业链的断环和孤环形式)借助某种产业合作形式串联起来;延伸产业链则是将一条既已存在的产业链尽可能地向上下游拓展延伸。产业链向上游延伸一般使得产业链进入到基础产业环节和技术研发环节,向下游拓展则进入到市场拓展环节。产业链的实质就是不同产业的企业之间的关联,而这种产业关联的实质则是各产业中的企业之间的供给与需求的关系。

产业链形成的原因在于产业价值的实现和创造。产业链是产业价值实现和增值的根本途径。任何产品只有通过最终消费才能实现，否则所有中间产品的生产就不能实现。同时，产业链也体现了产业价值的分割。随着产业链的发展，产业价值由在不同部门间的分割转变为在不同产业链节点上的分割，产业链也是为了创造产业价值最大化，它的本质是体现"1 + 1 > 2"的价值增值效应。这种增值往往来自产业链的乘数效应——产业链中的某一个节点的效益发生变化时，会导致产业链中的其他关联产业相应地发生倍增效应。产业链价值创造的内在要求是：生产效率≥内部企业生产效率之和（协作乘数效应）；同时，交易成本≤内部企业间的交易成本之和（分工的网络效应）。企业间的关系也能够创造价值。价值链创造的价值取决于该链中企业间的投资。不同企业间的关系将影响它们的投资，并进而影响被创造的价值。通过鼓励企业做出只有在关系持续情况下才有意义的投资，关系就可以创造出价值来。

20世纪90年代，国外开始用产业链和产业集群理论来研究旅游业，且普遍认为产业链条的延伸和企业的空间集聚有利于旅游业发展。我国学者的相关研究则涉及旅游产业链（群）、旅游集聚、旅游密集带以及由此带来的旅游竞争力提升等多个方面。乡村旅游横跨第一、第二、第三产业，具有明显的综合性与关联效应，其产业链条的延伸、接通对于提高乡村旅游目的地竞争力、实现规模化发展、可持续发展具有重要意义。近年来，尽管我国乡村旅游市场规模迅猛增长，乡村旅游经营供给单位加速扩张，但乡村旅游产业链条过短、经营主体分散、企业规模偏小、管理缺乏系统性和规范性、缺乏区域间或产业间的有效合作、乡村旅游公共服务体系不完善等仍是普遍现象。因产业链条短而形成的"单打独斗"发展模式严重影响了乡村旅游资源优势的发挥，由此导致的产品趋同化、竞争同质化既影响了游客满意度的提高，也使各经营主体间产生巨大的内耗，严重影响并制约了乡村旅游目的地的可持续发展。[108]乡村旅游的跨产业性与综合性决定了其在构建全产业链条方面具有先天优势，因此，产业链理论是乡村旅游转型升级重要的理论依据。如何依托乡村旅游中的优势环节，通过虚实结合的办法打造全产业链的乡村旅游模式，应该是产业链理论指导下乡村旅游转型升级过程中需要重点解决的问题。

三 产业集聚与产业集群理论

所谓产业集聚，就是具有生产相同类型产品的一些企业，以及与之提供相关配套的企业在某个区域高度集中。[109]产业集群是指在特定区域的特定领域，围绕同一产业或产品的具有竞争与合作关系，且在地理空间上集中的相关企业和配套服务机构集聚而形成的群落。一般认为，产业集群的形成要经历产业集中、产业集聚（industrial agglomeration）和产业集群（cluster）三个阶段。其中，集聚强调的是地理空间上的集中程度，而集群是指在地理空间上集聚企业在产业链中紧密联系、相互竞争与合作。可以说，集聚是集群形成的必经阶段，集群则是集聚发展的更高形态。

产业集群理论的要义是提高产业集中度，构建出专业化生产要素优化集聚洼地，使企业共享区域公共设施、市场环境和外部经济，降低信息交流和物流成本，形成区域集聚效应、规模效应、外部效应和区域竞争力。从产业结构的角度来看，是对产品的深加工和对产业链的延伸，是产业结构的调整和优化升级。从产业组织的角度来看，是企业纵向一体化的发展，有利于降低企业的生产和交易成本，增强企业生产和销售的稳定性，在原材料供应、产品销售渠道和价格等方面形成一定的竞争优势，有利于提高产业和企业的市场竞争力，形成"区位品牌"。

在各种产业类型中，波特教授将旅游业列为集聚效应最明显、最适合集群化发展的行业之一。钱津研究员指出，乡村旅游有着集群化发展的先天条件，乡村旅游的规范化和产业化发展是新时期乡村旅游产业升级发展的必然趋势，乡村旅游产业集群的产生是种必然结果。[110-111]乡村旅游集群化发展有利于将分散的资金、土地和劳动力等要素集中优化配置、高效利用，通过统一规划、统一经营、统一营销，避免因产品同质化、恶性竞争导致的无序发展，有利于推进乡村旅游合理布局和旅游产业相关要素的有效集聚，促进资源的优化配置，从而提高区域乡村旅游产业的竞争力。[112]

第三节　民生发展理论

　　民生从来都是社会和谐的生命线。中国传统民生理论着眼于对社会下层的关怀，而并非在平等民主的基础上统筹全体公民的生活，发展民生的动力来自统治集团的等级优越感和危机感。实现人的自由全面发展，是马克思主义的基本要求和价值追求，而坚持以人为本、实现人的自由全面发展，必须首先解决民生问题。中国共产党在推进马克思主义民生理论中国化过程中，创造性地丰富和发展了马克思主义民生理论，并以此指导民生建设实践，使人民的民生状况发生了翻天覆地的变化。[113]党的十六大以来，面对我国社会出现的一系列新问题，党和政府更是进一步聚焦聚力于民生问题。党的十六大将改善民生作为"全面建设小康社会"的目标之一，指出这个目标就是"社会保障体系比较健全，社会就业比较充分，家庭财产普遍增加，人民过上更加富足的生活"。党的十七大明确地提出了"民生"概念和社会建设的目标，指出要在科学发展观的指导下，"加快推进以改善民生为重点的社会建设"，并且将我国目前民生建设目标概括为五个方面：学有所教、劳有所得、病有所医、老有所养、住有所居。[114]以习近平同志为总书记的党中央在推进中国梦的实践中则进一步拓展了民生思想，提出要把人民对美好生活的向往作为党和政府的奋斗目标，把实现公平正义作为改善民生的价值追求，把实现中国梦作为解决民生问题的战略平台，把调动各方面积极性作为民生建设的重要方针，把全面深化改革作为民生建设的直接动力。[115]党和政府关于民生问题的重要思想及一系列理论论述，为学界、业界深化对旅游产业属性的认识提供了理论依据，也为旅游产业实现转型发展指明了正确方向。可见，乡村旅游发展以民生为导向已成为必然。

第四章　旅游民生及乡村旅游的民生效应

第一节　民生与旅游民生

一　民生的含义

对于"民生"一词有一个比较准确、合理、恰当的界定，是一件十分重要的事情，因为这不仅影响到后续对旅游民生的界定、考察，而且也直接影响到具体乡村旅游民生政策、对策建议等的制定和落实。

从现有文献看，"民生"一词最早出现在《左传·宣公十二年》，所谓"民生在勤，勤则不匮"。《辞海》中对于"民生"的解释是"人民的生计"，老百姓的生活来源问题。孙中山先生对民生问题的解释广为流传："民生就是人民的生活——社会的生存，国民的生计，群众的生命。"[116]实际上，在中国传统社会中，广大民众一般将民生通俗地理解为"百姓的基本生计"。既然民生涉及基本生计，其对百姓的重要意义就不言自明。现代意义上的民生概念主要是指民众的基本生存和生活状态，以及民众的基本发展机会、基本发展能力和基本权益保护的状况等。从人权角度看，就是人的全部生存权和普遍发展权。从需求角度看，民生是指与实现人的生存权利有关的全部需求和与实现人的发展权利有关的普遍需求。前者强调的是生存条件，后者追求的是生活质量，即保证生存条件的全部需求和改善生活质量的普遍需求。

在民生问题成为各方热议的话题之后,学界对民生的界定更是众说纷纭,莫衷一是。当前具有代表性的观点有两种:层面论与制度论。层面论以吴忠民教授的观点最具代表性。他认为民生问题包括由低到高、呈递进状态的三个层面上的具体内容。其中,第一个层面主要侧重民众基本的"生存状态",即要保证每一个社会成员"能够像人那样有尊严地生存下去"。如提供社会救济、最低生活保障状况、基础性的社会保障、基础性的公共卫生、基础性的住房保障、发展义务教育等。第二个层面主要侧重民众基本的"生计来源"问题,让每一个社会成员"要有能力和机会活下去",即要为民众提供起码的发展平台和发展前景。如促进充分就业、进行基本的职业培训、消除歧视问题、提供公平合理的社会流动渠道、进行基本权益保护等。第三个层面主要侧重民众基本的"生活质量"问题,即重点考虑为全体社会成员提供使生活质量得以全面提升的福利。如让民众应当享受到较高层面的社会福利;社会成员的权利得到全面的保护等。[117]制度论者认为,当代的民生问题有内涵和外延之分。一是民生问题就是指与广大人民群众生存和发展直接相关的问题。这些问题是广大人民群众最关心、最直接、最现实的问题,包括衣食住行等基本需要,具体内容包括老有所终、壮有所用、幼有所长、矜寡孤独废疾者有所养,等等。二是解决民生问题是国家对于社会成员应尽的重要责任。我国现阶段的民生问题,其内涵是指各级政府有责任解决的与广大人民群众生存与发展直接相关的基本的问题。[118]

二 旅游民生

将旅游业发展与民生问题对接起来讨论是最近几年的事情。中国旅游业从新中国成立后的外交事业,到改革开放后的经济型产业,再到政府正式出台《国民旅游休闲纲要》,经历了从关注政治、关注经济到关注民生的历程,从单一注重经济功能转向关注经济、社会、文化、环境、人本等多元功能。"民生改善"将引领中国旅游发展方式的转变。[119]然而从现有的讨论来看,学界、业界主要将旅游的民生功能集中于旅游活动本身,即侧重于旅游对旅游者"精神和文化追求"的满足。这样的观点，在宏观尺度，着眼于整个旅游业而言并无不妥。但是，若将视野聚焦于具体区域或特定旅游类型，则有失偏颇。笔者以为，对于将旅游活动视为"民众追求更好生活与发展的基本权利"应作出更为宽泛的解读。2009 年 12 月，国务院《关于加快发展旅游业的意见》中指出，"旅游业是战略性产业，资源消耗低，带动系数大，就业机会多，综合效益好"，科学诠释了旅游发展的民生意义。从上述对民生的一般释义出发，显然，旅游民生就是在满足人的生存条件的全部需求情况下将旅游作为改善、提升人的生活质量的手段。[120]

　　长期以来，我国经济社会呈现出明显的"二元结构"，城乡之间、地域之间差距显著。广大乡村地区无论是经济发展水平还是社会事业均处在较低的水准。近二十多年来，不少乡村地区通过开发旅游活动，居民的物质文化生活水平得到了快速提升，旅游业在促进民生改善、增加就业、拉动基础设施建设、提升乡风文明、提高居民素质、促进城乡统筹发展等方面显示出独特而重要的作用。发展旅游已经成为乡村社区改善民生的重要手段与途径。可以预见，未来将会有更多的乡村地区参与到乡村旅游开发之中。如何让旅游开发的利润更多地留在本地，成果更好地惠及民生，让乡村居民就业、医疗、教育、住房、社会保障和人身安全等生存和发展的基本需求更好地得到满足与提升，实在是一个紧迫而重要的现实问题。基于此，本书后续话语中将主要以乡村旅游社区及其居民作为旅游民生的客体。

第二节　乡村旅游的民生效应

一　乡村旅游民生的含义

广义上讲，乡村旅游的民生功能应该主要体现在两个方面：

一是乡村旅游是城乡居民满足其旅游需求，实现其旅游权利的重要途径。渴望旅游是人的一项基本需求，古今中外，概莫能外。

旅游除了经济属性外，还有很强的社会属性。根据心理学家马斯洛对人类需求的分析，旅游需求属于较高层次的需求，当人们基本的生理需求得到满足以后，它才会出现，属于享受性需求。现代社会，人们的经济收入有了很大提高，闲暇时间不断增多，在紧张工作生活的重压下，人们希望能够有机会、时间、空间来放松自己、重回自然。越来越多的人随着生活水平的提高对旅游的认知也发生了质的变化，把旅游与提高生活质量、追求幸福感、完善人生、实现生命价值结合在一起。在整个社会旅游活动呈现常态化、普遍化、大众化的情形下，旅游自然而然也成为人们基本权利的必然选项。旅游民生也成为社会、国家大力推进、建设的必然。发展旅游的根本目的是提高生活质量并为所有的人创造更好的生活条件。随着社会福利理念的不断深化和大众旅游的普及，旅游活动已经表现出越来越多的福利特征，并将推动着旅游管理从经济管理到福利管理的渐进。旅游是人人享有的权利。国家和地方政府以及一切社会机构，都有责任和义务为人类旅游权利的实现提供政策保障、创造物质条件，特别是对低收入群体弱势群体。乡村旅游的出现和发展能很好地满足人们的这一愿望和需求，成为城乡居民实现其旅游权利的重要途径。

二是乡村旅游是乡村社区及其居民改善民生的重要手段。一个值得注意的现代旅游需求现象是：越是与旅游者日常生活环境反差大的地方越具有吸引力。我国许多乡村地区由于受地理因素和自然条件的制约，各方面发展欠缺，地方生产力低下，居民收入差，生活水平不高，通过发展现代工业和农业来脱贫致富存在较大困难，人民群众的民生需求尚处在较低的层次。而这些地区大都自然生态环境良好、地貌景观奇特壮丽，保持着比较原始的或传统的生产方式与淳朴而丰富多彩的民风民俗。这些虽不能直接创造经济价值，但一经开发，发展旅游，就能"点石成金"。通过招徕外地游客来本地进行旅游消费，既扩大了当地居民就业途径，也增加了当地居民收入，提高了其生活水平与质量，从而改善了其民生状态。因此，发展乡村旅游已经成为很多经济不发达地区脱贫致富的重要途径，乡村旅游也自然而然地成为当地重要的民生产业。

总体而言，乡村旅游作为一种独特的旅游业态，其民生功能应主要在于对乡村旅游社区及当地居民的意义，而不仅仅限于旅游者群体。

二　乡村旅游民生效应的主要表现

（1）扩大就业，增加收入。发展乡村旅游，可以让农民"零距离就业，足不出户挣钱"。村民通过种植、加工、销售当地乡村土特产品，提供饮食、住宿等服务，制作、销售民族工艺品、纪念品等多种途径为旅游者提供服务，从中为自己创造了大量的就业机会，就地吸纳了农村剩余劳动力，并从中获得可观的经济收入，农民不离乡、不离土就可实现收入增加、生活富裕的目标。国家旅游局在《全国乡村旅游发展纲要（2009—2015 年）》中提出，到 2015 年实现乡村旅游主要发展指标翻一番的目标。发展乡村旅游业，力争到 2015 年实现接待人数超过 8 亿人次，旅游收入超过 1200 亿元，直接就业 1000 万人，间接就业 4000 万人。世界旅游组织认为，旅游业每增加一个就业人员，就能为社会创造6—8 个就业机会，乘数效应极大。据测算，一个年接待 10 万人次的乡村旅游景点，可直接或间接安置 300 名农民从业，直接或间接为1000 个家庭增加收入。

（2）提高农民生活水平，改善村容村貌。就农民个人来看，开展乡村旅游的地方，农户收入一般要高于当地居民的平均水平。乡村旅游在增加农民收入的同时，也激活了农村的消费市场。一方面乡村旅游的发展，使得农民有能力对牛肉、羊肉、猪肉、蔬菜、酒水饮料等食品以及燃料等生活日用品的消费提出更高要求，从而带动本村和周边地区的农业产业发展。另一方面收入水平的提高使得农民有能力购置消毒柜、电脑等物品，加速促进农村现代化的进程。另外，为了增加旅游吸引力，提高旅游接待能力，发展乡村旅游的农村社区十分注重对自然生态环境的保护，不断改善农村道路、水、电、通信等基础设施，加大对住房、厕所、厨房的维修和改造力度，更加重视绿化美化和环境卫生，因而有利于农村自然生态环境和居住条件的改善。很多地方在发展乡村旅游的过程中，以创建文明村镇为契机，以清垃圾、清污泥、清路障，改水、改厕、改灶的"三清三改"为重点，改变了农村的脏、乱、差现象，换来优美的村容村貌。

（3）缩小城乡差距，促进农村经济社会的协调发展。发展乡村旅游，一方面有利于形成包括人流、物流、资金流、信息流的发展渠道。通过这个渠道实现了部分城市的消费资金向农村的大量转移，夯实了农村的经济实力，提高了农民收入。一些发展乡村旅游比较成功的农村，在经济收入提高之后，加大了对教育和医疗的投资力度，提高适龄儿童入学率和农民参加合作医疗率；不少农村建立了社会保障制度，为达到社保条件的农民按月发放生活保障金，使农民也能像城里人一样享受到医疗、教育和社会保障；另一方面推动城乡共同发展。乡村旅游业的成功发展，为城乡提供了交流和沟通的渠道，有助于方方面面加大对农村的投入和政策支持，有利于各种资源、资本和要素流向农村、农民和农业，推动了农村经济社会的全面、协调、可持续发展。

（4）促进农民解放思想，更新观念，建立文明的生活方式。乡村旅游在将非农生产方式带到农村的同时，也将现代文明的成果普及到农村地区。大量的先进思想带入农村，为实现农村移风易俗、抛弃陈规陋习、树立良好的生活习惯和风尚带来了深刻影响。随着大批旅游者的涌入，不仅为当地带来了经济效益，而且会带来各种各样的信息，从科学技术、文化知识、道德观念、价值观念、思维方式、经营管理方法直到生活习俗，从而促进乡村地区与城市的交流，对于农村地区，特别是偏远地区人们观念的转变，促进当地对外开放和经济发展都有着重要作用。开展乡村旅游改善了农民的生活环境，提高了农民的生活质量，促进了农村的现代化，缩小了城乡间的差距，加快了农村地区的城市化进程。通过发展乡村旅游，乡村居民还可以从旅游业发展中有更多机会接触到外界新的知识和商业机会，使得商业视野更加开阔，对其自身发展空间是一种无形的拓展。激烈的市场竞争使农民日益理性化，他们通过专业化、规范化经营以实现经济效益，还使农民合作意识增强并走向合作，提高了农民的社会化、组织化程度；优胜劣汰的市场规律使农民必须学会重视农业科技、经济效益，使农民由传统向现代农民转变。[121-123]

第五章 我国西部地区乡村旅游发展现状、民生效应及存在问题

第一节 西部地区乡村旅游发展的总体态势与成绩

中国西部地区包括重庆、四川、贵州、云南、广西、陕西、甘肃、青海、宁夏、西藏、新疆、内蒙古12个省、市和自治区。土地面积681万平方公里，占全国总面积的71%；人口约3.5亿，占全国总人口的28%。西部地区疆域辽阔，是我国经济欠发达、需要加强开发的地区。全国尚未实现温饱的贫困人口大部分分布于该地区，它也是我国少数民族聚集的地区。

20世纪90年代以来，随着西部大开发战略的实施，我国西部地区的乡村旅游业获得较快发展。1998年，国家旅游局推出"华夏城乡游"，提出"吃农家饭、住农家院、做农家活、看农家景、享农家乐"的口号，有力地推动了我国乡村旅游业的发展。1999年，国家旅游局推出"生态旅游年"，西部地区抓住新机遇，充分利用和保护乡村生态环境，开展乡村农业生态旅游，又进一步促进了本地区乡村旅游业的发展。目前，我国西部地区乡村旅游发展势头良好，呈现出欣欣向荣的景象。

一 乡村旅游成为西部地区旅游业的重要组成部分

西部地区是我国旅游资源最为富集的地区，资源总量约占全国

总量的 40%。改革开放 30 多年来，特别是实施西部大开发战略以来，西部地区的旅游基础设施、公共服务设施以及产业体系不断完善，产业功能不断拓展，产业素质不断提升，旅游业已经成为西部地区的"有特色的优势产业"。1999 年至 2008 年，西部地区入境旅游者增长了 1.25 倍，目前达到 984 万人次（年均增长 14%）；同期，旅游外汇收入增长了 1.76 倍，目前达到 37.56 亿美元（年均增长 19%）。2002 年到 2008 年，西部地区旅游总收入增长了 2.19 倍，目前达到 5279 亿元（年均增长 24.5%），高于同期 12 省（市、自治区）GDP 增长率。部分省（市、自治区）的旅游总收入占 GDP 的比重超过或接近 10%。西部地区旅游业的发展，为乡村旅游的开发提供了良好的基础设施和市场氛围，也带动了乡村旅游的飞速发展。

二　促进了当地农民增收和脱贫致富

旅游业是面向民生的服务业，具有就业容量大、就业层次多、就业门槛相对较低等特点。随着西部大开发的推进，西部广大农村地区、边疆地区和民族地区，旅游基础设施和接待条件不断改善，旅游业的快速发展增加了就业，促进了农民增收。近年来西部地区涌现出一大批乡村旅游特色村寨、特色城镇和一批旅游经济强县，一大批农牧民依靠发展乡村旅游实现了脱贫致富。在西部许多景区景点的周边，围绕旅游兴办了一大批商店、旅店、餐馆等，有效地带动了社会就业，"一个旅游点致富一个村"、"一个旅游区繁荣一个县"成为西部经济社会发展的一大特色。

三　促进了当地生态环境的改善和文化资源的保护

西部大开发战略实施以来，西部各省（市、自治区）把退耕还林、退牧还草、天然林保护等生态建设工程同发展旅游有机结合起来，自然遗产和生态环境在旅游开发的过程中都得到了很好的保护，如四川九寨沟、云南三江并流等。此外，贵州黄果树、新疆喀纳斯、内蒙古阿尔山、西藏可可西里等地方在发展旅游的同时，都高度重视生态环境和文化资源的保护，对旅游开发发挥了积极的示范作用。同时，西部各省（市、自治区）把发展旅游与保护、传承传统文化相结合，通过发展旅游小城镇、乡村旅游、民俗旅游，开发特色旅游商品等，有效保护了民族文化和地方特色文化。

四 促进了民族团结、边疆稳定，有利于区域协调发展

西部地区是我国少数民族的主要聚居地，促进民族地区的发展，增强民族团结，是西部大开发的重要任务之一。随着西部大开发不断推进，西部独特的旅游资源吸引了大量的东中部游客，加强了西部地区和沿海发达地区的交往，加深了各族人民之间的相互沟通和了解，促进了西部边疆地区和少数民族地区经济社会发展和人民群众生活水平不断提高，对促进民族团结和边疆稳定，以及当地经济发展发挥了积极作用。如贵州省开展民族边寨游，有63万人摆脱了贫困，走上了致富之路。新疆的喀什、阿勒泰都是民族地区，也是边疆地区，通过发展维吾尔族风情和喀纳斯湖观光旅游，极大地促进了当地经济社会的发展。

第二节 西部各省（市、自治区）乡村旅游发展概况

一 四川省

作为"中国农家乐旅游发源地"，四川是全国乡村旅游发展最早最快的地区之一。历经近30年的实践，四川乡村旅游的产业规模从无到有，产业档次从低到高，业态从少到多，不断壮大和发展。四川的乡村游已经成为全川推进统筹城乡发展、推进农业功能拓展和农村产业结构调整的重要抓手，成为促进农民增收的重要渠道和加快社会主义新农村建设的重要载体，成为四川旅游的一大亮点和新的增长点。目前，四川省已经建立了环城市天府农家、川西藏羌风情、川东北苏区新貌、川南古村古镇和攀西阳光生态5大乡村旅游发展板块。拥有4个全国休闲农业与乡村旅游示范县、8个全国休闲农业与乡村旅游示范点、28个全国农业旅游示范点、11个全国特色景观旅游名镇（村）、34个省级乡村旅游示范县（市、区）、

392 个省级乡村旅游示范乡村（镇）、645 家乡村酒店、14379 家农家乐。2011 年，四川全省乡村旅游实现收入 626.4 亿元，占全省旅游总收入的 26.1%。

　　地域广阔和人文自然多样化造就了四川省乡村旅游产品类型和结构的丰富性。利用农村自然生态和乡村文化，多方面满足城市居民周末休闲度假需求的城市近郊游遍地开花，是全省乡村旅游最普遍的种类。在成都周边的郫县、温江、双流等地，近年来通过发展乡村旅游走出了一条极具本地特色的统筹城乡发展之路。景区带动型乡村旅游则以重点旅游景区为核心，引导周边乡村的农民参与旅游接待和服务。作为富民惠民的有力推手，景区带动型乡村旅游带动周边乡村的旅游住宿、餐饮、购物等服务产业，拉动农副产品、土特产品的销售，实现旅游景区和乡村旅游互补、互动发展，形成"开发一个景区，保护一方生态，带动一方经济"的良性循环。四川省有着丰富的少数民族资源，少数民族聚居区特色村寨游特色鲜明，发展势头强劲。以阿坝藏族羌族自治州的桃坪羌寨、甘孜藏族自治州的丹巴碉楼群、凉山彝族自治州的泸沽湖等为代表的少数民族村寨地区，特色的生产活动、生活方式、民情风俗、宗教信仰及各种传统节庆，每年都吸引了广大游客和研究者前往观光游览、康体娱乐、学习研究等。四川省历史悠久，依托巴蜀文化、三国文化、红色文化发展起来的历史文化型乡村旅游也是独树一帜。如在广安，邓小平故里牌坊新村就建成集"教育、观光、会议、休闲"为一体的红色旅游与现代农业旅游基地，吸引广大游客前来观光游览、学习研究。作为全国重要的农业大省，四川围绕花卉、水果、茶叶、中药材、蚕桑等优势产业，依托区域特色鲜明、优势突出、竞争力强的现代农业产业基地、国家现代农业示范区等，大力发展休闲农业型乡村旅游，打造出了众多休闲农业与乡村旅游示范区，不断满足着城乡居民新型消费需求。近年来，四川省持续深挖乡风民俗，利用花木、果木生长期，顺应节假日调整，整合资源，组织了大量主题鲜明、形式多样的乡村旅游节庆活动。据统计，2011 年全省各地乡村旅游节庆活动达 150 多个，做到月月有节庆，季季有主题，为乡村旅游发展营造了氛围，打造了独具特色的四川乡村旅游品牌，吸引了客源，聚集了人气，使得乡村旅游的内涵与外延不断拓展，产业结构持续优化。[124]

成都的乡村旅游是四川乡村旅游发展的典范，也代表着全国乡村旅游发展的最高水准，得到了国家旅游局和全国旅游业界的高度评价。多年来，成都市坚持"以农促旅、以旅兴农、以旅富农"的方针，以"吃农家饭、品农家菜、住农家院、干农家活、娱农家乐、购农家品"为理念，发挥资源优势，大力发展乡村旅游，探索出了一条农民"离土不离乡，就地市民化"的城乡一体化新途径。目前，成都市拥有全国休闲农业与乡村旅游示范县（市、区）3个，全国休闲农业与乡村旅游示范点 2 个，旅游特色村 59 个，星级乡村酒店 84 家，星级农家乐 121 家，形成了以农家乐、乡村酒店、全国农业旅游示范点、旅游特色村、旅游古镇为主要产品的旅游产业业态。2011 年，全市乡村旅游仅农家乐一项，就接待游客 4035 万人次，接待收入近 30 亿元。成都已经成为我国乡村旅游发展名副其实的领军之地、杰出代表。

二 重庆市

重庆是一个典型的二元结构城市，具有大城市、大库区、大农村、大山区的特点。这种特殊的地形和二元结构，既给乡村旅游发展提供了丰富的资源，同时也提供了广大的客源。重庆市乡村旅游自 2000 年开始自主发展。2008 年，重庆市将乡村旅游作为主题发展年，全市乡村旅游发展开始进入快车道，势头迅猛。现已具有一定的规模。根据统计，全市目前共有乡村旅游景区（点）2470 个，其中，全国农业旅游示范点 12 个，空间上遍及全市所有区县，基本上在每个中心城镇附近和风景名胜区周围都有不同档次、不同类型的分布。2011 年，全市乡村旅游总营业额近 27 亿元，年接待人次约 2900 万人次，直接吸纳农民就业人数 5.3 万人，间接提供劳动就业岗位 12 万个。乡村旅游产业的推进带动了包括种养殖、餐饮住宿及其配套服务业在内的农、工、商三产发展，形成了一条巨大的产业链。乡村旅游已经成为繁荣全市休闲经济、统筹城乡发展、促进社会主义新农村建设的重要载体。正是看到发展乡村旅游所带来的巨大的民生效应，近年来重庆市将发展乡村旅游确立为全市扶贫富民的重要途径，不断加大政策扶植与资金投入。截至 2012 年 8 月，重庆市新开工建设乡村旅游项目 100 多个，完成乡村旅游项目招商引资超过 200 亿元。由于乡村旅游能够有力地促进农民增收，市扶贫办打算用 3—5 年时间，在每个贫困区县发展一个乡村旅游示范片，带动 5 万农户参与，20 万农户从事配套产业，使其成为脱贫致富的重要力量。为了提高乡村旅游发展水平，重庆还开展了大规模的扶贫技能培训，依托西南大学开办培训班 6 期，培训乡村干部和村民 1000 人次，区县实地培训 1 万余人次。此外，重庆重点打造并成功推出永川黄瓜山乡村旅游区、南川生态大观园、石柱"黄水人家"乡村旅游合作社等一系列精品项目，带动了南川、潼南、永川等十大重点乡村旅游产业项目的发展。

三　贵州省

贵州自然风光优美、历史文化悠久、民族风情浓郁，具备发展乡村旅游的资源优势。作为最早探索乡村旅游发展的省份之一，早在 20 世纪 80 年代，安顺的布依石头寨、黔东南的上朗德、南花、青曼、西江等 8 个民族村寨，就被开辟为全省最早的乡村旅游地。贵州省以自然生态、特色农业、民族村寨、文化遗产等资源为特色，把乡村旅游与观光旅游、休闲旅游、度假旅游有机结合起来，形成了一批有代表性的复合型乡村旅游产品。目前，全省开展乡村旅游的景区（点）有 3000 多个，其中民族村寨 1000 多个，全国农业旅游示范点 18 个。贵定音寨等以田园风光为主的乡村观光型产品，余庆"四在农家"等以农事体验为主的乡村体验型产品，遵义桐梓等以体验度假为主的休闲型产品，雷山西江苗寨等以民俗活动为主的乡村风情型产品都是贵州乡村旅游的典型。2011 年贵州省乡村旅游接待游客 5606 万人次，占贵州全年接待游客总数的 33%；实现旅游收入 221 亿元，占到贵州省全年旅游总收入的 16%。贵州民族文化与自然风光相融合的乡村旅游享有较高声誉，有着极强的吸引力和巨大的市场潜力。

　　贵州乡村旅游发展的突出特点是政府的强力推进。近年来，贵州各级政府高度重视乡村旅游的发展，专门成立了乡村旅游工作领导小组等机构，出台了一系列促进乡村旅游发展的政策措施。省委、省政府《关于加快旅游业发展的意见》中提出"将旅游发展与农村经济结构调整、扶贫开发和生态保护结合起来，积极发展乡村旅游和观光农业"。在政府强力发展政策的支持下，乡村旅游在贵州省旅游产品体系中已经占有重要的一席，形成了西江千户苗寨、开阳十里画廊、安顺天龙屯堡、贵定音寨、贵阳"泉城五韵"、黔北"茶海"等独具特色的乡村旅游品牌。[125]

　　贵州乡村旅游发展的另一特点是其国际化视野。2002 年世界旅游组织帮助贵州完成《贵州省旅游发展总体规划》。2006 年贵州编制完成了全国第一部省级乡村旅游发展规划，提出"把乡村旅游作为全省旅游业发展的重点内容"。贵州省在发展乡村旅游的过程中注意加强与国际国内的交流与合作。现在，贵州每年都要召开乡村旅游发展大会，借以扩大乡村旅游影响并探索发展的新思路。世界旅游组织、国家旅游局和世界银行把贵州作为发展乡村旅游的联系点和观察点。

　　贵州乡村旅游发展的第三个特点是以民生为导向。贵州作为中国西部多民族聚居省份，贫困问题较突出。贵州广大农村，特别是少数民族集居地尚未脱贫，且贫困面大，贫困程度深，全省现有270 万贫困人口和约 1000 万剩余劳动力。如何调整农村经济结构、扶贫开发、建设新农村，这是一个大难题。根据旅游资源广泛分布于农村地区、贫困山区、民族地区的特点，贵州省将发展乡村旅游作为破解的重要办法和路径之一，坚持以扶贫作为乡村旅游发展的方向，把乡村旅游和农民增收致富紧密联系起来。目前，贵州旅游发展的扶贫模式已经取得了突出的成效。据统计，"十一五"期间，贵州省有42 万贫困人口依托乡村旅游脱贫致富，乡村旅游成为农民增收致富的新途径。贵州乡村旅游发展创立的扶贫模式也已经得到各方的广泛认同和赞誉。

四　广西壮族自治区

近年来，广西以创建"全国农业旅游示范点"为抓手，充分利用美丽的自然山水、独特的民族风情，开展农业观光游及农民生活体验游，促进了乡村旅游的迅速发展。在成功开发漓江东岸旅游线、兴安灵渠灵湖景区、武鸣伊岭壮文化旅游区等数十个乡村旅游项目的基础上，又先后推出南疆边关览胜游、瑶苗侗乡采风游、千年灵渠寻古游、壮乡大观之旅、百色老区之旅、花山崖画探奇游、巴马寿乡探秘游等乡村旅游精品，吸引了越来越多的国内外旅游者。截至 2010 年年底，广西已经发展乡村旅游点 1000 多个，全国农业旅游示范县（阳朔）1 个，成功创建农业旅游示范点 209 个，其中国家级乡村旅游示范点 34 家，自治区级乡村旅游示范点 115 家，分布在全区 14 个市 60 多个县（市、区），涵盖了农业的各种业态。自治区乡村旅游产品体系已经涵盖农家乐、渔家乐、农业新村、民俗村寨、生态村屯、农业园区以及高科技生态农业观光园、乡村红色旅游胜地、休闲度假旅游村屯等多主题、多类型、多业态，并形成了各自的品牌特色。

广西乡村旅游的迅速发展，有效地提高了农民收入，创造了大量就业岗位，吸纳了大量农村富余劳动力，同时在旅游开发中也提高了村民保护生态环境的意识和文明素质。据统计，全区累计建立休闲农业园 288 个，涉及种养面积 36.8 万亩，农家乐 3000 多家，经营农户多达 3.39 万户，休闲农业直接从业人员 9.86 万人，间接吸纳从业人员近 100 万人，全区农业旅游示范点年旅游接待人数接近 1000 万人，旅游总收入近 3 亿元，人均年收入达到 15000 元以上，人均年增收 1000 元以上，最高的超万元，民生效应十分显著。目前，乡村旅游业正在成为广西实现富民兴桂新跨越，解决"三农"问题可依托的重要产业，在建设社会主义新农村中发挥出越来越重要的作用。

五　云南省

云南省是一个自然风光优美、历史文化悠久、民族风情浓郁、生态环境良好的旅游胜地，尤其是乡野风光、村寨文化、民族特色十分鲜明而富有强烈的吸引力。云南省地处祖国西南边陲，由于山区面积大，少数民族多，因而"三农"问题十分突出。近二十多年来，云南借助旅游产业优势，大力发展乡村旅游，实施"以旅助农"战略，使有条件发展旅游的地区、农村面貌发生了明显变化。

云南的乡村旅游起步于20世纪80年代，首先在旅游发达的地区产生。如昆明石林旅游风景区旁边的五棵树村、大理蝴蝶泉边的周村、西双版纳的曼景兰村、德宏瑞丽的大等喊村等，农民依托旅游景区的建设和发展，自发地开展领略民族风情、体验农家生活、提供乡村民居旅馆、销售民族工艺品等各种各样的乡村旅游活动，既丰富了这些旅游景区的旅游活动内容，又促进了旅游景区周边农民的脱贫致富。但是，由于这些乡村旅游活动属于农民的自发行为，因此旅游活动单一、发展规模较小、组织比较松散，尚处于自发发展的状态。进入20世纪90年代后，在政府的倡导和推动之下，云南乡村旅游进入了快速发展时期。1992年，省政府在西双版纳召开旅游发展大会，提出积极发展边境旅游、民族文化旅游和乡村旅游；1994年，省政府又在滇西北召开现场办公会议，提出依托自然景观、民族文化、村寨特色，加快发展以体验自然风光、领略民族风情、感受乡村民俗为内容的观光旅游；1995年，省委、省政府做出培育旅游支柱产业决策之后，又于1997年召开全省五大旅游区规划会议，并把乡村旅游作为重要旅游产品，提出要积极开发和发展。在政府的积极倡导和推动之下，全省乡村旅游迅速发展，到20世纪90年代末期涌现出具有一定规模的乡村旅游点，如昆明西山团结乡的"农家乐"、香格里拉县的"藏民家访"、丽江泸沽湖落水村的"民族文化体验旅游"、西双版纳的"傣民居观光"、曲靖罗平县的油菜花"田园风光游"等各种形式的乡村旅游活动，丰富了这些地区的旅游内涵，促进了旅游业的快速发展。进入21世纪，针对旅游发展的新趋势，旅游者需求多样性变化的新特点，云南省于2000年召开了全省乡村（民居）旅游发展大会，提出发挥少数民族贫困地区的旅游资源优势，大力发展乡村（民居）旅游，丰富云南旅游内容，拓展旅游市场，在满足城乡居民日益增长的旅游需求，促进旅游业快速发展的同时，带动少数民族贫困地区脱贫致富，推动农业产业结构调整，促进农村经济社会发展。通过几年来大力发展乡村旅游，全省逐渐形成了一批各具特色的乡村旅游类型。如以元阳梯田、罗平油菜花风光为代表的"田园风光旅游型"，以腾冲县和顺镇、丽江市束河镇为代表的"古镇休闲度假型"，以昆明市团结乡、丽江市黄山乡为代表的"农家乐休闲度假型"，以香格里拉县霞给村、宁蒗县泸沽湖落水村、瑞丽市大等喊村为代表的"民族文化体验型"，以昆明市团结乡、福保文化村、玉溪市大营街为代表的"现代新农村休闲型"，以呈贡县斗南花卉基地、寻甸县钟灵山生态农业园为代表的"高科技生态农业观光型"，以鹤庆县新华村为代表的"旅游工艺品购物观光型"等不同风格、不同特色的乡村旅游类型，极大地促进了这些地区和全省旅游的发展。[126] 截至2012年，乡村旅游已形成了一定规模的产业体系，拥有全国旅游经济强县2个，全国特色旅游景观名镇（村）6个，省级旅游经济强县6个，旅游小镇60个，旅游特色村150个，乡村度假村512家，规模以上乡村旅游接待点4887处，农家乐近万家。2010年，全省乡村旅游接待人数超过3500万人次，总收入达到60亿元之余，直接从业人员达18万人，间接从业人员达40万人。旅游接待规模较大的昆明、大理、丽江、西双版纳、曲靖、玉溪等州市，乡村旅游点数量也较多，乡村旅游点在500—10000个；旅游接待规模较小的普洱、临沧、昭通、怒江州市，乡村旅游点也较少，一般在100—200个。从空间分布看，全省乡村旅游呈现"环城"、"临景"、"沿路"三大分布特征。"环城"，即依托城市辐射形成环城周边乡村旅游点；"临景"，即依靠大型旅游景区带动在景区附近形成若干乡村旅游点；"沿路"，即沿交通线路在干道两侧形成散布的乡村旅游点。

从云南的探索和实践看，发展乡村旅游不仅丰富了旅游活动内容，扩大了旅游容量；而且带动了农业产业结构调整和农民增收致富，促进农村经济社会的发展。因此，在我国全面建成小康社会的过程中，大力发展乡村旅游，对带动农业、农村经济发展，促进贫困地区群众脱贫致富，促进社会主义新农村建设，推动当地经济社会发展都起到了积极的作用。

六 西藏

西藏地区虽然地广人稀，经济落后，但旅游资源丰厚而富有特色。雪域高原独特的自然风光、多姿多彩的民族民俗风情，加上高原环境的相对闭塞，使得这块圣地充满了神秘色彩，对中外游客有着强烈的吸引力。西藏地区的乡村旅游较全国其他地区来说，起步较晚，但发展迅猛。2002 年 8 月，自治区政府发布了《关于扶持和鼓励农牧民群众开展旅游服务的指导意见》，西藏的乡村旅游由此开上了快车道。特别是自 2006 年实施以农牧民安居工程为载体的社会主义新农村建设以来，西藏乡村旅游快速发展，农牧区面貌和广大农牧民的居住生活水平有了质的改善，乡村旅游已成为农牧民增收的新渠道，乡村旅游的"富民兴藏"潜能日益彰显。据统计，"十一五"期间，自治区用于支持乡村旅游发展的资金共计 1.17 亿元，通过在主要旅游沿线、主要旅游景区景点周围等旅游资源富集区域大力发展农家乐、藏家乐、休闲度假点、藏家访点、参与景区景点接待服务等形式，共建立起 222 个农村旅游示范户、开发建设了 100 个乡村旅游项目。截至 2010 年，西藏全区有星级家庭旅馆 315 家，从事旅游接待服务的农牧民达到 12029 户、48120 人，实现旅游接待服务收入 2.94 亿元，实现户均收入 24474 元，人均收入 6118 元。实践证明，西藏乡村旅游的开展，不仅具有重要的反贫困意义，更在于能为贫困人口创造提高文化和科技素质的机会和条件，促进社会主义和谐社会的构建。[127]

七 陕西省

"十一五"期间，陕西省将乡村旅游作为经济发展的重要增长极，通过科学规划，巧妙策划，注入文化，精心打造，强化营销等方式，实现了农业与旅游业的良性互动发展，成功地探索出了"政府统筹、部门联动、市场引导、协会主体、农户参与"的乡村旅游发展新模式。2007 年，陕西省乡村旅游工作领导小组正式成立，省政府先后三次召开了陕西省乡村旅游发展工作会议，先后制定下发了《陕西省乡村旅游发展工作指导意见》、《陕西省农家乐工作指导

意见》等五个乡村旅游发展指导性政策文件。省旅游局先后制定了
《陕西乡村旅游示范村评定标准及评分细则》、《陕西乡村旅游示范
村服务指南》等六个规范性文件，加强了乡村旅游的标准化建设和
规范化管理。省发改委、财政、农业、林业、水利、建设、交通、
扶贫等相关部门也相继出台了一系列有利于发展乡村旅游、帮助农
民增收致富的相关政策性文件。"十一五"期间，全省以项目为依
托，对乡村旅游的投资力度也不断加大。截至目前，陕西已选出
110 个乡村旅游重点项目，总投资达 9.18 亿元人民币。省财政 2007
年至 2011 年共拨付 2000 万元对其中 120 个项目给予了引导性投入。

　　在一系列强有力的政策、资金扶持下，陕西乡村旅游焕发出蓬
勃的生机。"十一五"期间，全省培育国家级"旅游强县" 4 个，
省级"旅游强县（区）" 22 个，创建省级旅游示范试点县 7 个，省
乡村旅游示范村 47 个，"农业观光旅游示范区" 30 个。2010 年，
全省"农家乐"经营户已发展至 1.37 万户，年接待旅游者达 2500
万人次，年直接经营收入达 15 亿元以上，直接从业人员已超过 6.6
万人，间接从业人员突破 25 万人。岐山北郭村、户县东韩村、长安
上王村、宝鸡关中风情园、礼泉袁家村关中印象体验地、汉滨区毛
坝田园、白水富卓苹果人家、西乡樱桃沟、城固橘园及陈炉古镇、
青木川、华阳古镇、凤凰古镇、后柳古镇等一大批特色鲜明、独具
规模的乡村旅游点和特色旅游名镇（村）纷纷涌现，极大地丰富了
陕西乡村旅游的产品体系。乡村旅游成为全省新兴产业和旅游经济
新的增长点，在统筹城乡发展、促进社会主义新农村建设中发挥了
巨大作用。

八　新疆维吾尔自治区

　　新疆地处亚洲大陆腹地，是典型的干旱区和多民族聚居区，我
国重要的农牧业大区，历史上著名的丝绸之路要道，多种文化的交
会点。神奇的自然景观、绚丽多彩的民族风情、灿烂的古代文明、
深厚的文化底蕴成为新疆发展乡村旅游的宝贵资源基础。新疆乡村
旅游在全国起步较晚，但发展较快。目前，全区共有农家乐 5000 余
户，星级农家乐 500 多家。乌鲁木齐、昌吉州、巴州、吐鲁番、哈

密、喀什地区"农家乐"发展迅速，呈现出一定规模，其中以乌鲁木齐和昌吉州乡村旅游较成规模，呈现连片发展的趋势。其中，昌吉州现有国家 AAA 级乡村旅游景区 3 家、国家 A 级乡村旅游景区 5 家、国家农业旅游示范点 1 家，有 12 家入选自治区百家乡村旅游"农家乐"示范点。乌鲁木齐县形成了以北郊特色农业、高科技设施农业、绿色农业、田园风光为主的农业乡村旅游经济圈，面积达 120 平方公里，共有"农家乐"、"牧家乐"旅游接待点 360 余处。新疆其余各地州乡村旅游近年来发展也较快，主要形成了以城镇为依托的环城游憩型乡村旅游景区，如吐鲁番市的葡萄沟景区，库尔勒市的莲花湖景区，博乐市的怪石沟和赛里木湖景区，喀什城郊的奥依塔克森林公园和"民俗风情园"，阿克苏城郊的波斯坦风情园，齐曼扎休闲庄园，和田城郊的百味果园，长寿老人村，农村手工作坊（地毯、桑皮造纸、水磨）展示，伊宁市伊犁河民族文化村，沙湾县城的生态园等。

新疆大部分旅游资源集中在山区和农牧区，经济条件相对落后，农牧民增收比较困难，发展乡村旅游产业成为加快贫困地区脱贫致富、促进区域协调发展的重要手段。近年来，乡村旅游发展的民生效应开始不断显现。如 2011 年，昌吉州实现乡村旅游总收入 12.4 亿元，人均收入达 3.8 万元，乌鲁木齐县共接待游客 193 万人次，实现旅游收入 13169 万元，发展乡村旅游已成为增加农牧民收入的重要渠道。乡村旅游开发也推动了农村市场化发展，为农牧民提供了新的就业机会，形成以"农家乐"为中心的产业链，使农村产业分工拓展到"农家乐"经营、种植、养殖业，农副产品加工，运输业以及相应设施的装修建筑等领域。新疆乡村旅游发展快的地方，如六工镇、峡门子村等，当地农村的就业人员比 2000 年增加了 8—10 倍。据不完全统计，昌吉州参与乡村旅游服务的农牧民群众达到 3000 户，12000 人，转移劳动力 20000 人。乌鲁木齐县有旅游从业人员 6000 余人，其中 75% 为当地农牧民。乡村旅游开发也有力地促进了农村社区基础设施建设的改善。如昌吉州修整道路 200 多千米，改善水电、通信等设施，为乡村旅游服务的同时，也为当地居民提供了快捷、便利的服务。此外，乡村旅游示范乡镇、示范村、示范点建设对于乡村社区面貌、生态环境改善等也都发挥了重要作用。

九　宁夏回族自治区

宁夏处于东部季风区域与西北干旱区域的过渡地带，自然条件的过渡性、多样性造就了其自然旅游资源的多样性。山岳、河流、森林、草原、戈壁、沙漠、沼泽、湖泊、绿洲等多种类型的多层次性的奇特景观汇集于此，宁夏因而被人们称为"中国西部旅游的微缩盆景"。九曲黄河流经宁夏400公里，造就了宁夏这块富庶之地。又因为宁夏地处中原文化的过渡地带，在与游牧文化的碰撞与发展中形成了独特的黄河文化、西夏文化、伊斯兰文化、移民文化、边塞文化，是一部浓缩了的西部文化历史篇章。"一河两沙两山两文化"就是宁夏旅游的精髓。宁夏农业发展历史悠久，"乡村旅游"资源丰富，发展乡村旅游有得天独厚的条件。宁夏回族自治区将"旅游产业促进社会主义新农村建设"作为本地区旅游业发展的重要目标之一，紧紧围绕建设社会主义新农村这一中心任务，采取积极有效措施、精心安排，制订了切实可行的活动方案。宁夏乡村旅游发展突出回乡民俗文化、塞上江南田园生活和农户庭院生态资源特色，乡村旅游线路和产品以银川市为中心，分为东西两条，贯穿宁夏各地，具有很强的代表性和参与性。近年来，在自治区各级政府的推动下，宁夏乡村旅游发展取得了很大成效。以银川市西夏区为例，西夏区乡村旅游点主要分布在201省道两侧的旅游黄金地段，各景点以西夏王陵、镇北堡影视城、苏峪口国家森林公园、贺兰山岩画等著名旅游景区为依托，凭借区位优势和人文资源，同时结合新农村建设，大力发展休闲旅游、农家乐和生态旅游，成效显著。根据调查，西夏区现有规模以上的农家乐、休闲农庄、休闲农业园区、民俗村39家，经营面积8520亩，直接从业人员1298人，年接待49万人次，营业收入3684万元，其中农副产品销售收入354万元，带动农户486户。2012年，西夏区被评为全国首批乡村旅游示范县，区内万义生态园被评为"全国休闲农业与乡村旅游示范点"。

乡村旅游的快速发展为繁荣西夏区农村经济，增加农民收入、改善农民生活起到了重要的推动作用。

十 甘肃省

甘肃是全国经济欠发达省份，也是农业人口大省。2011 年，甘肃农民人均纯收入仍只有 3909.4 元，全国排名倒数第一位，农村经济社会发展的压力巨大。甘肃大多数县域乡村虽然缺乏发展工业和城市化所需的资源支撑，但是这些区域是全省草畜业和特色林果业的主要分布区。这些农业特色产业及其所形成的特色景观及其人文现象和历史文化，正是特色乡村旅游发展的良好基础。近年来，随着全省农村基础设施的不断改观，发展乡村旅游的软硬件条件日益完善。全省乡村旅游从无到有，迅速发展，产业规模日趋壮大。截至 2011 年，甘肃全省已建成专业旅游村 120 个，农家乐 2445 户，乡村旅游人数达 1080 万人次，乡村旅游消费收入 12.5 亿元。通过积极引导，使旅游业充分介入农业，实现了与农业、农村、农民的直接对接，有力带动了农村的发展。甘肃省乡村旅游在推动农村产业多元化、提高农民生活质量、改善民生方面开始发挥出重要作用。据调查，全省至少数十万贫困人口通过发展乡村旅游获得收益，还有近百万贫困人口期望依靠乡村旅游脱贫致富。

甘肃省乡村旅游的发展，也出现了在全国普遍存在的消极问题，有些甚至阻碍了部分农村的自身发展。如盲目进行大规模的建设及冒进式的开发、粗糙模仿他人经营模式、目光短浅只重视眼前的蝇头小利、随意扩充旅游容量等行为，对当地乡村社区产生众多的负外部性，使得原始乡村环境被破坏，乡村文化受到城市文化冲击变质等。此外，乡村旅游发展的利益分配不均——乡村旅游经营的"飞地化"现象日益突出，旅游收益的大部分份额被外来投资者拿走，甚至有些地方乡村旅游被外来开发商整体承包，将原地居民排除在经营之外，形成"抽血机制"，引起一些乡村旅游目的地的居民对旅游的反感情绪及居民与开发商等利益相关者的矛盾冲突，阻碍了乡村旅游进一步发展及乡村旅游民生功能的有效发挥。[128]

总体而言，甘肃省乡村旅游还处在起步阶段，处在从自发式粗放发展向规范化特色发展的产业转型期，发展规模还比较小，与丰富的乡村旅游资源不匹配，与全国发达地区乡村旅游发展水平还有较大的差距。下一步要通过量的积累进一步提升乡村旅游的地位；通过改善农村基础设施，提高乡村旅游管理服务水平，坚持特色化、品牌化发展，提高乡村旅游的竞争力和产业素质；不断增强乡村旅游惠及民生的能力与覆盖面。

十一　青海省

青海省地处田园风光和草原文化的结合部，乡村旅游资源丰富，种类齐全。随着国家对"三农"问题的重视和支持，在旅游行政管理部门的指导和当地政府的支持下，青海省不少地方的乡村和农户依托当地良好的生态环境、浓郁的民族风情和丰富的农业资源，大力发展以观光采摘、农事体验、生态休闲、农业景观、民俗文化为主的休闲农业，以"农家乐"、"牧家乐"、"生态旅游"、"休闲旅游"、"体验型农业"等形式为主的乡村旅游已经初具规模。循化县撒拉族绿色家园和互助县古城村，成为首批全国工农业旅游示范点。贵德县荣膺全国休闲农业与乡村旅游示范县。大通县桥头镇向阳堡特色果品种植观光休闲基地、乐都县洪水坪生态农业旅游观光园和西宁市乡趣农耕文化生态园三个农业休闲观光园（基地）被农业部和国家旅游局认定为全国休闲农业与乡村旅游示范点。据统计，青海省规模以上的农家乐和休闲农业园区已发展到1062家。其中，农家乐884家、休闲农庄142家、休闲农业园区28家、民俗村8家。2011年，全省乡村旅游接待点接待国内外游客559万人次，直接收入3.14亿元。

乡村旅游的发展，促进了青海农牧产业结构的调整，为第一产业与第三产业的有机结合提供了切实可行的途径。乡村旅游发展同时带动了农牧民就业和增收。互助土族自治县小庄村，这个仅有146户、550人的小村，自20世纪90年代发展乡村旅游以来，至2007年，其游客接待量已达每年38万人次，实现旅游总收入2000万元，全村有近90%的村民从事旅游经营活动。2006年小庄村共吸纳劳动力1600多人。乡村旅游的发展，给农村社区带来了大量的人流、物流、信息流，不仅促进了农民综合素质和乡风文明的提高，改善了村民居住环境，而且使得乡村经济及社会实现了全面繁荣与进步。

十二 内蒙古自治区

近年来，内蒙古自治区以其深厚的文化底蕴、独特的草原自然风光、奇异的民族风情，吸引着越来越多的国内外旅游者前往观光体验。2011 年，全区接待入境旅游者人数达到 151.52 万人次，国内旅游人数达到 5177.95 万人次，旅游业总收入达到 889.55 亿元，旅游业总收入已经占到全区 GDP 的 6.24%。

由于内蒙古的旅游景区主要以草原旅游区为主，而草原旅游区又多分布在广大农牧民聚居区，因此，自治区旅游业的快速扩张，也有力地促进了区内以农牧林渔家庭旅游为特色的乡村旅游的快速发展，对带动农牧民致富方面起到了积极的作用。近几年，在自治区各级政府的推动与扶植下，农牧民就地搞旅游服务，发展农牧林家庭旅游已经成为一种热潮。农家乐、牧家乐、林家乐成为黄金周、小长假、双休日期间的主打旅游产品，形成了城市居民假日休闲的消费热点。据不完全统计，至 2011 年年末，内蒙古全区有农牧林家庭旅游接待户 2491 户，年接待人数 1300 多万人次，其中规模较大的接待户有 200 多家。在呼伦贝尔市的额尔古纳、根河、阿荣旗等地形成了一批乡村旅游专业村。呼和浩特市武川县五道沟村、和林格尔县仙姑子板村等地一些家庭成为全区乡村旅游发展典型示范户，部分蒙古族牧民家庭及鄂伦春、鄂温克、达斡尔、俄罗斯民族家庭成为全区少数民族家庭旅游示范户，锡林郭勒盟的"牧人之家"形成了一批年收入 50 万元以上的典型户。乡村旅游的大力发展，让越来越多的农牧民受益。乡村旅游已经成为内蒙古自治区旅游业的重要组成部分和农牧民就业增收的重要渠道。

总体来看，西部地区乡村旅游取得了较大的发展，产业体系初步形成，并成为各地旅游业的重要组成部分。乡村旅游的惠民富民效应得到了普遍认同，乡村旅游产业本身得到了各级政府的高度重视与大力支持。调研发现，西部所有的省份都出台了支持乡村旅游发展的相关政策与指导意见，制订了乡村旅游发展规划以及系列评价标准，并从资金方面予以了较大支持。政府成为推动乡村旅游发展的主要力量，政府主导成为各地乡村旅游现时发展的主要模式。西部各地乡村旅游发展表现出较大的不平衡性，且呈现出明显的特色与差异。西南地区较之于西北地区发展较早，发展较好。四川省成都市作为公认的我国农家乐旅游的发源地之一，乡村旅游发展档次高、规模大、民生效应突出，是全国乡村旅游发展的典范。贵州省瞄准乡村旅游在促进农村发展方面的重要作用，以其乡村旅游扶贫模式助推民族地区经济社会发展，领跑全国。云南省、广西壮族自治区则以大型景区、著名景点的发展带动周边农村地区乡村旅游的发展，这种以大带小的模式显示出了较好的效果。相形之下，西北地区各省份乡村旅游发展受制于众多因素的影响和制约，总体发展相对落后；乡村旅游发展的"围城效应"比较明显，大多数乡村旅游地环布在大、中城市外围，服务于本地市场的特征比较明显。

第三节 西部地区乡村旅游发展存在的主要问题

我国西部地区乡村旅游虽然取得了长足的发展和巨大的成效，但是与东部沿海经济发达地区诸如浙江、江苏、北京、上海等地相比，总体上还存在着较大的差距。这些差距既体现在数量方面，也体现在质量层面。与此同时，由于观念和认识的问题以及经济基础、服务管理水平、运行规则、运行模式等方面的差别，与发达国家相比，我国西部地区与全国其他地区一样，乡村旅游在发展过程中出现了一些带有普遍性的问题。这些问题既影响了乡村旅游产业自身的做大做强与可持续发展，也直接制约了乡村旅游民生功能与效应的充分发挥。这些问题主要包括：

一 各方对乡村旅游的民生功能存有不当认识

在我国西部地区，对乡村旅游民生功能的认识存在着两种误区：

一是各方就旅游论旅游，更多关注的是乡村旅游的经济功能、产业属性，缺乏基于民生视角的审视，没有站在城乡统筹发展、整个社会系统演进的高度来认识和对待乡村旅游。时下在我国许多地方，乡村旅游的发展基本还是较为单一的政治意愿的衍生物，因而对乡村旅游发展缺乏系统支持。认识不足、观念的短视以及对经济利益的过度追求，导致我国西部地区许多地方乡村旅游开发一哄而上、遍地开花，只考虑当前、不顾长远，只重视规模、不讲质量、粗制滥造，乡村旅游产品初级化、产品文化内涵粗浅化等问题普遍存在。[129]目光短浅直接导致了行为的短期化，最终会影响到整个行业的可持续发展以及乡村旅游民生功能的充分发挥。二是乡村旅游万能论，即对乡村旅游发展的期望过高。乡村旅游发展虽然具有重要的经济、社会、文化、环境效应，但也必须清醒地认识到，乡村旅游有用但作用有限，对其功能不能盲目拔高。许多人士（尤其是各级官员）认为只有发展旅游，才能发展农村经济与社会，只要有乡村，就可以发展乡村旅游，似乎乡村旅游是一剂包治百病的良方。这样的认识显然过于乐观，旅游能带动的始终只是部分地区的部分农村和部分农民，而不可能是所有乡村和农民。[130]

二 社区群众参与度低，利益分配不均，民生覆盖面不广

调查发现，西部地区乡村旅游地社区居民参与度普遍较低，主要集中于旅游餐饮、旅游交通、旅游纪念品销售、景区务工等少数领域，所参与的领域和行业技术含量明显偏低，多属于劳动密集型。不少居民家庭由于地理区位等客观因素的制约，并没有或有效地参与到乡村旅游开发之中，在乡村旅游发展中处于边缘化位置。与外来投资者相比，在利益格局上明显倾斜于投资商、强势旅游企业和地方政府，社区居民被关注不够，所得较少，不参与旅游经营活动的农民更是一无所得。[129]飞地化是不少西部地区乡村旅游景区（点）存在的普遍现象。来自城市或外地的投资商垄断了旅游资源经营权，攫取了大部分旅游收入，占有了原本属于当地农民的发展机会和财富。在飞地化的景区，由于社区居民对土地产权的行使受到了外部力量（包括投资商、地方政府和村级组织的资本与行政权

力）的干扰，其旅游开发权及旅游开发中的话语权被剥夺，其利益诉求未能充分实现。"飞地化"导致旅游开发惠及部分人群，往往会引起村民的不满，导致景区群体性事件的接连上演，严重阻碍了乡村旅游的可持续发展。[131]

三　产品单一，企业规模偏小，集约化和组织化程度低

西部多数地区大都强调农家乐的发展，即把农家乐简单地等同于乡村旅游。西部乡村旅游产品多是资源简单转换型，鲜有资源深度加工型。西部的乡村旅游活动主要停留在观光、采摘、垂钓等常规项目上，产品雷同化、服务同质化，致使游客重游率低。不少农家乐、民俗村缺乏体验、休闲项目，地域性、个性化特色不突出，缺乏文化元素的注入，难以满足游客的深层次需求，造成游客逗留时间短，消费支出少。产品体系的严重不足或多数产品类型的空白，使乡村旅游无法形成上下游相关产业融通的完整旅游产业链，无法进一步产生更多的延伸产品和服务，影响了乡村旅游综合经济效益的提高。目前西部乡村旅游多处于小、散、杂的自发局面。许多旅游项目的开业、停业随意，社区农牧民开旅馆、餐饮店等项目无证（照）经营的现象比较普遍，还谈不上以品牌型、规模化的乡村旅游企业主导经营的集约型市场化组织。这种散乱弱小、无序竞争的格局当然不会产生、积聚正能量，难以树立乡村旅游品牌形象，也无法实现乡村旅游又好又快的发展绩效、品位提升和产业升级。[129]

四　建设标准化，发展样板化以及文化的空心化

标准化建设就其本身来说不是坏事情，但如果将它样板化，则会对乡村旅游的发展带来不良影响。[130]西部地区不少地方的乡村旅游发展与新农村建设走入误区。例如很多地方为建设新农村、发展乡村旅游一切向城市看齐，"扒旧屋，建新房"，修广场、建公园、厕所贴瓷砖、门前建喷泉，致使传统而地道的农村风貌一扫而光，乡村风味荡然无存，严重削弱了对旅游者的吸引力。此外，在乡村旅游开发中跟风行为盛行。政府部门出于规范管理的目的，一般都会出台一些乡村旅游开发经营的标准与细则，树立一些乡村旅游示范村镇，但这些举措在加强管理的同时，又难免产生误导和形成误

伤。树立标准和样板的结果往往是抹杀了乡村旅游地乃至经营户的个性、特色，抹杀了农村生活的吸引力与乡土魅力，割断了无数旅游者的乡土情结。除了自然环境、农事活动以外，乡村文化应该说是最吸引旅游者的地方。但是牺牲自己的文化特质来过分、不当迎合外来旅游者需求的现象也成为常态。不少地方在将旅游开发、文化展示与经济利益捆绑的同时，造成了乡村文化的扭曲化、移植化、庸俗化、过分舞台化与商业化，致使乡村文化与其本体和主体的错位，最终干扰了乡村社区文化生活的正常演进。

五　缺乏整体规划，盲目开发带来的负面影响日益加剧

很多地区在没有对旅游资源进行论证，缺乏规划和策划的情况下，就匆忙马上开发乡村旅游，不仅造成乡村旅游资源的破坏和乡村旅游产品的恶性竞争，更严重的是乡村旅游还没有真正发展起来就失去了可持续发展的基础和动力。[132]由于缺乏统一的监管部门和有效的法律规范，乡村旅游在总体规划上还存在不足，低层次的重复建设现象严重，对环境破坏严重，导致旅游产品定位不高、类型雷同、生命周期不长，严重制约着乡村旅游的产业升级。许多地方的乡村旅游因缺乏长远开发和管理理念，给当地社区带来的环境以及人文等负面影响正日益加剧。乡村原有的自然、清新、静谧、淳朴的环境品质与氛围正受到烟尘、尾气、尘埃、污水、垃圾、噪声等多方面的扰动。此外，大量具有高消费能力和新消费方式的城市居民进入农村，他们的装束、行为、娱乐方式等逐渐渗透给当地乡村居民，使朴实的民风和自然的生活秩序受到破坏，由于缺乏坚实的文化基础和正确的引导理念，极易对一些乡村居民产生消极影响，导致他们不满自己的生活现状，盲目模仿甚至刻意追求城市人的行为方式，极易产生诸多不良社会现象，影响乡村社区的稳定发展。

六　服务管理能力偏弱，存在一系列体制机制障碍

服务管理能力偏弱体现在两个方面：一是从经营主体来看，乡村旅游企业多为中小微企业或分散经营的农户，乡村居民在长期的农牧业生产活动中形成了自由、散漫的习惯，又因大多未受专业培

训，旅游服务意识与专业技能均比较差；旅游企业受制于多种因素
与资源制约，大多尚未建立现代企业制度与规范的管理体制，缺乏
整体性的经营理念和规划安排，急功近利思想严重，经营简单粗
放，短期行为突出，对经营特色以及服务质量等软件方面重视不
够，品牌意识不强。二是从政府管理层面来看，乡村旅游点多面
广，且涉及"食、住、行、游、购、娱"等众多领域，普遍存在
"多头管理"的混乱局面，错位、越位、缺位管理在某些地方成为
常态。由地方政府主导和有关部门参与的乡村旅游发展综合协调机
制尚未建立健全，资源开发中的科学性，产业规划的统筹性，产品
创新提升的导向性，乡村旅游促进与发展政策的针对性，宣传推广
的协同性，公共服务设施的配套性，乡村旅游业与工业、农业、文
化、科教、卫生、体育等领域融合发展等问题还没有得到很好的解
决。[133] 此外，政府行政管理部门的服务功能不强，仍然局限于传统
的政务管理、行业监管，而公共服务职能薄弱，造成在业务指导方
面的"真空地带"。所有这些，导致地方乡村旅游发展难以形成合
力，严重影响制约了其整体民生功能的发挥。因此，建立统一协调
的管理机制和组织机构，强力发挥政府的主导作用；健全相关法律
规范条例、制定经营实施细则、出台各项激励性政策体系，从体制
机制上破解乡村旅游发展的障碍，成为当务之急。另外，乡村旅游
企业也必须积极探索乡村旅游经营特点和规律，从战略高度谋划自
身发展，创新管理方式，提升服务水平，加强行为自律。

七　资源匮乏，要素投入不足

西部地区乡村旅游企业做大做强缺乏充足的资源支撑，特别是
缺乏人、财、物、信息等经营资源，从而在基础物质资源层面限制
了核心竞争力的提高。一是缺少创新型经营管理人才。据调查显
示，63% 的乡村旅游微型企业由当地农民投资和经营。由于大多数
农民缺乏专业知识、管理能力和经营经验，导致乡村旅游企业经营
管理水平较低。二是缺少资金。由于融资难、贷款难，导致乡村旅
游企业资金缺乏，严重制约其发展速度、规模。三是缺少设施、技
术。由于受成本、资金、观念等因素的制约，乡村旅游企业在开

发、运用高科技技术与设备上投入很少，从而导致其技术含量较低、经营管理效率低下。四是缺少信息。在互联网时代，信息成为旅游企业发展不可或缺的重要资源。西部地区乡村旅游企业在建设信息设施、信息系统方面投入较少，从而不能有效获取、利用信息资源，导致经营效率低下。

总体上，近年来我国西部地区乡村旅游发展迅速，民生效应显著。但客观来看，西部地区乡村旅游发展仍然处于初级阶段，分布分散、力量弱小、功能单一、特色缺乏、低质竞争、管理粗放等涉及产业、企业、产品、管理等不同层面的问题在各地普遍存在。这些问题的存在与乡村旅游市场需求持续走高及快速升级的愿望形成强烈反差，微观上阻碍了乡村旅游企业的健康发展，宏观上导致整个行业总体素质不高，总体上影响了其民生效应的充分发挥，西部地区乡村旅游产业的转型升级势在必行。我国西部地区乡村旅游资源丰富、基础良好、前景广阔、潜力巨大，发展意义重大（经济社会发展、民族团结、社会和谐）。多方经验表明，只要发展观念到位，科学规划先行，乡村社区利益得到合理关照，并在产品、管理、营销、产业等不同层面持续做出努力，西部地区乡村旅游一定能顺利实现转型升级，发挥更大的民生效应。

第六章 国内外乡村旅游发展的 经验借鉴

经过多年的发展，我国西部地区乡村旅游在规模与效益方面都取得了可喜的成绩，甚至出现了以四川成都为代表的领军品牌，以贵州为代表的乡村旅游扶贫的典型发展模式，但是与世界乡村旅游发达国家、与我国东部沿海地区相比较，差距仍然很大。因此，学习借鉴国内外乡村旅游发展的成功经验，对于引导我国西部地区乡村旅游转型升级、健康持续发展具有十分重要的意义。

第一节 国外乡村旅游发展经验借鉴

乡村旅游起源于19世纪的欧洲，至今已有100多年的历史，其发展经历了萌芽兴起、规模扩张、成熟发展等阶段。目前，世界发达国家的乡村旅游已经进入成熟发展阶段，具有相当的规模，积累了丰富的经验，走上了创新化、规范化发展道路。

一 国外主要国家发展乡村旅游的经验

（一）美国

1. 基本概况

美国地域宽广，农场众多，乡村旅游传统悠久。第二次世界大战以后，乡村旅游被视作一种带动乡村经济发展的有力武器而大行其道，并开始成为中产阶级生活的一部分。美国乡村旅游主要类型有观光农场、农场度假和家庭旅馆等，外出用餐、购物、自然旅游、游览古迹、划船、打猎、骑马、骑自行车、登山、节庆活动等都是美国居民喜爱的乡村旅游活动。近年来，美国乡村旅游呈现出发展势头强劲、产品丰富多样、客源多元化的发展态势。

2. 基本特征

美国乡村旅游的基本特征可以概括为"五化"：乡土化、多样化、居民化、信息化、自助化。乡土化：无论是观光休闲农场，还是古村古镇，都是原汁原味，注重对自然、人文景观的保护。旅游交通以步行为主，接待设施小巧，避免大兴土木，无论是开发还是管理，都尽一切可能减少、降低对自然的扰动与影响。多样化：即乡村旅游呈现出"百花齐放"的多元化局面。从类型看，既有观光型，也有休闲度假型，还有参与型。从活动内容看，既可品尝乡村美味、体验乡村文化，也可参加农业展览与传统节庆活动，还可参加骑牛比赛等各种文娱活动。以乡村住宿为例，美国的家庭旅馆分为乡村民居、乡村旅馆、自助式村舍、度假村等多种类型与层次，以满足不同游客的需求。居民化：乡村旅游的需求主体是国内居民，且多为周边城市的居民，外国旅游者很少。供给主体是农村地区的居民，乡村游的发展主要是由本国人、本地人所推动的。当地政府部门通过积极宣传，让社区居民了解开展乡村旅游对于促进经济、扩大就业的积极作用，吸引居民积极主动地参与到乡村旅游的开发中去。居民有了充分认识后，就会通过提供服务和改善基础设施条件来支持旅游业的发展。信息化：市场推广工作主要通过协会来进行。市场推广的媒介主要是互联网。借助互联网，协会或农场主向对乡村旅游感兴趣的人提供及时、全面和立体的信息，达到交流沟通、吸引游客的目的。美国的乡村旅游也有完善的预订系统，游客可通过乡村旅游网络预订系统和电话等来安排行程。自助化：美国的旅游者更愿意选择以自助的方式开展乡村旅游。自助的方式包括交通出行的自助化，自驾车、单车或徒步出行，很少依赖旅行社，人们不再满足于一般的乡村旅游服务，而更加愿意选择利用乡村环境和资源开展自娱自乐的活动。

3. 主要经验

一是加强立法、规范管理。最近四十年来，随着美国旅游业及其管理体系的发展和完善，国会加强了对发展乡村旅游的支持力度。《国家荒野保护体系》、《国家荒野和风景河流法》、《国家旅游法》等法律法规的出台，为保障乡村旅游发展提供了完备的法律框架，极大地刺激了乡村旅游的发展。为促进乡村旅游业的发展，对申请开办乡村旅游经营的个人或组织、经营规模大小、土地房屋租用、生态环保、安全规定等等，都建立了相关的法律程序和规定，对民宿农庄也有专门的法律规定。

二是政府高度重视，并给予政策、资金、服务等多方面的支持。在美国，乡村旅游不仅因被认为是"乡村和城市交流的一座桥梁"而受到各级政府的高度重视，同时也被认为是增加农民特别是边远地区农民收入的一个重要途径。美国从县、州一直到联邦的各级政府对乡村旅游业都有一系列的扶持政策。美国农业部设有多项基金，有合适项目的乡村或个人都可以申请。地方政府在制订一个地区的发展规划时，也会有意识地鼓励发展乡村旅游，为旅游业创造交通、住宿等配套设施的便利条件。而基层政府则往往对申请发展乡村旅游的村庄或个人在手续上给予简化。美国各级政府部门还从信息引导、业务培训、资金支持等各方面对乡村旅游发展提供支持和优质服务。[134]

三是发挥社区及旅游行业协会的作用。美国旅游业发展是典型的市场导向型。旅游管理部门除了在合理规划、制定旅游政策、旅游法规等方面起引领作用外，一般不会过多干预乡村旅游的发展。社区、行业协会等非政府组织是推动乡村旅游市场化运行的主要力量。行业协会在行业标准的制定、监督检查和评估、信息咨询、项目指导、资金募集、发放资助、提供宣传、经验介绍等方面发挥着重要作用。美国的社区会通过定期不定期地举办乡村旅游巡回展览、专题研讨会，向农牧业生产者提供乡村旅游知识培训，并鼓励所有农牧业生产者加盟协会和组织等。正是这些大量的与旅游业服务相关的、根植于基层、贴近居民的非政府组织，其快捷有效的服务有力地促进了美国乡村旅游的发展。[134]

四是准确定位、产品丰富、促销推广手段多样、注意塑造知名品牌。美国各地的乡村旅游项目大都瞄准国内市场，特别是周边城市的居民，在选择乡村旅游目标市场上着重打好"本地牌"。在产品开发上，注意依托本地特色资源突出地方特色，在市场定位和宣传上多从本地资源特色和文化历史中挖掘题材，以突出与众不同的"卖点"。[135]在促销推广方面，善于以节庆活动为载体，吸引媒体、社会公众和目标市场的兴趣与关注，以提高乡村的知名度、美誉度，树立本地乡村旅游品牌。在选择节庆营销媒介方面除了花费大量资金用于电视、广播、报纸、橱窗等传统宣传媒介，同时十分重视互联网等高科技营销手段的运用，节庆网站成为美国向全世界宣传节庆活动的重要窗口。[136]

此外，美国乡村旅游从业者良好的素质也功不可没。乡村旅游要成功地开发、经营与管理，对从业人员的综合素质有较高的要求。美国许多农场主主动学习、增加市场学、计算机和互联网应用等方面的知识，以提高经营水平；聘请当地热情和善的高质量服务人员，充分利用互联网推销当地的游览信息，与会计、律师和经济顾问紧密合作以获得帮助。

（二）法国

1. 基本概况

法国有着古老的乡村旅游传统，但早期只是奢华贵族生活方式的体现。第二次世界大战后，为消除地区发展不平等，农村发展水平低、空心化、人口老龄化等问题，法国政府开始实施"领土整治"政策，在发展农业的同时发展旅游业，并从资金上对农民改建乡村住宿、发展乡村旅游予以支持。当时休假制度的形成也刺激了以周末旅游为主体的旅游需求，到附近乡村旅游成为一种时尚。目前，乡村旅游已经成为法国仅次于海滨旅游的第二大旅游方式。据估计，每年有60%以上的法国人选择到乡村休闲旅游。2005年至今，法国乡村休闲旅游已超过3500万人次/年，每年创造的收入达220多亿欧元。[136]

2. 主要经验

一是带薪假期、农业产业化为乡村休闲旅游发展创造了基本条件。如 1982 年修改的《劳动法典》规定，每年休假天数可达到 30 天，充足的时间保障了法国人外出旅游的基本条件。第二次世界大战后，法国政府将土地集中，进行大规模的产业化经营，全面推进农业生产机械化，彻底摆脱了"小农经济"的困扰，整齐、大片的农业景观对游客具有震撼力，加之基础设施、配套服务的完善，为乡村休闲旅游的开展提供了重要的保障。

二是政府和行业协会的重要作用。法国政府出台大量优惠政策刺激乡村旅游发展，如由政府投入资金，将马厩和仓库改造为旅馆，供旅客使用；家庭旅馆达到三星级标准的提供公共补贴；成立乡村旅游常设会议机构、部际小组等部门规划设计乡村旅游的发展，这些政策都有力地支持了法国乡村旅游的发展。法国 22 个大区 100 个省都建有旅游协会。行业协会既是代表企业向政府提出各项要求的发言人，也能在某些方面替代政府对经营者进行指导、培训和帮助，提供更多的服务。如协会在政府的政策指导下制定乡村旅游的行业规范和质量标准，推动行业自律；为农户提供咨询培训、网络信息平台、营销服务等。行业协会对于保证产品质量，推进乡村旅游向规范化和标准化发展等发挥了重要作用。

三是社区主导及独特的发展与经营模式。法国乡村旅游的发展模式是"农户＋企业＋协会＋政府"。政府从政策引导的角度保证乡村旅游经营主体以本地的农户、居民为主，以社区为主导，这对提高农民收入，保护生态环境以及繁荣农业意义重大，对我国当前乡村旅游发展的"飞地化"及利益外流现象具有重要参考价值。法国乡村旅游的经营模式简单高效，主要以家庭农场为载体。经营形式包括个人农场、有限责任农场、民事团体、商业集团等，其中个人农场占绝大多数；土地的经营方式有租赁经营、土地所有者直接经营和分成制经营；经营者要求最低具有初中学历，具备农业经营和管理的知识，熟悉当地文化。

四是乡村旅游产品的多元化、体验性、原真性。针对不同游客的需求，法国乡村旅游企业创新开发出多元化的产品体系。主要有三大类：美食、休闲和住宿。这三大类又涵盖了农场客栈、点心农场、农产品农场、骑马农场、教学农村、探索农场、狩猎农场、暂住农场和露营农场九个系列。[137]体验性的娱乐项目是法国乡村旅游的重要特色。例如，农场设有美食品尝、烹饪培训、农产品采摘、园艺培训、动植物观赏等项目；游客通过参与酿造葡萄酒的全过程，了解酿酒工艺和葡萄酒历史、文化等。原真性是法国乡村旅游产品另一重要特点。法国农场销售的主要农产品必须是农场生产的新鲜食品，烹饪必须是当地使用的加工方式，生产加工程序必须在农场内部进行；观光农庄的外观必须与当地的建筑风格保持一致，餐具必须用粗陶、瓷器或其他具有代表性的材质制造。

五是多主体参与的完善的营销体系。由政府专职部门牵头协调多方力量，包括行业协会、会展企业、媒体、社会组织等，实施多主体参与的乡村旅游目的地营销，如通过举办节庆活动、会展活动，以提高乡村旅游地的知名度，宣传法国乡村旅游的整体形象。乡村旅游企业拥有广泛的销售渠道。一方面积极建设自己的网站，通过网络为游客提供咨询和预订服务，同时，积极参加各种大型展会，把信息直接传达给游客。另一方面，通过与旅行社以及专门做旅游产品预订和销售的网站合作，进行间接销售。法国乡村旅游企业非常重视面向游客的管理与沟通，通过办理会员卡、免费服务、邮件宣传单等方式争取游客再次光临。[135]

（三）西班牙

1. 基本概况

西班牙真正意义上的乡村旅游起源于 20 世纪 90 年代初，目前已经超过海滨旅游，成为西班牙旅游业的重要组成部分。西班牙人非常重视乡村旅游，每年大约有 36% 的西班牙人的休假是在 1000 多个乡村旅游点度过的。在西班牙，农村直接经营乡村旅游的农户比例很小，但以卖农产品、经营手工艺品等从中受益的农户则不少。开展乡村旅游使得西班牙的农村发生了相当大的变化，旅游不仅促进了农村经济结构的变化，也使农村的设施和环境得到了很大的改善。据统计，每年有大约 85% 的乡村旅游者周末驾车前往 100—150 千米以内的农场进行休闲度假。

2. 主要经验

一是政府高度重视。在西班牙，每一个地区政府都有乡村旅游方面的立法；政府还就乡村旅游制定了很多标准，从立法上、标准上确立乡村旅游的地位，确保乡村旅游的质量。政府还通过减免税收、补贴、低息投资贷款等对乡村旅游给予特定的支持和帮助。贷款主要是用于改善乡村旅游的基础接待设施；补贴只用于修缮那些有50年以上历史的老房子，帮助农民把它们改造成乡村旅馆。政府也会根据市场需求从区域层面对乡村旅游进行合理规划，以避免过度竞争。西班牙政府还通过技术上的帮助或培训来引导和促进乡村旅游的发展。在培训中教育当地的农民要认识乡村环境、生态、文化保护的重要性，干净、卫生、友好、原生性对乡村旅游业的重要意义。

二是产品特色化与经营方式的灵活化。西班牙政府将路边的古堡及周围有一个大农场或农场的庄园进行内部装修，改造成为饭店，用以留宿过往游客，这种饭店被称为"帕莱多国营客栈"。目前，主要的乡村旅游产品类型有房屋出租（room renting）、别墅出租（cottage renting）、山地度假、乡村观光等，主要开展徒步、骑马、滑翔、登山、漂流、参加农事活动等多种休闲活动。西班牙乡村旅游重视文化的复兴和传统习俗的渗透，在使传统社会文化成为旅游产品的一部分方面，作了很大的努力，如政府专门启动了一些对当地社区的教育培训和文化恢复计划，农业部收集和整理了传统的食谱，教育部门和旅游部门合作发展了民间歌舞、传统手工艺、音乐。西班牙乡村旅游产品文化内涵非常丰富。旅游者可以免费游览各地乡村的文化遗迹、免费行走堂吉诃德之路，感受乡村文化的泥土气息与传统文化的独特魅力。经营方式的灵活化表现在，游客既可以选择在客栈留宿，也可以把整个农场租下，自行料理生活上的事务，还可以在农场范围内搭帐篷露营或者利用旅行车旅行。

三是非政府的乡村旅游协会作用重要。西班牙乡村旅游协会是一个民间的联合体，它和政府有着良好的合作关系，在推进西班牙乡村旅游发展中起着非常重要的作用。协会把很多业主自发地联合在一起，西班牙经营乡村旅游的业主60%多都加入了这个协会。该协会有一个内容非常丰富的网站，网站上有各个会员单位的介绍，游客可以直接在网站上进行预订。协会还把各个会员单位组织起来，通过预订中心、报纸广告和互联网等手段进行统一的营销推广。为保证乡村旅游的质量，协会还自行规定一些标准，要求会员单位执行，较好地发挥了行业自律作用。[138]

（四）英国

1. 基本概况

英国是世界上发展乡村旅游的先驱国家之一，20世纪60年代，乡村旅游就已兴起。20世纪90年代，英国约1/4的农场开展了乡村旅游，农场景点成为游客最受欢迎的景点之一。目前，英国的乡村旅游已颇具规模，并走上了规范化发展的轨道。发达的经济和城镇化为乡村旅游的发展提供了强有力的支撑。悠久的历史、优美的乡村景观、丰富的文化宝藏为乡村旅游的发展提供了坚实的资源基础。

2. 主要经验

一是政府为乡村旅游的发展创造了良好的制度环境。英国政府对乡村旅游干预较少。政府机构主要以完善的政策体系从战略层面对乡村旅游进行政策扶持，制定法律法规，完善乡村公共基础设施，给予必要的资金支持，制定相应的评价、监督、检查和评估标准。此外，主要进行自然生态保护，并在乡村旅游发生危机时发挥支配作用。如政府通过强制性法令、税收机制等促进农场主进行自然生态保护；率先采用环境补偿为基础的补贴政策，以激发农场主主动采取益于生态环境的农业管理模式和技术，既保障了乡村旅游发展的良好生态环境，又丰富了英国的乡村旅游资源。

二是乡村旅游体验的真实性。英国很好地保持了乡村优美、绿色、环保的自然环境与丰富而悠久的乡土文化与传统文化，为乡村旅游的发展提供了良好的背景与底色。英国乡村旅游产品类型多样、特色突出、体验真实。各个乡村根据自身资源特色，因地制宜，经常性举办各种乡村集市、各类竞赛和演示或游艺会等休闲娱乐活动。英国乡村还经常借助乡村展会等推出一些颇具特色的商品以满足游客的消费需求。这些商品有农场自产的农产品和农副产品等特产，也有手工编织的手工艺品和纪念品。旅游商品的销售收入是英国乡村旅游收入的重要来源之一。

三是经营规模的小型化、主体私营化以及目标市场本土化。英国乡村旅游各景点经营面积一般在 20—200 英亩不等；景点雇用员工很少，投资不多；接待游人 3 千到 7 万人之间；年收入一般不超过 22 万英镑。经营小型化的优点是投入成本低，便于农户广泛参与，有利于实施差异化发展战略，可消化众多的市场需求。以农场为主题的乡村旅游是在私营农场的基础上发展而来，农场主在从事农业生产时开展多种旅游经营。英国乡村旅游目标市场的本土化特征明显，游客对景点的选择性一般不强，乡村旅游者绝大多数都是本地区 2—3 个小时车程之内的城市居民，外地游客较少，外国人更少。

四是注重品牌塑造。英国乡村旅游发展过程中注意打好三张牌。一是田园牌。在英国，大城市只是上流社会的临时聚集地或定期会晤所，在英国人的脑海深处，他们的灵魂在乡村。除了一些重要的大都市和工业中心外，整个英国始终保持着一派田园景象。二是复古牌。英国妥善保留的城堡式建筑、传统的民居和遗址等为英国的乡村旅游增色不少，也为其乡村旅游贴上了复古风的标签。三是生态牌。英国把现代农业发展同乡村旅游开发相结合来保护农场环境及农村生态环境。乡村旅游追求生态上和经济上的良性循环，协调农业发展与环境之间、资源利用与保护之间的矛盾，协同推进生态农业和乡村旅游的发展。[139]

二　对我国西部地区乡村旅游发展的启示

目前，西方国家的乡村旅游已经步入成熟阶段，表现出很高的水平，这得益于其良好的发展基础、发达的经济和完善的市场机制。限于经济和社会条件，我国发展乡村旅游不可能一蹴而就。但是，在乡村旅游产生的背景和原因上，我国和欧洲、北美等国家有许多相似之处：一是乡村人口的迁移和农业收入的减少，二是市场对乡村旅游产品的需求，三是政府的有意识引导。通过对以上主要发达国家乡村旅游发展特征与经验的分析，笔者认为，以下几点值得我国西部地区乡村旅游在转型升级发展过程中予以参考和借鉴。

（一）科学认识乡村旅游的功能和定位

乡村旅游的功能认识和定位是乡村旅游发展政策的基础，也是乡村旅游发展政策的核心。第二次世界大战之后，西方国家不再仅从单一的旅游观点观察乡村旅游，而开始研究乡村旅游对乡村社区、经济、社会、文化等各方面的影响，甚至从对整个社会的影响来考察乡村旅游。乡村旅游被认为是乡村传统产业的替代产业，"拯救欧洲乡村的乡村旅游"，甚至是乡村文化与整个社会的维系方式，得到了各国政府的重视。目前，我国各界在对乡村旅游功能的认识上，也开始出现了令人欣喜的变化：已经逐渐实现乡村旅游从产业到事业的回归，开始认识到乡村旅游对乡村社会、乡村产业升级、乡村文化的综合效应与影响；认识到乡村旅游具有重新配置乡村资源，整合乡村功能的重要作用，可以作为相当多乡村传统产业的替代产业和长远发展的战略产业，甚至可以起到"重唤农村文化与灵魂的作用"。[38] 这种认识落实到政策制定与实践层面上，必将对乡村旅游转型升级产生重要的导向作用。

（二）发挥政府主导作用，重视行业协会建设

我国西部乡村经济社会大多比较落后，依靠自身力量发展存在很大困难，因此，乡村旅游的发展必须发挥政府的主导作用。政府作用的发挥，一是健全、完善和落实相关乡村旅游法律法规，从战略高度对乡村旅游进行组织引导、统一规划及政策扶持。借鉴西方国家的经验，结合我国实际情况，当前，中国应重点出台涉及农村土地流转、乡村旅游标准与规范、旅游开发与资源保护、投资权益保护等的法律法规，以规范乡村旅游市场秩序和经营管理行为。二是创新乡村旅游管理机制。如适应"大旅游、大产业、大市场"的要求，可以考虑成立乡村旅游综合管理委员会、有效的部门联席会议制度等，构建综合产业协调机制。承担好乡村旅游的公共设施、旅游规划、教育培训等职能，解决好主体多元、管理复杂的问题，

建立一套良好的利益分配机制，特别注意保护好社区和农民利益。三是建立乡村旅游的管理标准和评价体系，加强定期检查和评估。如乡村旅游总体规划、项目开发建设规范、环境治理标准、旅游安全标准、农户经营服务规范等，通过标准化发挥规范化与示范引导作用。四是明确定位好自身角色，对乡村旅游涉及的政策制定和管理权限、宣传促销等工作进行协调和处理，积极提供培训、技术、信息等多方面的配套支撑体系。在确保农业生产基础地位的前提下，加大资金投入力度，创造优良的基础设施建设条件，为乡村旅游发展提供税收和土地使用、财政补贴、金融信贷等政策支持。行业协会在欧洲国家乡村旅游的发展中发挥着不可替代的作用。行业协会的主要功能有：质量控制、专业培训、联合促销、发展互助以及制定标准、监督检查、行业评估等。我国西部地区乡村旅游在转型升级发展过程中，尤其要重视乡村旅游专业合作组织的建设，通过行业协会成熟运作的全程服务，提高乡村旅游组织化、市场化、专业化程度。

（三）挖掘文化内涵，创新旅游产品

美国、英国、法国、西班牙乡村旅游发展的另一个共同特点是旅游产品特色化、类型多元化，突出体验性、原真性以及不断地推陈出新，永葆活力。原始、真实的乡村文化是乡村旅游吸引力的源泉；传统的历史文化、独特的农耕文化、特色的民俗文化、纯朴的民风文化、宁静的田园文化是吸引游客的核心旅游资源。因此，深度挖掘乡村旅游的文化内涵是乡村旅游可持续发展的关键。乡村旅游文化应根植于乡村的人脉、地脉、文脉，与乡村的自然、人文、历史相吻合。无论是建筑形式、设施设备、环境造型，还是餐饮产品、农耕体验、民俗体验、竞技参与等，都应尽量做到让游客亲自参与，身临其境，从更深层次展示乡村的独特魅力。产品创新是乡村旅游永葆市场活力的关键。产品创新可以从形式创新、类型创新、功能创新等方面入手。如对环境的艺术性装饰、装潢，运行高科技包装乡村旅游产品；设计旅游者参与制作工艺纪念品的活动；开辟现摘、现学、现做的烹调体验项目；根据旅游者需求层次的不同，有针对性地开发乡村旅游产品的休闲娱乐功能、医疗保健功能和自我发展功能，以满足游客的娱乐需求、交际需求、自我发展需求等。[135]

（四）实施品牌化发展，多元化营销

与乡村旅游的小规模和分散化经营特点相对应的是其单个企业力量的有限性，国外比较成功的做法是在形象整合和市场一体化的基础上打造品牌，进行整体化营销，形成合力。因而，政府应加大对所辖区域整体乡村旅游形象的宣传推广，结合地方特色，打造个性鲜明的乡村旅游品牌。可由政府倡导支持，协会运作，推行乡村旅游品质认证制度，以提高产品的知名度和美誉度，建立乡村旅游目的地品牌。对乡村旅游地进行专业的品牌命名、标志设计，通过各种方式展示和传递品牌的相关信息，积极塑造品牌形象。对策划推出的品牌及时申请注册及品牌保护，同时把品牌文化向各领域、深层次延伸，用品牌来确保质量，用品牌来提升水准，用品牌来吸引市场。乡村旅游目的地应在发挥乡村旅游企业、经营户积极性的基础上，在政府等主体的帮扶下，强化目的地整体营销，并善于创新多元化营销方式，以广泛开拓市场。可运用传统营销方式提高目的地市场知名度。在主要客源地的电视广播、旅游杂志、宣传册、海报、户外广告等传统营销媒介上开展旅游宣传，以高密度、全方位、多层次的营销宣传扩大目的地市场影响力。要重视营销方式创新，可开展网络营销、微博营销、手机营销、影视营销等。尤其应努力创建具有较大知名度和影响力的乡村旅游网站。网站不仅要有丰富的乡村旅游资源、旅游产品、旅游线路、旅游企业介绍等信息内容，而且还要有即时信息查询、预订、互动交流等功能。此外，还应创新节庆营销。通过深度挖掘自然资源、传统文化、乡风民俗等文化内涵，策划特色主题节庆营销活动，以展示乡村旅游地的品牌形象并形成持续吸引力。[135]

（五）重视社区参与，灵活选择、创新经营模式

欧美国家大多实施社区为主导的乡村旅游开发模式，非常重视民众和社区在乡村旅游中的作用。如鼓励尽可能多的居民和乡村社

区参与到乡村旅游规划的初步评价、实施和发展监管的全过程中。社区主导、社区参与不仅可以较好地保障当地居民的利益，而且也使乡村旅游的各个利益主体之间建立起了一种有效的协调机制，增强了对环境与文化的保护。我国西部地区乡村旅游开发中大量外资的引入和大批旅游移民的产生严重冲淡了乡村旅游本土化的氛围，要克服"飞地化"现象，减少经济漏损，避免形成文化孤岛，使乡村旅游发展更好地惠及乡村社区与本地居民，就要鼓励社区参与，加强培训、创新体制，以切实提高当地居民的参与能力，扩大参与渠道。为保证社区充分参与和广泛受益，乡村旅游开发应根据当地实际情况选择最合适的经营形式。我国西部许多乡村属于欠发达甚至落后地区，自身力量有限，单一的农户经营模式也难以有效抵御市场风险，需要在政府主导下提高组织化程度，以实现乡村旅游跨越式发展。实践中，可以考虑选择政府投资开发、"政府＋公司"、"政府＋公司＋社区"、"政府＋社区＋农户"等不同的经营模式。而在个别大城市近郊、农村经济较为发达地区，乡村旅游发展则可以采用"公司＋农户"、"股份合作制企业＋社区＋农户"、"村集体经济体＋农户"、"农户＋农户"、企业独立开发等更能发挥市场调节机制的经营模式。[135]

第二节　国内乡村旅游发展经验借鉴

一　台湾发展观光休闲农业的经验借鉴

1. 发展现状

20 世纪 60 年代末和 70 年代初，台湾工商业的快速发展使农业受到竞争和挤压，出现停滞和萎缩。针对困境，台湾开始加快农业转型与结构调整，大力促进农业向第二、第三产业延伸，积极发展包括旅游休闲农业和农业运输业等为主要内容的农业服务业。20 世纪 80 年代初，台湾开始推广以观光、休闲、采摘为主要内容的观光农园。80 年代后期，又着力推行"农业＋旅游业"性质的休闲农业。1990 年以后，出台了《发展休闲农业计划》、《休闲农业区设置管理办法》等，加大了对休闲农业支持力度，台湾休闲农业开始蓬勃发展。

台湾农业观光旅游与乡村休闲产业的范围广泛，内容丰富，不仅有上规模的农耕田园、渔业风情、森林旅游、乡野畜牧活动内容，还有别具特色的农耕教育、生态保育、民宿体验、乡土民俗等休闲活动项目。历经多年的发展和完善，台湾休闲观光农业呈现出了多元化发展的景象。截至目前，台湾发展休闲农场 1244 家，提供了近 20 万个就业岗位。休闲农业对突破农业发展"瓶颈"、提高农民收入及繁荣农村社会，都有重要意义，已经成为台湾农业的重要组成部分和新的经济增长点。

2. 主要经验

台湾观光休闲农业发展的主要经验概括起来，主要有以下几点：

一是政府大力支持，管理体制机制健全。台湾对发展休闲农业极为重视，在"农委会"下专门设立休闲农业管理及辅导处，各县市也相应设立休闲农业管理及辅导机构，从上到下形成了休闲农业管理和辅导体系。行政部门负责制定政策法规，编制和审批规划，安排资金补助和贷款，支持公共基础设施建设，提供信息咨询服务，制定评价标准，定期检查和评估，加强与旅游部门的联系等。台湾休闲农业由"农委会"主管，"观光局"和"经建会"协同管理，并形成一系列法律法规，规范发展及经营行为。经"农委会"核准的休闲农场，在经营上享受优惠政策，并由"农委会"拨出专项经费，用于支持休闲农场的不断发展，经费一般用于修建从主路到农场的支路、水电工程等基础设施建设以及教育农园的补贴、组织文化宣传等方面。

二是政策法规完善，规范有序发展。20 世纪 90 年代初"农委会"颁发了《休闲农业区设置管理办法》，明确了休闲农业区的一些基本条件（如实施主体、面积、经营内容等），主要法规内容包括：休闲农业辅导办法、休闲农业标章核发使用要点、休闲农场设置管理要点等。2001 年出台了"国民旅游卡"消费政策，设立国民休闲消费特约店，鼓励、支持公务活动安排到休闲观光农园进行，并把公务员年休假制度与到休闲观光农业消费结合起来。将休闲农场作为中小学生农业、生态环境保护教育基地，有计划地安排中小学生进园学习和体验生活。政策法规的制定完善，既保证了休闲农业发展的可操作性与有序性，避免了无序的盲目开发，也保证了其盈利的可能性与经营的规范性。

三是协会组织发挥了重要作用。为加强对休闲农业的指导、服务和管理，台湾于1998年成立了"台湾休闲农业发展协会"，各县、乡还成立了大量的专业合作组织。协会组织是由休闲农业从业人员组成的社会团体，是联结产、官、学界的桥梁。协会组织接受政府部门委托，致力于休闲农业的法规制定、资源整合、资讯传递、产业辅导、行销推广、环境保护及农村文化的发扬等工作。在具体工作中，根据业者需求，制订各种辅导策略、执行方案，协助辅导相关从业者提升服务品质、解决人力资源问题、推动整合行销、帮助农民转型等，同时肩负起社会教育的责任。协会组织对整个产业的规范发展起到了重要作用。

四是注重休闲农业规划和检查评证。"农委会"与协会合作推动休闲农业的检查和评证，并颁发认证标志。"农委会"规定，对准备发展休闲农业的景点，需聘请专家进行实地考察与评估，通过详细的规划设计，并由乡村社会、社会心理、民俗文化、景观生态、水土保持、森林、园艺环境工程、旅游观光、农村建设、地政等各个方面有关专家学者及单位代表组成"休闲农业咨询小组"，执行休闲农业规划设计的决策咨询。重点对核心特色、园区规划、创意运用、解说与行销、组织与人力管理、环境与景观管理、社区参与、观光资源八项进行评证。获得评审核定的休闲农业区，均由"农委会"认定挂牌经营，并提供资助经费，用于相关设施的配套建设。台湾对休闲农业发展既鼓励支持，又强调规范管理、依法经营。这就有力地保证了休闲农业的健康发展。

五是产品的多元化、特色化、体验化以及对规划的重视。台湾休闲农庄善于发现和挖掘本土历史文化与当地特色资源，塑造农场主题鲜明的个性特色；善于将优势资源设计成知识性、趣味性、人性化的体验活动，通过寓教于乐的深度体验，使旅游者既感到其乐融融，回味无穷，又能体会生命的价值，分享生命的喜悦。台湾休闲农庄还坚持产品的多元化并保持与时俱进的理念，通过持续不断的创意，使游客始终充满新奇感。此外，各景点内外部的配套设施都比较安全完善，而且大都方便、干净、温馨、舒适、价格合理。台湾观光休闲农业发展还特别重视发挥规划的引领作用。大到市县，小到农场、农户，大都有近、中、远期的科学规划。空间上，休闲农场大多分布在旅游线路上，既体现出不同的区域特色，又相互带动、相互补充，实现"点、线、面"串联营销，布局合理，农旅互动。

六是重视宣传促销和品牌打造。各旅游景区企业密切配合，形成高效的营销网络。台湾休闲农业网站内容主要有：新闻发布、景点介绍、游区地图、旅游路线推荐、住宿餐饮服务、留言系统，乃至网上订房、订门票服务等。在机场、车站设置统一识别标志的旅游服务中心，向游客推介旅游路线、景点；利用国际互联网开展旅游宣传和电子商务；台湾休闲农业发展协会编印"台湾休闲农场"观光旅游地图，各景区点都有自己编印的主题特色宣传画册。

此外，台湾观光休闲农业的发展离不开一大批狂热的休闲农业爱好者的强力推动。台湾休闲农庄主大都特别热爱乡村田园生活，他们不追求短时间的暴利，非常注意生态环境保护，在农庄的建设与经营过程中，融入感情，追求创意，彰显个性。台湾观光休闲农业的发展也与理念的持续更新密不可分。目前，在主推"体验经济"之后，又出现了"分享经济"的理念，即休闲农业经营者与游客分享乡村生活，变"顾客是上帝"为"与客人首先成为志同道合的朋友"，倡导"拥有不如享有"的消费理念。

二 北京发展乡村旅游的经验借鉴

1. 发展现状

北京的乡村旅游兴起于 20 世纪 90 年代后期，经历了自发发展、数量扩张、规范发展和品质提升四个阶段。目前，北京乡村旅游的发展呈现快速发展与品质提升并进的局面。近年来，北京市加速推进乡村旅游从初级观光向高级休闲、从同质开发向差异发展、从单体经营向集群布局的转变，构建起乡村旅游的全新品牌，全面提升了产业规模和质量，有力地促进了乡村旅游产业的全面升级，形成了以"政府主导、部门联动、区域分工、定位清晰、社区营销、基础完善、融资创新、标准管理"为主要内容的乡村旅游"北京模式"。

2. 主要经验

北京市乡村旅游创新发展的主要经验概括起来，主要有以下几点：

一是发挥政府的主导作用。北京市乡村旅游的迅速发展，政府作用功不可没。政府主要在规划编制、政策引导、宏观管理、综合协调、基础设施建设等方面发挥作用。如在市局主导下，高标准、高视角、高质量完成了市、县、区及多个沟域乡村旅游发展规划。出台《关于全面推进北京市乡村旅游产业发展意见》，提出系统性的政策意见，明确发展方向和具体路径；确立管理体制机制改革和产业发展的保障机制。出台《北京市乡村旅游综合管理办法》，建立长效的乡村旅游协调机制，对乡村旅游业实行全方位的行业管理。主动适应乡村旅游产品购买方式的变化，完善公共设施。组织多部门联合提供综合配套的交通网络、旅游咨询、路标指示、停车场、加油站、汽车维修以及紧急救援服务集散分中心等，加强乡村旅游网实用自助旅游、交通和路况信息的及时发布，保障旅游者的安全和权益。

二是清晰定位，错位发展，合理布局。"一区一色"、"一沟一品"是"北京模式"的重要内容。10个郊县围绕自身资源特征，实施差异化发展战略，形成各具特色的由乡村旅游新业态、旅游特色村落、特色沟域产品、特色乡村活动构成的乡村旅游产业体系。如"乡村旅游催生不夜新怀柔"、"运河文化托起通州乡村旅游新坐标"等。"一区一色"的定位，避免了同质化经营，形成错位发展，区域特色鲜明的产业布局，提高了各区县的竞争力，为乡村旅游的结构优化与品质升级确立了方向。

三是构建完整的乡村旅游产品体系。经过多年发展，北京市形成了由乡村景区、民俗旅游村、休闲度假村、观光农业示范园以及乡村节事构成的完整的乡村旅游产品体系。为提升乡村旅游产品规模、档次、品牌，从 2008 年开始，北京市旅游局又总结、推出了国际驿站、采摘篱园、乡村酒店、养生山吧、休闲农庄、生态渔村、山水人家、民族风苑八种乡村旅游新业态，并且提出了更为具体、更具可操作性的量化指标。近年来，北京市结合市场需求，借鉴世界城市的乡村旅游产品发展模式，开始推出汽车营地、葡萄酒庄、生态小屋、创意农业、新业态集聚区、京郊人家等新产品。所有这些，为北京乡村旅游业丰富产品体系，进一步提升竞争力，实现转型升级打下了坚实基础。

四是重视乡村旅游产业链延伸与集群化发展。以乡村旅游助推"沟域经济"发展。构建以乡村旅游为主导的产业集群是北京近年创新的一种崭新的山区发展模式。市旅游局在"一区一色"和"一沟一品"建设的基础上，基于资源基础，通过乡村旅游精品项目和典型示范区带动，强化业态创新与延伸产业链，提升产业综合效益。目前，北京市已展开 33 条与乡村旅游相结合的"一沟一品"沟域带区规划，有效地解决了乡村旅游发展过程中的散、小、重复建设问题，形成了具有一定规模的乡村景区，度假区，农业观光园区，乡村娱乐区，旅游用品加工区，农产品加工区第一、第二、第三产业集聚和集群，共同推动了全市农村产业结构的优化升级。

五是创新乡村旅游营销模式，实现精准营销。北京市乡村旅游市场营销的亮点是以社区营销打响品牌。为实现乡村旅游客源的倍增计划，充分发挥了旅游主管部门、行业协会、媒介等主体作用，鼓励中介组织参与乡村旅游的产品营销，鼓励旅行社和各种网上新型中介机构提供便捷的预订服务，通过邮政代办点、村委会、居委会、大型单位的工会、学生会及社会等渠道进行广泛的宣传推介，并在政策措施、奖励经费、产品营销、行业管理等方面提供支持。"乡村旅游进社区，城乡互动手拉手"社区营销活动还策划、组织了丰富多彩的乡村旅游节庆营销活动，实现了快速发展的乡村旅游市场需求与乡村旅游产品有效供给之间的对接，取得了良好的社会和经济效益。这种精准营销模式的实施，开阔了乡村旅游经营者的视野，联通了城乡市场，彰显了乡村旅游的品牌宣传效应。

六是乡村融资模式创新。2007 年以后，北京市乡村旅游投资规模大幅度增长，呈现出投资主体多元化、融资渠道多元化的良好发展态势。北京市乡村旅游投融资模式可以归纳为"政府主导、部门联动、政策集成、农民主力、企业投资、市场运作"。具体有 8 种模式：转移支付模式、复合投资模式、权益融资模式、股权融资模式、社会集资模式、外商投资模式、贷款贴息模式、小额贷款模式。北京市在创新乡村旅游投融资模式方面有两个特点：投融资模式类型多，政府部门联动形成政策支持。

七是实施乡村旅游标准化管理。北京乡村旅游目前已形成，建立起标准化的管理体系。如 2005 年，市旅游局会同市农委在《北京郊区民俗旅游村（户）标准》（试行）的基础上，出台《乡村民俗旅游村（户）等级划分与评定标准》。为规范、推广乡村旅游新业态，2009 年正式推出了《乡村旅游特色业态标准及评定》8 个标准。相关标准的制定，为乡村旅游有序化发展奠定了基础。初步建立北京市乡村旅游产业规模数据库系统，在全国首创性地建立一套完整、科学的乡村旅游数据调查方法和预测方法模式及数据库系统。制定《北京市乡村旅游服务质量标准》，对现有的标准规范进行整合、提升，使之凝练成一部要求明确、标准一致、涉及全面和有权威性的标准规范类文件，为北京市乡村旅游服务质量保驾护航。

三 对我国西部地区乡村旅游转型升级的启示

中国西部地区的乡村旅游与台湾、北京等地相比，存在以下突出问题：一是过度商业化与城市化，存在"去农"倾向，失去乡村旅游赖以发展的自然人文特色。二是产品开发同质化现象严重，原真性不足，体验类产品偏少，服务经营管理水平偏低。三是品牌化发展滞后。品牌意识缺乏，领军品牌匮乏，战略规划缺失，大多数乡村旅游地离悠闲惬意的田园之风相去甚远。四是政府作用的发挥在各地存在较大差异，错位、缺位、越位现象比较普遍，政府与市场的关系需要进一步厘清与界定。五是农业的主体地位不能很好地坚持，乡村旅游产业发展与乡村社区发展的关系需要理顺。六是专业合作组织力量薄弱，作用未能有效发挥。

我国西部地区乡村旅游要顺利实现转型升级，就必须正视并解决好上述问题。具体而言，就是要做好以下几方面的工作：

一是坚持以农为本，以民生改善为导向。乡村旅游进一步发展要在促进地区农业发展的基础上，善于与第二、第三产业深度融合，实现创新发展，有利于农民收入的提高、生活的改善，有利于社区发展。二是要坚持科学合理规划。为避免对当地自然景观、生态环境、人文资源、社会文化造成破坏，必须引入、借鉴国内外乡村旅游的最新理念，从战略高度对乡村旅游发展进行规划与设计，坚持以科学的规划作为引领，以确保乡村旅游持续发展。三是要重视特色与创新。为避免同质化低质竞争，必须注意丰富产品类型，体现区域特色，实行差异化发展；保持乡土气息，充实文化内涵，提升产品品质，坚持创新驱动，实现品牌化发展。四是要发挥政府主导作用与专业合作组织的中介串联作用。政府的主导作用在于，一要优化发展环境，强化制度创新与政策供给；二要建立政府引导、市场驱动、多元化、多层次、多渠道的乡村旅游投融资体系，积极争取各类项目扶持。大力培育乡村旅游专业合作组织。从组织、网络、资金、服务、职能等各方面予以扶持，实现合作组织的持续发展和制度创新，使其真正成为乡村旅游经营中介或管理服务机构，从而推动区域乡村旅游的良性发展。五是要坚持区域乡村旅游的集群化发展。坚持农业的基础地位，通过产业链延伸实现产业融合发展，通过科学规划、合理布局，实现集聚化、集群化发展。六是重视市场营销。坚持精准定位，创新方式方法，企业、社区、政府集中资源，形成合力。

第七章　民生导向下乡村旅游转型升级的背景、主体与动力

　　所谓民生导向，就是乡村旅游发展的相关利益主体，在关注自身利益与价值追求的同时，应有一部分资源与力量指向乡村社区尤其是当地居民。并且这些力量应形成合力，最终有利于提升当地居民的社会福利水平，推动乡村社区的经济社会持续发展。相关利益主体在资源与力量的贡献上是有所区分的：地方政府和乡村旅游社区应该倾其全力，全方位把关，从区域尺度，产业层面，从规划、资金、政策、制度等角度做好引导、甄别、遴选、监督、协调等各项工作，为区域乡村旅游产业实现转型升级提供外围的保障与保证。乡村旅游企业与乡村社区及其居民既是命运共同体也是利益共同体。乡村旅游企业在追求自身经济利益的同时，应切实承担起相应的社会责任：既在发展中获取利益回馈社区，也要通过积极主动的转型升级求得持续发展，从而为乡村社区长远发展持续繁荣提供物质基础。乡村旅游企业应通过科学细致的市场调查与需求分析，做好旅游产品的转型升级与经营管理的转型升级。

第一节　民生导向下乡村旅游转型升级的背景

一　产业发展进入新阶段

改革开放以来，我国旅游产业的发展主要经历了两次转型升级：

一次是从接待事业到一般产业的转型升级，一次是从一般产业向重点产业或支柱产业的转型提升。伴随着近年来我国经济总量的快速扩张和发展水平的整体提高，旅游产业三大市场迅速扩张，尤其是国内旅游市场快速发展，旅游产业结构的优化提升与旅游产品品质的提高势在必行，我国旅游产业开始进入第三次转型升级发展的机遇期。在 2008 年召开的全国旅游工作会议上，国家旅游局正式提出当前和今后较长一段时期全国旅游工作的总体思路和首要任务是"加快推进旅游产业转型升级"。由此，转型升级成为我国旅游业各个层面重要的努力方向和实践内容。乡村旅游虽然在我国出现较晚，但发展迅速，在经历早期兴起、初期发展、规范经营等几个不同阶段以后，现在已经初步与旅游产业整体发展实现同步。随着宏观环境特别是市场需求的变化，在自身成长的直接驱动和外部市场环境发生显著变化的间接策动下，乡村旅游大众化、体验化、生活化、散客化、品牌化、个性化、融合化、链条化、创意化、智慧化的趋势日益明朗，我国乡村旅游产业的功能、形态、结构、动力都将面临深刻的变革。可见，我国乡村旅游产业也已进入新的转型发展期。当前，我国经济发展开始进入新常态，这一历史性发展阶段的主要特征是：经济增长速度由高速增长转为中高速增长；经济结构不断优化升级；经济发展动力由要素驱动、投资驱动转向创新驱动。在此背景下，乡村旅游实现转型升级既符合经济结构优化的要求，又能够实现创新驱动发展。

二 旅游需求发生新变化

当前旅游市场已经从"大众观光"时代向"大众休闲"时代、个性体验时代转变。新时代，旅游业将担负着创造旅游吸引物，营造休闲环境，引领休闲方式，缓解传统旅游资源和生态环境压力的使命。旅游者需求从简单的实物消费转向复杂的服务消费、信息消费、绿色消费、时尚消费，发展享受消费也将成为主流，旅游需求开始向体验靠拢。这种旅游需求的新变化主要表现在以下几个方面：一是休闲需求不断扩张。世界旅游组织的分析表明：当一个国家或地区人均 GDP 达到 1000—3000 美元时，传统的观光旅游便开始向休闲度假旅游发展。2015 年，我国所有省区（包括直辖市）人均 GDP 已达到甚至远超这一水平，这说明我国休闲度假旅游的时代已经开始来临，未来传统观光旅游需求将持续下降，休闲度假旅游将日益成为旅游市场的主流（张言庆，2004）。休闲度假主导乡村旅游产业发展，将会引发乡村旅游从产品开发、游客管理、服务质量、市场营销等全方位的转型。二是体验性需求日益突出。旅游本质上是一种体验。乡村旅游产业就是为旅游者去乡村地域获取异样体验的服务行业。随着旅游从关注物质需求转向情感需求、从标准化产品和一般化服务向定制化产品和个性化服务转变、从消费结果向消费过程转变，互动参与式旅游将取代单项沟通式旅游。第三次旅游产业转型升级过程中，体现出体验经济与旅游的结合。生态性、互动性、参与性、文化性等都较强的旅游产品将成为后工业时代旅游产业转型的特征。[140] 三是个性化需求明显。随着自由程度的不断提高，人们旅游更强调个性化，旅游方式更加多样化，游客出游更加随意化和率性化。目前，个人或者以家庭为单位的自助游或半自助游已经成为国内旅游市场中的主流，个性化旅游、自助式旅游快速盛行。尤其随着小汽车大规模进入千家万户，自驾游市场快速兴起，游客有更大的意愿和兴趣去乡村地区进行探索式的游憩。

三　扶贫减困成为新价值

任何产业的发展都是基于市场的价值发现。随着经济的持续增长，国民领域的实际需求不断增长，发展旅游的纯经济功能被不断调整为要适应社会的新需求。一方面，旅游作为国民经济的重要组成部分，其整体功能，特别是经济功能被持续关注；另一方面，旅游作为民生的一个组成部分，其社会功能日益得到重视。具体到乡村旅游，除了其在提高国民生活品质与幸福感方面的功能外，惠及民生、文化传承等价值被逐步肯定与强力挖掘，尤其是扶贫减困价值被上升到国家战略层面。习近平总书记在中央扶贫开发工作会议上发出到 2020 年确保我国现行标准下的农村贫困人口实现脱贫、贫困县全部摘帽的动员令，要求举全党全社会之力，坚决打赢脱贫攻坚战。他提出，要把发展生产脱贫一批作为"五个一批"脱贫举措之一。乡村旅游产业是贫困地区产业发展的重要力量，也是贫困地区脱贫的优势产业。据统计，在全国 12.8 万贫困村中，至少有 50% 具备发展乡村旅游的基本条件，这些贫困地区自然风光优美，生态环境良好，民族文化丰富，特色物产多样，人民纯朴好客，是发展旅游业的独特资源。可以通过开发当地的特色旅游资源，形成特色旅游产品，构建旅游产业链，吸引外部旅游消费，带动当地贫困人口就地参与旅游经营服务，实现开发式、产业化的扶贫。为此，《中共中央国务院关于打赢脱贫攻坚战的决定》指出：要"依托贫困地区特有的自然人文资源，深入实施乡村旅游扶贫工程"。国家旅游局与国务院扶贫办提出支持贫困地区大力发展旅游业，实施旅游扶贫的具体目标：到 2020 年通过发展旅游带动 1200 万贫困人口脱贫。[141] 这意味着，乡村旅游产业将承担全国 17% 的减贫任务。这对乡村旅游而言，使命光荣、任务艰巨，必须在规模扩张与提质增效两个方面同时作出努力。

四 共享发展成为新理念

党的十八届五中全会通过的《中共中央关于制定国民经济和社会发展第十三个五年规划的建议》指出："共享是中国特色社会主义的本质要求。必须坚持发展为了人民、发展依靠人民、发展成果由人民共享，作出更有效的制度安排，使全体人民在共建共享发展中有更多获得感"。从事业到产业再到现代服务业，显示出我国社会对旅游属性的认识在不断深化，共享作为旅游天性的一面也不断为世人所认可。在旅游已经成为公民的一项基本权利的社会背景之下，通过旅游活动让包括旅游者、旅游地居民在内的人民群众"活得更加幸福、更有尊严"成为旅游产业持续发展的最终目的。对乡村地域而言，旅游产业是渗透率强、性价比高的脱贫产业，是辐射面广、联动性强的民生工程。然而从乡村旅游地视角来看，通过发展旅游产业并不会必然导致当地所有农民增收，这样旅游地的开发程度以及旅游收入的共享机制就是一个不可忽视的问题。《建议》为西部地区乡村旅游发展指明了正确方向，那就是必须以改善社区民生为导向，避免"飞地化"发展，防止发展过程中收益的大量外流以及两极分化等，通过保证社区居民的充分参与，让旅游发展的成果为乡村社区全体人民所共享。从理论上讲，通过共享让社区居民有更多获得感主要依赖于两个方面：一是乡村旅游的健康发展，二是有效的制度安排，即一方面将"蛋糕"做大，另一方面保证"蛋糕"分配的公平公正。乡村旅游的后续发展必须在这两个方面重点发力。2015年《国务院办公厅关于进一步促进旅游投资和消费的若干意见》提出，要实施乡村旅游提升计划。到2020年，全国每年通过乡村旅游带动200万农村贫困人口脱贫致富；扶持6000个旅游扶贫重点村开展乡村旅游，实现每个重点村乡村旅游年经营收入达到100万元。2015年全国乡村旅游提升与旅游扶贫推进会议提出，要从加强组织化入手，提升乡村旅游发展品质，扩大乡村旅游综合效益。通过实施乡村旅游提升工程，到2020年全国形成15万个乡村旅游特色村，300万家农家乐，乡村旅游年接待游客超过20亿人次，受益农民5000万人。可见，乡村旅游一手牵着农民，一手牵着市民；一手托着农村，一手托着城市；一肩挑着一产，一肩挑着三产，不仅关乎7亿城市人口生活质量和生活品质，还关系到全国6.7亿农业人口的福祉。乡村旅游要实现肩负的历史重任，就必须在共享发展理念的指引下，通过转型升级，提升发展品质，扩大综合效益，发挥民生功能，实现共享目标。[142]

五　供给侧改革成为新要求

2015年，中央层面密集发声"供给侧结构性改革"。供给侧改革的根本在于调整供给侧相关的要素，包括劳动力、土地、资本、制度、创新等，以提升要素配置效率。在新常态下，旅游业是扩内需、稳增长、增就业、减贫困、惠民生的重要突破口和重要抓手，更是"大众创业、万众创新"的主要战场。旅游业主动适应需求结构的变化，从优化要素投入和服务供给入手，加快转型升级，必然成为供给侧改革的重要组成部分。旅游供给侧包括旅游公共服务的供给和旅游产品要素的供给。从机构上看，分为政府、协会组织和企业；从内容上看，分为公共政策、公共管理、基础设施、公共服务、行业自律组织等机构服务和"行、游、住、食、购、娱"等的产出保障。[143]就乡村旅游而言，目前消费需求旺盛，但供给水平普遍不高，无效供给、低效供给普遍，旅游需求引导与供给侧结构优化迫在眉睫。因而，不断升级旅游公共服务水平是平衡我国乡村旅游供需矛盾的重要切入点。乡村旅游公共服务提升包括更科学的公共政策供给，更有效率的政府公共管理，更完善的基础设施，更人性、更科学的规划设计，更便捷的公共信息服务等内容。在旅游产品供给上，乡村旅游目的地、旅游企业要大力改造传统旅行服务模式，以"旅游＋互联网"思维推动乡村旅游商业模式创新，加强乡村旅游与文化、科技、体育、健康、养老、研学等融合发展，广泛运用现代科技、动漫、影视等时尚、年轻元素，增强吸引力。总之，只有从供给侧进行改进、创新与结构优化，才会促进消费转型升级并不断创造新的需求，从而推动乡村旅游产业以转型升级迈向中高端水平。

六 全域旅游成为新模式

2016年1月19日，国家旅游局局长李金早在全国旅游工作会议上提出，中国旅游要从"景点旅游"向"全域旅游"转变。"全域旅游"开始被提升到全行业高度和全行业发展战略，在各界引起了强烈反响。全域旅游是把一个行政区当做一个旅游景区，是旅游产业的全景化、全覆盖，是资源优化、空间有序、产品丰富、产业发达的科学的系统旅游新理念与新模式。发展全域旅游，可将旅游活动由景区景点拓展到广大乡村地域，实现旅游产业与农村三产的有机融合，对提升乡村发展能力，培育旅游市场新主体具有重要作用。发展全域旅游，有利于推动区域特色化发展，推进乡村旅游提质增效，促进城乡协调。发展全域旅游，能把生态和旅游结合起来，把资源和产品对接起来，把保护和发展统一起来，将生态环境优势转化为旅游发展优势，将绿水青山变成金山银山，为乡村社区创造更多的绿色财富和生态福利。发展全域旅游，可打破地域分割、行政分割，打破各种制约，拓展乡村开放发展的空间，形成开放发展的大格局。实施全域旅游，能有效促进城乡旅游互动和城乡发展一体化，带动广大乡村的基础设施投资，提高乡村社区及其居民的福祉。发展全域旅游也可为城镇化提供有力的产业支撑，有效改善城镇和农村基础设施，能使农民实现就地、就近就业，就地市民化；能改善农村生态环境，建设美丽乡村，实现城市文明和农村文明的直接相融，促进农民在家就能开阔视野、提升文明素质，加快从传统生活方式向现代生活方式转变。推进全域旅游，既是旅游业落实"创新、协调、绿色、开放、共享"发展理念的增长点和有效抓手，也为乡村旅游快速发展及转型升级提供了新的强大动力与难得的历史机遇。

第二节　民生导向下乡村旅游转型升级的主体

　　乡村旅游业的综合性决定了其发展过程涵盖众多的利益相关者。以民生为导向，实现乡村旅游转型升级实际上就是以社区发展为重心，以旅游市场需求为根本，以各方利益主体需求为基础，通过构建合理有效的利益分配机制，协调不同利益相关者的矛盾与冲突，充分发挥各利益相关者参与旅游发展的积极性，实现共生共栖，推动产业和社区不断前行的复杂过程。因此，对乡村旅游转型升级的探讨，首先必须厘清行为主体，这既是后续研究立足的关键，也是未来对策建议落地的基石。

　　究竟谁是乡村旅游发展中的利益相关者？有众多学者和机构对此进行了界定，但由于研究目的、研究视角、研究立场的不同，存在诸多的差异。出于实用性与可操作性考虑，笔者认为，以风险性投资和专用性投资（既包括有形资本也包括无形的人力资本）作为界定的主要依据比较科学。即所有对乡村旅游发展进行了专业性投资的主体，才能称为乡村旅游利益相关者。其中，开发商、供应商、员工等都是主动的风险投资者，而乡村居民则是被动地进行了风险投资。由于国情和中国乡村旅游业的发展实际，"政府"不能因为定义而简单地被排除在外，政府的政策规制、监管等对乡村旅游发展有着极为重要的影响。这样一来，乡村旅游发展中利益相关者应主要包括乡村旅游社区居民、旅游企业、政府部门、旅游者四大主体。旅游者以其旅游需求及其变化从需求方面对乡村旅游产生影响，社区居民、旅游企业、政府部门则更多从供给方面、中立者视角对乡村旅游进程发挥作用。以民生为导向，讨论乡村旅游地的转型升级问题，意味着乡村旅游社区及其居民将处于分析框架的中心地位，其利益诉求将得到重点关注。

一 社区居民

社区居民是乡村旅游利益相关者中最关键的群体，是乡村旅游得以健康稳定发展的最重要因素。社区居民在乡村旅游发展中的重要作用体现在三个方面：首先，社区居民既是乡村旅游资源的缔造者和保持者，也是乡村旅游资源的载体，离开了他们，资源也就无以存在。因此，社区居民是乡村旅游发展必不可少的资源要素之一。其次，社区居民对待旅游的态度和行为是乡村旅游发展的制约性因素之一。因为当地居民的态度和行为会直接影响旅游者的旅游体验质量以及对旅游目的地的感觉和印象，社区居民在乡村旅游地形象的确立中扮演着重要的角色。再次，乡村旅游只有通过社区居民的参与才能得到长足发展，而社区居民参与乡村旅游也可以获取许多利益，包括经济利益的双赢、社会文化的传承、生态环境的保护与改善等。总体上讲，乡村旅游地社区居民的利益诉求有两种：一种是经济利益。另一种则是非经济利益，如原有的生活环境是否受到游客的干扰，生活习惯和当地文化是否得到有效的保护等。由此可见，乡村旅游的转型升级要取得成功，必须重视社区居民的有效参与，切实保障和实现社区居民的利益。[32]

二 政府部门

政府作为公共权力机关、公共利益的集中代表者，是乡村公共旅游资源的最大整合和调配者，是行业运行和发展的"游戏规则制定者"。乡村旅游开发涉及的政府相关部门，包括旅游、工商、农业、林业、交通运输、海洋与渔业、水利、建设、国土、环保、宗教等众多部门。从地方政府作为社会责任的履行者和公众利益的护卫者角度来看，政府的利益指向主要体现在公众方面，是公众利益的代言人和保护者。政府的利益指向除税收、提高就业率外，还体现着公众的利益。实践中，市县级旅游局、旅游管理委员会是参与乡村旅游发展的最主要的管理部门。其在乡村旅游发展过程中所追求的公共利益目标主要体现为塑造鲜明的旅游形象、提升目的地知名度、推动经济发展和乡村就业、实现乡村旅游可持续发展等。当然，在乡村地区，政府进行乡村旅游项目开发的首要动机就是获取经济利益。但是随着乡村旅游的深入发展，政府还会逐步追求社会效益与环境生态效益，要保护旅游者的利益。在监督、管理以及政策制定过程中，政府可能与其他利益主体产生冲突。如征地时与居民的冲突，履行监督职能时与旅游企业的冲突等。随着对旅游业属性认识的不断深化以及乡村旅游开发综合效应的不断显现，地方政府对当地乡村旅游的发展充满了更多更高的期待，越来越多的地方将乡村旅游开发作为扶贫脱困、建成全面小康社会的重要突破口。因而，可以肯定的是，在乡村旅游转型升级进程中，政府不可缺位，其地位和作用也不可替代。政府将继续发挥主导、协调作用，在公开公平的制度框架内满足各利益相关者的利益，并从维护各利益相关者的系统利益出发，建立有效的行为监控机制，将每个利益相关者的行为置于合理的制度与规范的约束之下。[107]

三 旅游企业

旅游企业一般包括从事景区（点）经营、交通、住宿、餐饮、娱乐、购物、开发、供应、咨询、信息、中介、规划等相关的企业。从组织形式来看，目前，我国西部地区乡村旅游企业主要有以下几种：一是业主制旅游企业，俗称"夫妻店"。这类企业的特征是规模较小，形式较散，但数量较多，最常见的有各种小型旅馆、排档、农渔家乐及旅游景区的土特产商店等。二是合伙旅游企业。乡村合伙制旅游企业较为普遍，合伙人大都为关系较为密切的亲属、亲戚或朋友。合伙人分享企业所得，共同对企业债务承担责任。三是公司制旅游企业。四是旅游企业集团。这些不同类型企业在参与经营过程中所占有的资源不同，提供的服务类型不同，所获得的利益也不同。由于商业经营的逐利性，推动上述旅游企业将经营目标高度集中在获利较大的产品类型上，形成因利趋同而又处在非平等的竞争格局中。[144]旅游企业直接参与乡村旅游的开发经营和资源保护，直接影响乡村旅游发展的各个方面。旅游企业利益诉求首先体现在是否可以带来持久高额的回报，其次就是良好的声誉。旅游企业通过提供良好的旅游相关服务给旅游者获得经济回报的同时，必须处理好与其他各方主体之间的关系。一旦协调不好，就可能引发与政府部门及当地社区居民的矛盾冲突，最终影响乡村旅游地的健康发展。

四 旅游者

旅游者是构成乡村旅游活动最重要的主体，是乡村旅游产品的需求方、乡村旅游市场的消费者。旅游的本质特征是一种体验，因而旅游者追求的利益主要是非经济的，与其他群体与个人的利益相比较，具有明显的异质性。旅游者所追求的利益主要表现为其在进入旅游目的地后通过旅游体验和认知所获得的各种知识、愉悦和满足感等。愉悦和满足感更多来自于被尊重、风俗习惯、信仰、道德权益等，在许多情况下，这些权益比经济权益更重要。此外，诸如交通的便捷性、旅游的安全性、购物以及金融服务的周到性等因素也是游客利益之所在。随着游客素质的不断提高，越来越多的旅游者不但关注乡村旅游产品的品质、合理的价格、优质的服务等涉及自身旅游体验、身心愉悦的最主要影响因素，而且开始关注乡村旅游目的地的环境和社会效益。[144]显然，只有科学地开发乡村旅游，突出乡村旅游的本土性、生态性、文化性、体验性、参与性等特征，才可能使旅游者获得最大限度的满足感，使他们成为乡村旅游的受益者；反之，乡村旅游盲目开发以及旅游产品的低水平重复出现、当地社区居民的不友好态度、乡村环境的恶化等往往会较大程度地损害旅游者的利益，并影响旅游地的可持续发展。

上述各利益主体都有各自的利益要求，且每个利益需求的重视程度又有很大的差异，其对乡村旅游发展的控制力也不均衡。如果这些利益要求不能很好地协调，演化为冲突，就可能严重地阻碍乡村旅游地的发展。乡村旅游的发展实际上是各个主体之间动态博弈的过程，是资源的分配和利益的平衡过程，是利益相关者之间通过交易、协调、利益让渡和责任分担而进行社会建制的过程。[107]乡村旅游地要实现可持续发展，就必须借鉴利益相关者理论，深入研究各利益主体的利益诉求，正确把握其利益关系，科学分析其利益博弈过程。乡村旅游的转型升级，涉及产品、企业、乡村旅游地等不同的层面，如何在以市场需求为导向高质量地满足旅游者的旅游需求、尊重旅游企业的市场主体地位与利益诉求的基础上，通过完善利益分配与保障机制，发挥政府部门的主导与协调作用，最大限度地满足各利益相关者的利益要求，尤其是使乡村旅游发展惠及社区及其居民是需要持续深入思考的问题。

第三节　民生导向下乡村旅游
转型升级的动力

从系统论观点观察，乡村旅游属于区域经济社会发展巨系统的一个子系统。同所有系统一样，乡村旅游系统具有整体性、结构性、动态性、开放性等特征。转型升级则是乡村旅游系统运行发展的累积性、突变性变化的过程性、阶段性表现。已有研究中，多因素驱动论能较好地解释推动乡村旅游系统运行发展的原因与力量，但不同学者给出的推动因素存在一定的差异。如邹统钎等把推动乡村旅游可持续发展动力划分为内生动力和外生动力，其中内生动力主要包括旅游市场需求、旅游供给和对市场秩序管理维护，外生动力包括政府的政策扶持和外界捐助，内生动力是最根本的动力，外生动力对其发展也有重要作用。[22]陈志钢、孙九霞认为城市边缘区乡村旅游发展动力来自五个方面，即农户持续生存压力与旅游经济利益驱动，旅游资源与基础建设，中低端游客市场需求拉动，政府大力扶持与周边旅游化的推动和先锋农户、体制精英的带动。[145]刘涛等认为在新农村建设背景下，乡村旅游可持续发展的动力主要有内力和外力两个方面，内力主要来自于农民增收、农村就业和农业现代化压力,而外力主要体现为市场的拉动和政府、要素的推动。[92]乔花芳等认为政府政策、旅游者的需求、旅游规划和农户的支持与促进不仅推动整个乡村旅游产业的升级,还使乡村地区居住空间和公共服务空间得到优化。[146]综合国内多位学者对乡村旅游发展的动力因素及动力系统的探讨,本研究认为,推动乡村旅游转型升级的主要动力应包括需求动力、供给动力、政府动力以及创新动力。从机制视角考察,乡村旅游转型升级这一复杂进程是在供给推动、需求拉动、政策推动和创新驱动综合作用下前行的。

一 需求动力

在市场经济中,消费需求是产业和经济发展的重要动力。消费能力的提升,消费观念和生活方式的变化,为西部地区乡村旅游转型升级提供了巨大的市场推动力。

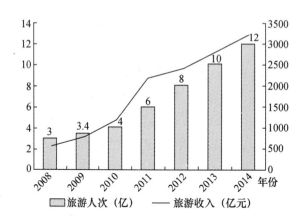

图 7 - 1 2008—2014 年国内乡村旅游人次/收入增长示意

资料来源:2015 年国内乡村旅游市场调研报告。

需求动力首先源于需求的持续增加。一方面,随着经济的发展,人们的物质生活水平和可自由支配收入逐渐增加,出游的经济基础更加坚实。国家统计局数据显示,2014 年我国居民人均可支配收入已达 20167 元,其中,城镇居民人均可支配收入 28844 元,农村居民人均可支配收入 10489 元。另一方面,自 2008 年国务院实施新的国家法定节假日方案（即两个七天"黄金周"和五个三天"小长假"）以来，公民的闲暇时间增多且有了保证，许多城乡居民将短假日和双休日用于短途旅游，强有力地推动了城市周边乡村旅游的发展。国内乡村旅游市场调研报告表明，2014 年全国乡村旅游人次已经从 2008 年的 3 亿攀升至 12 亿，乡村旅游总收入从不足 1000 亿元增长至 3400 亿元左右。

其次，乡村旅游转型升级的需求动力还源于巨大的需求潜力。近年来，我国居民的消费结构持续发生改变。2005—2014 年，城市居民食品消费支出占生活消费支出的比重（恩格尔系数）从 2005 年的 37.1% 降至 2013 年的 35.0%，农村居民食品消费支出占生活消费支出的比重由 45.6% 下降为 37.7%；人们的消费逐渐从生存型消费转变为发展型、享受型消费，这其中，旅游需求特别是乡村旅游需求持续增加。从主观条件来看，伴随着收入的增加，都市居民的工作节奏、生活压力同步增加，与自然生态环境日益疏远，尤其是雾霾天气的扩大和持续存在，进一步强化了人们"暂时逃离城市""回归田园"的欲望。从发展趋势预测，乡村旅游必将成为城乡居民的一种常态化生活方式，其发展潜力无限广阔。

最后，需求的多元化、个性化、品质化、体验化等是推动乡村旅游转型升级的又一原动力。2015 年国内乡村旅游市场调研报告显示：乡村旅游需求呈现多元化趋势，除传统的观光休闲、生态餐饮、采摘垂钓、农产品购买等保持较大规模以外，品质住宿、健康疗养、商务接待、度假休闲等满足精神需求，注重旅游质量，追求个性化、多样化和舒适化的高端旅游需求明显扩大。旅游者的乡村旅游动机呈现出领略田园乡村风光、品尝特色农家餐饮、远离城市喧嚣、增进与朋友的感情、减压、为工作采集灵感等多样化特征。留宿行为也呈现出乡村客栈、度假酒店、帐篷、房车等多样化选择。调查认为，我国乡村旅游消费承受能力正在提高；乡村民宿/客栈市场需求空间巨大；乡村旅游的购物意愿比较强烈；散客旅游、自驾旅游是乡村旅游的主要方式，俱乐部旅游、网上拼团旅游等新的旅游方式在年轻人中大受欢迎。处于高端的乡村度假的基本市场面已具规模；市场对乡村旅游地的开发要求及条件正在提高。近年来旅游的发展趋势与最新潮流也表明，在乡村旅游领域，大众旅游与以追求原真性、乡村意象、体验、怀旧与思古为特征的后现代旅游并存，并且后者作为一种新的旅游方式，大有后来居上之势。乡村旅游需求端的这些特征与变化趋势，显然正在成为推动其转型升级的强大动力。

二　供给动力

乡村旅游具有广阔的市场和巨大的利润空间，供给侧出于对利益的追求，基于对市场需求的把握和满足，成为推动乡村旅游发展的另一重要动力。就乡村旅游转型升级而言，既需要有需求这个"推"的因素，也需要有供给这个"拉"的因素，只有"推"、"拉"两个因素的共同作用，形成合力，才能促进其规模的扩大和质量的提升。旅游企业与乡村社区在实现转型升级发展方面存在共同的利益诉求，成为供给侧动力源泉的主体。

从竞争状态看，前些年，在资源富集、区位良好的乡村地区，乡村旅游蜂拥而起、遍地开花，市场处于无序甚至失控状态、良莠不齐、劣币驱逐良币的现象时有发生，严重影响了乡村旅游地的可持续发展，整个产业处于低端徘徊的状态。对此，乡村旅游企业，特别是以小规模、分散化、农户经营等为特征的小微企业，其市场嗅觉敏锐，基于逐利的本能，希望站稳脚跟，做大做强，获取更多利润，实现持续发展。在不断升级的竞争及需求的持续刺激下，乡村旅游企业一方面希望不断开发新产品、创新服务与管理、寻找新的增长点与利润空间；另一方面希望持续加强和改进营销工作，以占据有利市场地位，提升营销效率和盈利水平。

从社区发展看，乡村旅游发展所带来的过度商业化、产业化、城市化严重破坏了乡村旅游赖以生存的乡村性，导致旅游吸引力下降，社区发展难以为继。另外，在市场利益的驱使下，很多城市人口和外来人口通过承包、租赁、购买等方式逐渐主导和垄断了乡村旅游的经营，最终导致了乡村旅游经营的飞地化和利益过度外流，严重动摇了社区居民对发展乡村旅游的信心，损伤了其切身利益。[147]此外，在许多乡村社区，传统产业尤其是第一产业发展缓慢，比较利益日益下降，农村经济急需寻找新的经济增长点。而近年来我国部分乡村农业产业化进程加速，农业与包括旅游在内的三产融合不断加深，发展前景一片光明，这为其他乡村社区的发展提供了很好的先例与示范。许多乡村社区希望在更高的起点上参与乡村旅游开发，或者已经在位的乡村社区迫切需要凭借乡村旅游产业的转型升级发展，推动当地社会经济发展水平的提升，促进本地居民福祉的增加。

三　政府动力

回顾我国乡村旅游发展进程，政府一直是乡村旅游地发展的重要推动力量。政府通过政策导向、规划引领、基础设施配套、资金扶植、技术指导、人才培训、示范点建设、标准建设等手段推动乡村旅游发展。可以说，没有各级政府的大力支持与扶持，乡村旅游就不会获得如此迅速的推进和巨大的成就。政府的推动作用主要体现在三个方面：

一是以乡村旅游作为促进地方经济发展，调整区域产业结构的重要切入点，支持并营造良好的宏观环境。按照经济学家张五常的解释，地方政府之间的竞争是推动中国经济发展的最大动力。以游客流为载体形成的服务流和物料流，带动的资金流和人才流，拉动的信息流和商务流，创造的文化流和科技流，对提升地方竞争力发挥了独特而突出的作用。正因为如此，各地政府纷纷把旅游业作为增加消费，调整区域产业结构的重要切入点，把旅游业作为促进地区经济转型升级的重要内容和提升地方竞争力的重要抓手。在新常态下，西部地区各级政府通过发展乡村旅游帮助乡村地域实现扶贫脱困的意愿比以往更加强烈，希望乡村旅游为改善民生，促进区域经济社会发展作出更大贡献的愿望更为迫切。政府对乡村旅游转型升级的推动作用，不仅体现在发展乡村旅游的意愿与诉求，而且落实在对乡村旅游的政策、资金支持，对发展环境的营造上。

二是通过政府作用，解决乡村旅游发展过程中的负外部性问题。乡村旅游的环境脆弱性与文化稀缺性使其与其他旅游形式相比，具有更明显的"公共物品"与"外部性"特征。[148]其中,乡村旅游的负外部性主要表现为过度开发和不当开发所导致的自然生态环境、人文资源、传统文化遭到不可抗拒的破坏,乡村社会的退化、乡村发展的失衡、贫富分化等。负外部性问题是乡村旅游业发展过程中逐渐集聚的,具有隐性特征,在相当长一段时期内往往被正外部性所覆盖,一旦表现出来,会严重影响乡村旅游的可持续发展。乡村旅游产业的负外部性单靠市场力量自身无法解决,需要政府行为的干预与扶持。政府作为"中立者",有多个层面的利益诉求,其必然会从经济、政治、文化、环境、民生等多方面对乡村旅游发展予以全方位关照。对于西部地区而言,各级政府仍将是乡村旅游发展的主要推动力量之一,在乡村旅游转型升级中发挥主导作用。

三是通过政府作用,弥补市场机制的缺陷。首先,乡村旅游市场主体与其他市场主体一样,具有"经济人"特征,即追求个体利益最大化。这种逐利行为往往不可避免会损害他方和社会的利益,如市场经济中的投机行为。另外,乡村旅游市场中的信息不对称也会导致市场失灵,出现"劣币驱逐良币"的现象。为消除和弥补信息不对称给游客和优质旅游产品提供者带来的社会损失,政府必须要建立公正权威的旅游产品信息系统,向消费者提供关于旅游产品的正确信息,同时通过立法和司法过程对劣质产品提供者的不正当竞争进行遏制,这样才能保证旅游企业公平竞争,优胜劣汰。其次,乡村旅游市场的不完善表现在条块利益的分割上。在政府行政力量保护下,旅游企业自成一体,各占一块市场,从而形成旅游企业的弱、小,形成旅游市场的散、乱,在旅游市场竞争中强者难胜,弱者不败。由于地方保护主义作祟,旅游市场的游戏规则得不到尊重,政策法规得不到执行。以上种种都是西部地区乡村旅游发展过程中必然存在、转型升级过程中必须面对的问题,都需要在政府主导的框架内进行协调沟通,以实现利益共享。[148]

四 创新动力

创新是指以现有的知识和物质,在特定的环境中,改进或创造新的事物,并能获得一定有益效果的行为。创新有三层含义:更新；创造新的东西；改变。经济学家熊彼特提出：创新是指把一种新的生产要素和生产条件的"新结合"引入生产体系。它包括五种情况：引入一种新产品，引入一种新的生产方法，开辟一个新的市场，获得原材料或半成品的一种新的供应来源，新的组织形式。党的十八大明确提出"创新是提高社会生产力和综合国力的战略支撑，必须摆在国家发展全局的核心位置"。强调要坚持走中国特色自主创新道路、实施创新驱动发展战略。党的十八届五中全会确立了"创新、协调、绿色、开放、共享"的五大发展理念，要求把创新摆在国家发展全局的核心位置，解决发展动力问题。在我国经济进入新常态下，优化产业结构、促进产业转型升级更是成为创新驱动发展战略的重要内容。近年来，西部地区乡村旅游的快速推进，实际上依靠的是"市场的野蛮生长"，粗放有余，集约不足。在新常态下，一味依靠要素投入、规模扩张显然已经不符合时代的要求，也不能为产业发展提供持续性支撑。此外，我国乡村旅游目前的产品结构和体系还远远不能满足大众休闲度假的需求，旅游资源有效保护和开发利用矛盾突出，发展方式和运行方式比较粗放，发展体制机制不完善，旅游基础设施建设和公共服务体系建设仍然滞后。这些问题的解决不仅需要科学的思维和手段，更需要不断地突破和创新。显然，在国家大力提倡、鼓励、支持创新的社会氛围之下，创新必将成为推动我国乡村旅游产业持续发展的新的动力之源。创新驱动乡村旅游转型升级，主要体现在五个方面：

一是产品创新。目前我国乡村旅游消费升级明显加速，旅游需求从以往的以观光为主，向观光、休闲、度假、健身、求知、探险、寻根、商务、医疗等综合性方向转变，个性化、时尚化、享受化、参与化、娱乐化、体验性特征日益突出，低碳、环保、公益等也逐步成为人们的消费时尚。旅游消费的日渐成熟，新型的旅游市场和更高品质的消费需求呼唤乡村旅游产品及相关服务的升级。唯有产品的创新化和个性化，才能满足需求的多元化和特色化，从而使乡村旅游服务更加优质多元。

二是业态创新。近年来，乡村旅游与文化、农业、商业、工业、体育、环保、林业、气象、金融等部门的合作更加紧密。以"乡村旅游＋"为模式，与科学、文化、艺术、体育、房地产开发等产业的融合不断深化，通过充分运用不同行业优势资源，吸引跨界投资，积极催生新业态，乡村旅游融合发展的大格局开始形成。可以预见，创新将使乡村旅游的内涵和外延更加丰富，民生功能和效应不断拓展。

三是产业内部的创新与创业。以"互联网＋"为基础，借助技术、平台、数据和分享，加快企业信息化建设步伐，推进乡村旅游目的地智慧化建设，满足游客个性化、多样化的旅游需求，促进自身提质增效。引导大学毕业生、返乡农民工、城镇退休职工、艺术家、专业技术人员等投身乡村旅游，以互联网为载体，促进线上的旅游 OTA 与线下的旅游企业融合互动，B2B 电商合作平台、B2C 产品营销平台和 OTA 电商合作模式创新，推动大众创业、万众创新。

四是体制机制、管理创新。政府部门倡导，乡村旅游目的地和旅游企业积极参与，根据发展特点，构建以企业为主体、市场为导向、产学研相结合的乡村旅游创新体系成为新风尚。推进乡村旅游目的地公共信息服务平台建设，构建功能全、反应快的市场监测系统和应对处理系统，提升区域和目的地旅游信息化水平，提升乡村旅游宣传营销方式，优化区域乡村旅游空间发展格局，实现自效型、集约型、环境友好型的发展和多方共赢，也将成为乡村旅游创新的重要内容。

五是学术研究创新。专家（学者）创新力也是推动我国乡村旅游转型升级的重要力量。我国西部地区地域辽阔，乡村数目众多，区位条件、资源禀赋、文化特色、经济基础等各不相同，如何把握不同的区域优势并结合市场需求与区域竞争分析，准确定位不同区域乃至不同乡村旅游目的地转型升级的方向、目标、模式等，对乡村旅游的发展至关重要。这既需要专家的鼓与呼，以营造氛围与环境，也需要学者们的理论研究、规划策划、过程指导、对策建议等诸多专业贡献。

以上分别从供给、需求、政府和创新四个方面考察了乡村旅转型升级的驱动力量。实际上,这四个方面的力量相互交织、相互渗透,综合作用于乡村旅游产业和乡村旅游目的地,共同推进乡村旅游转型升级这一复杂进程。需求和供给是驱动乡村旅游转型升级最主要的动力。其中,需求是引擎,它决定了乡村旅游产品的类型,推动着产品的生产及整个动力系统的运转。供给主要发挥引动的作用,它根据消费需求,设计生产出符合需求的乡村旅游产品并适度引导消费,为旅游潜在需求转换为现实需求提供物质基础。[149]政府的支持力是乡村旅游转型升级的辅助动力,良好的支持力的发挥,能够有效地促进需求和供给力量的增强。创新则是润滑力,其降低或消除了产业发展过程中的摩擦力及各种阻力,使得乡村旅游转型升级的过程更为平稳、健康。需要说明的是,在乡村旅游转型升级的不同阶段,各方动力起作用的强度、发挥作用的方向会有所变化;在不同的空间地域,各个驱动力作用强度也各有差异。在乡村旅游转型升级这一复杂系统与过程中,任何一方动力的变化,还会引发其他各方的联动,对转型升级的进程产生深刻影响。

第八章 西部地区乡村旅游转型升级的内容与路径

第一节 基本认识、方向与原则

一 基本认识

（一）更好惠及民生是乡村旅游转型升级必须面对的现实问题

新形势下，应该重新认识、准确把握、科学定位乡村旅游的功能与作用。"十二五"以来，随着民生问题重要性的不断凸显，我国旅游业对其产业属性与功能重新进行审视，开始从单一注重经济功能转向对经济、社会、文化、环境、人本等多元功能的关注，民生已经成为旅游业重要的社会价值取向，"民生改善"开始引领中国旅游发展方式的转变。[119]乡村旅游作为我国旅游业的重要组成部分，其近年来的快速发展大大增加了乡村社区的就业机会，推动了当地基础设施建设，提升了社区乡风文明与居民素质、改善了本地居民的社会福利水平。乡村旅游在提升旅游地居民幸福指数、建设社会主义新农村进程中的特殊地位与独特作用得到广泛认同。在当下，包括各级政府和目的地居民在内的各方主体对乡村旅游的进一步发展充满了更多的民生期待、寄予了更大的厚望。因此，如何让乡村旅游的发展成果更多、更好地惠及民生，让乡村居民就业、医疗、教育、住房、社会保障和人身安全等生存和发展的基本需求更好地得到满足与提升，成为乡村旅游转型发展必须面对的现实问题。

（二）乡村旅游转型升级的目标是提质增效、改善民生

乡村旅游活动开展的空间地域的特殊性、开发经营利益主体的特殊性、赖以凭借的资源的特殊性决定了其在推动乡村经济社会发展方面应该具有复合功能。区域乡村旅游的发展必须立足全局、着眼长远，在兼顾各方利益的同时重视社区利益与当地居民利益，在追求经济利益的同时关照乡村生态环境保护与社会事业的发展。因此，乡村旅游转型升级的直接目标应该是提质增效，持续扩大当地乡村旅游的影响力、提高其竞争力，间接目标是实现可持续发展。而无论是直接目标还是间接目标都必须以民生为导向，因此，乡村旅游发展，包括转型升级，最根本的目标则是扶贫富民，改善民生。西部地区乡村旅游必须以此确定其转型升级应该坚持的基本原则与目标导向。而理论上讲，乡村旅游目的地民生的改善应依赖于以下三个方面的工作：一是以科学的方式尽力将乡村旅游这块蛋糕做大；二是以合理的机制尽力实现"蛋糕"分配的公平与公正；三是以正确的方法将乡村旅游发展中的负面效应降到最低。上述三个方面实际上要求乡村旅游的转型升级必须解决好以下三个问题：一是培育核心竞争力、实现综合效益最大化。二是坚持利益的均衡化，实现收益的本地化。三是符合生态文明建设的要求，实现发展的可持续化。

（三）乡村旅游转型升级的总体定位是"以民生为导向，以产品为基础，以企业为主体，以产业为核心，以管理为关键"

对于乡村旅游的转型升级，理论界有两种不同的看法。一种观点认为，乡村旅游转型升级包括企业和区域两个层面，企业层面转型升级的关键是改善竞争要素与能力，表现形式是产业链、价值链和附加价值的提升；区域层面转型升级的关键是优化产业发展环境与平台，包括乡村旅游目的地功能提升、集群化布局、产业链配套、中小企业扶持、创新网络构建、人居环境改善等。这种观点实际上是从企业自身努力和政府外部环境改善两个方面做出的解读。另一种观点认为，乡村旅游的转型升级具有复杂性与系统性，从涉及内容来看，可将转型升级区分为产品、企业、产业、管理、人才

培养转型等多个层面、多个领域。上述两种观点，实际上只是审视角度的差异，实践中无论是企业自身、政府部门，还是产品、企业、产业、管理转型多个层面往往交织在一起，成为一个整体，共同影响转型升级的进程。在民生问题成为当前中国社会关注的焦点与热点的大背景之下，对乡村旅游转型升级的总体思考应该定位于"以民生为导向，以产品为基础，以企业为主体，以产业为核心，以管理为关键"。这一定位应该可以有效应对上述问题（乡村旅游目的地民生改善依赖的三个方面）的解决。以民生为导向，就是要求乡村旅游的转型升级必须强化社区参与、强化政府主导、创新产业组织形式，从而保证收益的本地化。通过企业、政府、行业组织、社区等多主体的共同努力，经由品牌化、标准化、产业化、集群化、智慧化等途径，培育企（产）业核心竞争力，以实现综合效益最大化。同时，在政策规制、行业自律、社区约束、市场导向的共同作用下，以低碳发展，文化传承的方式实现可持续发展。

二 基本原则

综合考虑乡村旅游肩负的特殊使命与目标，国内市场需求及其变动，以及国际乡村旅游发展的大潮流与趋势。西部地区乡村旅游转型升级应该把握与坚持的基本原则体现在以下五个方面：

（一）坚持将文化作为乡村旅游的灵魂

目前许多地方乡村旅游吸引力之所以不足甚或逐渐下降，主要原因在于其产品单一、形式简单、内容泛化，而这些现象存在的根本原因则在于需求井喷式增长引致的粗糙生产与简单供给。当旅游者激情退去、理性渐升之时，其对乡村旅游产品与服务的质量要求必然拉升。此时，唯有深入挖掘、整合当地文化资源，以文化包装产品，才能满足旅游者对乡村深层次体验的需求，并对旅游者产生持久吸引力。

（二）坚持将乡土作为乡村旅游的味道

旅游者尤其是城市居民之所以愿意到乡村去，就是因为厌烦了城市的高楼大厦、车水马龙、繁华喧闹，就是因为追求乡村的宁静与闲适。因而，乡村旅游的发展必须从始至终保持特有的乡土气息，将农业、农民、农村的特征尽可能地予以彰显。

（三）坚持将地方性作为乡村旅游的特色

地方性意味着差异性与独特性。千篇一律地吃农家菜、住农家屋，一成不变的棋牌、垂钓容易让人腻味、厌烦，也容易让旅游者在众多的目的地选择中迷失方向，而这对于众多的乡村旅游地、农家乐经营户来说就是同质化的竞争，这种竞争注定是残酷地自相残杀与自我毁灭，与可持续发展的目标背道而驰。因而，对乡村旅游经营者来说，必须善于寻求和找准地方特色并不断予以强化，差异化发展应该是乡村旅游企业、区域乡村旅游产业实现突围必然的战略选择。

（四）坚持将生态作为乡村旅游发展的本底

十八大报告强调要把生态文明建设放在更加突出位置，努力建设美丽中国，给子孙后代留下天蓝、地绿、水净的美好家园，这为我国旅游产业发展带来了重要的战略机遇。很难设想一处垃圾遍地、污水横流、空气污染、嘈杂喧嚣、治安混乱之所以能够吸引旅游者驻足停留。乡村地区对旅游者的吸引力，从根本上来说就是源于其良好的生态环境与社会环境。所以，防止或消除"公地悲剧"，保持良好的自然与社会生态环境，是乡村旅游实现转型升级发展的根本之所在。

（五）坚持将本地化作为乡村旅游发展的利益保证

本地化是乡村旅游民生功能发挥的基本保证，本地化即利益的本地化。这一原则要求乡村旅游的发展必须处理好外来资金与本地资本之间的关系，处理好本地居民、当地经营者与外来经营者之间的关系，在共生共栖的基础上，尽可能地减少利益漏损，尽最大努力实现利益输送的本地化，只有这样才能避免乡村旅游发展的"飞地化"，保证其扶贫富民，改善民生这一根本目标的实现。

第二节 乡村旅游的转型

从途径和内容看，乡村旅游转型主要包括产品、企业、产业、市场、管理、人才培养的转型等多个方面。

一 产品转型

乡村旅游产品作为旅游者直接面对的旅游对象和客体，是吸引旅游者的魅力之源和最终动因。我国西部地区从早期的"农家乐"开始，不少乡村旅游目的地凭借景观环境和特色餐饮赢得了大量的城市客源，而乡村旅游的核心产品——活动项目、休闲项目等却显得非常薄弱，产品单一，功能简单，特色缺乏，参与体验型精品活动尤为缺少，未能形成深度开发的系列产品体系，吸引力下降、游客重游率低已经成为制约乡村旅游地可持续发展的"瓶颈"。因此，要提振乡村旅游地发展信心，就必须首先在核心产品及其创新上实现突破，并通过优化旅游产品供给，大力提高核心竞争力。产品转型的基础工作是市场调查，尤其是要重视对旅游者和竞争对手的调查研究。产品转型的方向应该是多元化、休闲化、体验化、创新化、品牌化。

（一）做好游客需求调查与培养

需求是影响客源最重要的因素。乡村旅游目的地要实现更大的发展，必须深入了解市场需求，紧跟市场需求转变步伐，把握国际国内乡村旅游发展潮流。必须着眼于满足休闲度假时代游客的体验需求，进行认真的需求调查和科学的市场细分，找准自己的目标市场，立足资源基础、突出文化内涵并尽力融入最新科技发展，从而开发设计出适销对路的旅游产品。此外，还应重视并善于培养游客需求。游客到乡村旅游不再只是为了简单的观光、用餐，个性化需求会越来越丰富，如休闲度假、运动体验、养老疗养等。乡村旅游不仅要提供产品，而且还要提供一种生活方式，如倡导攀岩、野营、骑马等健康休闲方式，低碳、生态休闲方式，学习、和谐、亲情休闲方式等。因此，乡村旅游产品转型必须具有前瞻性，适度的创造需求以形成市场引导。

（二）强化体验式旅游产品的开发

在体验经济时代，参与性旅游产品最符合现代人追求体验旅游的心理需求，能有力地提高游客的感官享受。目前我国西部地区乡村旅游产品的开发普遍还处于初级阶段，和国外乡村旅游发达的国家相比差距很大。因此，要实现乡村旅游产业转型升级，乡村旅游产品的体验式深度开发是一条有效途径。体验式旅游产品的开发可以是对乡村具有遍在性的农业资源的深入挖掘，如与农业生产有关的浇灌、施肥、收割、养殖等活动经加工和包装后，可以开发成妙趣横生的参与性活动旅游产品；与民间艺术有关的雕塑、泥塑、陶艺、木雕、草编、剪纸、皮影等传统手工艺，经过系统整理和挖掘，也可以开发成游客参与性强的旅游项目；还可以利用农业、林业、养殖业资源开发植树栽花、作物认养、动物嬉戏、观景赏花、采花摘果等体验活动；挖掘区域节庆民俗资源，开发乡下过大年、闹元宵、端午节品粽子赛龙舟、中秋赏月等系列参与活动。此外，有条件的地方，还可以开发休闲养生、疗养保健类活动，如温泉、氧疗、水疗等专项产品；依托乡村自然环境开展骑马、滑草、自行车、投掷、射箭、垂钓、越野、漫步、野营等健身运动项目。上述这些丰富多彩的体验性活动，既可以满足游客求知娱乐的需求，又可以延长游客在乡村旅游目的地的逗留时间，客观上对餐饮、住宿业的经营有益，有助于旅游综合收入的大幅增加。[112]

（三）努力提升乡村旅游产品的文化品位

目前西部地区乡村旅游产品普遍存在的缺乏文化内涵的现状，开发者往往忽视了传统文化这一关键，使得开发的旅游产品严重缺乏本地特色与历史纵深感，不能有效满足游客较深层次的需求。文化是乡村旅游的灵魂，文化是乡村旅游产品开发的根源。乡村旅游深度开发的关键就是要深入发掘旅游产品的地域文化内涵和特色，努力提升文化品位。为此，在产品、项目的设计和开发中需要持续创新思路。可以考虑与修学旅游相结合，增加乡村旅游的科技含量，与地域特色鲜明的乡村饮食文化、民俗节庆文化相结合，与厚重的乡土文化相结合，开发乡土特色浓郁、文化积淀深厚、游客体验完美的乡村旅游产品。[100]

（四）保持本色、突出特色，实施差异化策略

乡村旅游的最大特色是"农"字，乡村旅游开发应立足于地域农业特色、自然环境和乡土文化，设计出具有自身特色的独特性产品，没有必要相互模仿。此外，在产品开发与经营策略上，应该避开与竞争对手的正面对抗，实施差异化策略，以人无我有，人有我特取胜。[100]

（五）重视高科技的运用，坚持多元化发展

要充分运用先进的科技成果和信息技术手段来开发具有现代气息、科技含量高的旅游产品，以满足旅游者追求新、奇、特的旅游心理。实现旅游产品种类多元化、体验化发展，由单一观光旅游产品向休闲度假为基础的多元休闲旅游产品转变，从单纯服务型旅游产品向创新化、体验化旅游产品转型。[150]

二 企业转型

旅游企业与各类经营单元是乡村旅游转型升级最重要的主体。上述产品转型能不能实现，根本上取决于企业的意愿与能力。企业转型受制于众多因素的制约与影响，具体而言，应在以下几个方面实现突破：

（一）尊重乡村旅游企业的主体地位

旅游企业作为旅游产品的供给者，在旅游发展中起着重要作用。旅游企业是乡村旅游转型升级的主体，提升旅游企业自身的能力是整个乡村旅游产业转型的关键和核心。在转型升级过程中，旅游企业比政府等其他利益主体更能发现和捕捉市场机会。因此，对旅游行政部门而言，要处理好政府与市场的关系，绝不能越俎代庖，试图取代旅游企业在转型升级中的主体地位。

（二）乡村旅游企业应着力解决内生性问题

根据企业"外在成长理论"和"内在成长理论"，乡村旅游企

业转型的动因要么因为企业自身资源、能力的非优化状态导致竞争优势的降低，要么由于外部行业环境的影响导致企业成长衰退。从西部地区乡村旅游发展的实际来看，外部市场需求、政策条件等都处于最好的发展时期，存在的主要问题是乡村旅游目的地企业以小型、微型为主，组织形式简单、产权归属不明、经营管理粗放，服务水平不高、缺乏长远规划，难以适应迅速变动的市场需求和激烈的市场竞争。可见，"内生性"问题应该是转型升级的主导因素。因而，乡村旅游企业转型应将更多的关注力投向企业内部，通过组织、人力资源管理、企业文化、企业生产运作模式等的转变，提升自身的能力，进而提高企业在行业内的（而非退出或者进入其他行业）相对竞争能力；或者在企业内部资源能力优化后，以冗余的资源能力为基础，进行产业延伸与融合，实现跨行业的多元化经营。[151]

（三）乡村旅游企业转型需要合力推进

在民生视角下，目的地乡村旅游的健康发展、惠及民生，需要坚持多方共赢，形成合力。一是以市场化和政府主导相结合，通过政府引导、重点投资等措施，组建专业化、集团化、综合性大型旅游公司，以拓展规模、提升档次、扩大影响，增强区域乡村旅游的活力和竞争力。二是大力鼓励、扶持本地居民根据自身条件、能力以及涉旅经营内容的特点，创办各类中小微型旅游企业。政府要重点关注中小旅游企业的转型与实力提升，积极提供政策和信息服务，中小企业应集中精力解决好公司战略规划、技术手段和公司治理结构等主要问题，从而增强自身抗风险和可持续发展能力。三是乡村旅游企业自身要强化管理和服务创新，积极引进资金、技术、人才和管理模式，通过品牌化、网络化、连锁化来提升自身素质。[150]

三　产业转型

产业转型应致力于调整产业结构以拓展产业功能；培育龙头企业以形成引领辐射；促进产业融合以强化产业带动；延伸产业链条以实现产业增值；支持专业合作组织发展以提供产业发展的强力支

撑，最终形成协同机制，产生集聚效应，从而扩大产业受益面，实现利益共享、民生改善。

（一）调整产业结构

近年来乡村旅游活动开始由过去单一的观光游、农家乐开始转向休闲、娱乐、健身方面，社会也对乡村旅游给予了更多的价值与功能期待，这就要求深刻挖掘其作为一项特殊产业的多重功能，实现由经济功能向综合功能的转变。优化乡村旅游产业结构，意即要顺应旅游者多元化需求和乡村社区民生改善的需要，合理配置"食、住、行、游、购、娱"六要素，形成高效、有机的产业链，在整个产业结构各组成要素自身得到健康发展的同时，各组成要素之间也能很好地相互协调、配置、优化，最终实现乡村旅游产业顺利转型。在调整乡村旅游产业结构过程中，一要凸显产业的生产性功能，展现乡村旅游作为乡村社区"动力产业"的作用；二要深化产业的消费性功能，展现乡村旅游产业作为"民生产业"的价值；三要回归旅游的本原性功能，展现乡村旅游产业作为"绿色产业"的特色。[150]

（二）促进产业融合

乡村旅游较之于其他旅游形态，产业关联性更大，综合带动作用更强，其与农业、工业、会展业、娱乐业、交通运输业、文化创意、健康养老、体育运动等诸多产业的互动、融合发展具有很大的空间、更多的机会和更广阔的潜力。因此，乡村旅游产业转型，必须重视"旅游＋"模式的探索拓展，最大限度地促进产业融合发展，不断开发新的旅游业态，努力形成新老结合、多元并进、适应不同层次需求的乡村旅游产业链条，在一定地域空间内通过旅游资源吸引人流、物流、资金流、服务设施和重大旅游项目集聚，逐步形成功能完善、要素齐全的乡村旅游产业高地。[150]

（三）培育龙头企业

上规模、上档次、有实力、有影响的龙头企业是带动乡村地域旅游发展的"领头羊"。它能为其他企业的发展提供风向标的作用，还能带动相关配套企业源源不断地加入，因而是促成产业融合、形成产业集聚，发挥引领与辐射作用、带动产业整体转型升级的发动机。因此，在乡村旅游发展过程中，必须重视和加强旅游龙头企业的培育力度，通过龙头企业，汇聚发展力量，提升产业实力，实现转型发展。

（四）延伸产业链条

目前西部地区乡村旅游产业层面的主要问题在于层次较低、发育不够成熟，整体处于松散型联合阶段，没有形成较为成熟的行业合作机制和统一的产业视角下的利益分配机制，个体理性导致价值链各环节的协同作用较差、无法产生出高效的协同效应优势。因此，西部地区乡村旅游产业转型升级需要从延伸产业链条入手，实现价值链增值，即从流程升级、产品升级、功能升级和跨产业升级四个维度合力推进产业升级。尤其要注意通过产业链的纵深化和本地化，提高价值链的整体盈利水平，最大限度地扩大产业受益面，实现价值与利益共享。

（五）支持专业合作组织发展

乡村旅游专业合作组织能将外部市场内部化，起到联结农户与企业、联结生产与市场的作用，大大提高了乡村旅游经营户、旅游小微企业的组织化程度、市场谈判地位和抵御风险的能力，能使经营者获取分散化状态时难以获得的技术咨询、丰富的市场信息、较低利率的信贷服务以及规避市场风险等好处（我国乡村旅游专业合作组织的发展和转型）。因此，乡村旅游转型升级，必须积极支持专业合作组织的发展。合作组织的生命力在于乡村旅游经营户、旅游小微企业的信赖和支持，即真正代表经营户的利益。为此，乡村旅游专业合作组织必须淡化行政色彩，向企业化经营方向发展，通过"对内服务、对外营利"，提高自我发展能力。与此同时，还必须不断规范内部管理，健全运行机制，以自身的发展改善合作环境，最终形成对产业发展的强力支撑。

四　管理转型

管理转型包含两个层面的含义：一是针对乡村旅游目的地的管理转型，二是针对乡村旅游企业的管理转型。

（一）乡村旅游目的地管理要从多头无序管理向综合协调管理转变

乡村旅游目的地管理主体主要包括两方面：乡村社区和地方政府部门。乡村社区主要指乡村两委会以及以协调、组织、管理者身份存在的乡村旅游协会等行业组织。地方政府部门包括县乡职能部门，如旅游局、农委、扶贫办、环保、卫生、工商、税务等诸多部门以及具有官方身份、部分行政色彩的行业协会等。乡村社区和地方政府部门都是乡村旅游目的地重要的利益主体，但具有不同的利益诉求。在乡村旅游发展及转型升级过程中，需要厘清各自的行为边界，以实现管理升级。

政府部门应作为战略家、裁判者、协调员身份出现，在乡村社区准公共产品、公共产品的提供以及乡村旅游民生效应的扩展方面做出贡献。具体而言，一是要由管理向服务转变：以服务乡村社区和旅游企业为导向，提供基础设施、业务指导、信息服务、人才培训、营销宣传、环境保护、文化传承等全方位的服务。二是从直接参与向提供政策支持转变。如完善扶持政策体系，出台土地利用、金融信贷、财政补助、税费减免等优惠扶持政策；出台提升质量、规范管理、绿色发展的激励政策、行业标准等。三是加强对旅游企业的监管、引导、示范与培育，平衡好各方利益，保持经济与社会的和谐发展。此外，政府各部门之间应科学区分责任范围与权力边界，积极构建促进乡村旅游发展的合力机制与体制。

发展乡村旅游的重要目的之一就是为了改善社区民生，乡村社区作为重要的利益主体，不能也无法充当旁观者，而是有责任、有义务、积极地参与其中。乡村两委会要以主人翁的身份与心态积极介入，在为社区居民创造创业、就业机会，争取最大化利益，实现资源共享，维护经营秩序，改善市场环境，保证文化传承等多方面重点发力并作出应有的贡献。行业组织要借助自身优势推动乡村旅游产品开发、建立行业自律、为村民谋取利益，就乡村旅游发展出现的问题积极与政府沟通并协助处理等。

总体上，地方政府部门和乡村社区要界定好各自的行为范围、分清各自的主体责任，最终促成乡村旅游目的管理从多头无序向综合协调管理的转变。

（二）旅游企业应实现以标准化管理为基础向个性化、精细化管理的转变

产业集中度低、企业规模偏小、分布分散、竞争能力和抗风险能力低是我国西部地区当下各乡村旅游地的普遍现状。面对日益激烈的市场竞争，乡村旅游中小企业包括农家乐经营户在技术和管理水平、人员素质、生产规模和资本积累等方面的劣势会进一步凸显。乡村旅游企业要提升竞争能力，除了在产品创新、规模扩张方面进行努力以外，还必须从企业自身能力建设出发，做好内部管理，实现管理转型。

第一，各乡村旅游中小企业应转变理念，摒弃短视，着眼于长远发展，从战略层面对企业发展进行规划，并借鉴现代企业制度，集中精力解决好公司产权界定、治理结构等主要问题，为企业长期发展注入原动力，从而增强自身抗风险和可持续发展能力。

第二，企业要积极致力于规范化管理和标准化管理。规范化管理是构成企业组织自我免疫、自动修复机能的基础。乡村旅游企业规范化管理应主要实现决策程序化、考核定量化、组织系统化、权责明晰化、奖惩有据化、目标计划化、业务流程化、措施具体化、行为标准化、控制过程化。重点是要强化绩效管理，规范财务管理。规范化不仅暗含着制度化，而且必然要求标准化。近年来，我国各级旅游管理部门越来越意识到标准化建设对于旅游业提质增效的重要作用，专门针对乡村旅游，陆续出台了一系列促进乡村旅游标准化发展的规范性文件，并开展了 A 级旅游景区创建，星级饭店评定，旅游示范县、示范镇、示范村、示范户的认定、评比。作为乡村旅游企业、农家乐经营户应该主动参与，自觉施行，积极争先，通过标准化建设，不断提升管理水平和服务质量。

第三，乡村旅游企业需要在规范化管理、标准化管理的基础上积极向个性化、精细化管理与服务转变。在崇尚个性自由、旅游需求多元化的时代，规范化管理、标准化管理仅仅是企业存活的基本

要求，要在激烈的竞争中"突出重围"，还必须构建属于自身的核心竞争优势。这种核心竞争优势体现在管理上就是差异化、特色化。因此，乡村旅游企业管理必须顺应市场需求转变和消费潮流，致力于向个性化、精细化管理转变。所谓个性化，主要指在产品开发、设计上，在服务提供上，真正做到以旅游者为中心，按照不同旅游者的喜好与要求，提供有差异的、体现个性化的价值让渡。所谓精细化，就是服务的无微不至，更加关注细枝末节，它体现的是对旅游者的真诚和关爱，要求用更加生动、灵活的方法向旅游者提供人性化、高品质、超值化、创新式服务。

第四，企业与员工、社区共享发展成果。乡村旅游产业是名副其实的民生产业，也是渗透率强、性价比高的脱贫工程。共享是乡村旅游产业持续发展的最终目的，也是企业实现可持续发展的基本保证。从管理层面来看，企业必须将管理范围和领域扩展到企业边界以外，同时关注社区需要与员工需求，并从理念和制度方面实现真正转型，以保证与乡村社区、企业员工共享发展成果。乡村旅游企业应该把重心放在现有人力资源上，要千方百计优化用工、薪酬、分配等结构，善待员工，有效地加以培训、激励，把人工成本转化为人工资本，提高劳动生产率。这也是提升全要素生产率的关键，是实现所有共享的基础之基础。

五　乡村旅游教育培训的转型

一直以来，由于乡村旅游的特殊性质，旅游从业人员的学历普遍偏低，非科班出身的人员较多，吸引不了高学历、高素质、综合型的旅游人才。在西部地区乡村旅游产业转型升级的过程中，无论是从技术升级、产品升级还是从产业可持续发展的角度来看，优秀人才的缺乏是一个很大的瓶颈。旅游产业的竞争归根结底是人才的竞争。掌握现代旅游科学技术，具有创新思维，具有经营、管理、营销等综合知识的旅游人才是产业转型升级的加速器。西部地区乡村旅游产业环境改善、产业规模壮大、产业层次提升、产业竞争力提高，无不需要高素质旅游人才的加盟与支撑。

要尽快改变乡村旅游产业人才匮乏的现状，并适应旅游产业网络化、信息化、标准化、智慧化迅速发展的潮流，就需要政府、企业、社区、教育机构多方合作，共同发力，努力培养和造就一大批基础理论深厚、专业技能扎实、实践能力强的创新型和应用型的旅游专门人才，为我国西部地区乡村旅游产业发展提供智力支持。乡村旅游教育培训的转型升级首先在于人才培养模式的改变，应根据旅游市场的需要来确定人才培养的目标、模式、途径和方法，从专业设置、教学计划和教学过程等方面创新旅游人才培养。二是加大复合型、应用型人才的培养力度。要把能力培训作为重点来抓，重视计算机、网络技术在乡村旅游业中的应用培训。可以通过大型企业实习、合作办学、学习考察等多渠道满足产业转型对多维旅游人才的需求。三是建立包含政府、企业、社区、教育机构的培训体系，开展多层次、多形式和针对性的知识和技能培训，全面提升旅游从业人员素质。四是逐步完善旅游资格考试与岗位认证制度，运用现代评估手段和方法对乡村旅游人力资源进行素质评估，优化旅游人力资源信息系统，实现旅游人才的转型升级。[150]

　　总体上，乡村旅游的转型应从观光主导型产品向休闲主导型产品的转变；从团体化服务体系向散客化服务体系转变；从经济产业功能向社会产业功能转变；从部门管理向行业管理转变；从单纯的或市场主导或政府主导向因地制宜的多元化模式转变。

第三节　乡村旅游的升级

一　产业升级

　　乡村旅游产业化的基本内涵是，以市场为导向，以效益为中心，依靠龙头带动和科技进步，对农业和农村经济实行区域化布局、专业化生产、一体化经营、社会化服务和企业化管理，形成贸工农一体化、产加销一条龙的农村经济的经营方式和产业组织形式。乡村旅游产业化的显著特征是：规模化、区域化、多元化、规范化与特色化等。当前，就全国、省、市尺度而言，乡村旅游作为一个产业的地位已经确立，不容置疑。但就西部地区县域尺度的实际情况来看，各区域乡村旅游发展有先有后，发育程度参差不齐，发展规模大小不一，发展层次高低不同，尤其是一些较为偏远、落后地区，乡村旅游出现时间不长，呈碎片化，以零敲碎打的方式存在，产业化程度委实很低。这种小规模、碎片化、游击式的发展注定没有长久的生命力。随着乡村旅游需求的不断扩张以及旅游市场的逐渐成熟，旅游者对乡村旅游产品多样性、内容丰富性和体验差异性要求会持续提高，乡村旅游也要因时而变，提质升级，改变单打独斗、碎片化、边缘化、散乱弱的产业地位与现状，逐步过渡到旅、农、工、贸综合发展，真正成规模、上档次，实现产业升级，以持久地发挥其振兴农业、繁荣农村、富裕农民的民生效应。乡村旅游的产业升级，应该着力关注以下几个方面：

（一）提高对产业化的认识

这是乡村旅游产业化经营的前提。一地乡村旅游要形成气候，产生市场影响力，进而惠及民生，就必须将其上升到独立产业的地位来对待。为此，政府、企业、乡村社区，包括当地农民等不同主体必须从不同的视角重新审视、发现乡村旅游的多重重要价值，切实提高对乡村旅游产业化发展的认识。

（二）加强政府主导的产业规划

由区域政府部门主导，对本区域乡村旅游开发、发展进行统筹安排、科学规划。这样既可减少投资失误，避免无序开发和重复建设，又可以实现区域之间的优势互补，促进乡村的健康、稳定发展。区域乡村旅游产业规划应重点解决区位选择、空间布局、线路安排、区域协调、产品设计、容量确定、市场分析，要素配套、形象定位等问题。

（三）强化对产业的政策支撑，壮大产业主体，推动产业集聚

创新完善乡村旅游管理体制、机制，厘清公共服务职能与市场经营职能定位，建立协调推动机制，加大各项政策扶持力度，探索创新资金投入、经营管理方式。培育一批诚信经营、特色突出的乡村旅游企业；鼓励现有旅游经营单位通过联营、重组、收购等方式

做大做强；充分发挥龙头企业的骨干支撑、引领带动作用。通过资源整合，强化产业联动，加速产业链延伸、促进产业要素集聚，使产业竞争力不断提高。

（四）提高产业的组织化程度

在政府主导下，以旅游者需求为导向，牵引各方的积极力量，建立相关规则和制度，不断提高乡村旅游组织化程度。这一目标的实现不可一蹴而就，需要积极探索适合当地条件的发展模式，引导成员素质持续提升，从而推动产业规范化发展。

（五）推动业态升级

要关注国内外乡村旅游发展的最新动态，不断创新产品类型与活动内容，大力推进乡村旅游与文化、工业、农业、林业、体育、商贸、水利等相关产业和行业的融合衔接，实现产业联动，提升产业魅力。

二　模式升级

旅游产业的发展模式是一个国家或地区特定时期内旅游产业发展的总体方式，它的变革是旅游产业转型升级的重要方面，它主要受社会经济发展水平、社会经济制度与发展模式、旅游产业发展阶段等因素的影响。要推进我国西部地区乡村旅游产业的转型升级，就需要通过产业引导、规划调整、整合集聚、土地政策、特色培育等，加快发展模式的转变与路径升级，拓展、创新乡村旅游发展的大格局。

（一）从推进动力上，实现从单纯的政府主导向市场主导模式转变

根据产业实践，我国乡村旅游发展主要采用政府推进为先、市场主导后继跟进作为补充的发展模式。这种模式在快速推进产业发展、满足市场需求方面发挥了重要作用。但其弊端也逐渐暴露：如资源配置效率低、重政绩轻民生、经营活动艰难；地方保护主义等。在当前我国经济全面转型提升期，我国西部地区乡村旅游产业要符合全球化、信息化、大众化、市场化的趋势，就必须走资源集约化和服务创新性的产业化转型升级道路，在产业发展模式必须加

快从政府主导下的粗放型发展模式向市场主导下的质量效益型发展模式转变。[152]这一模式实现的要点在于：充分发挥市场的作用，让市场来推进景区、景点的开发；让市场来推进资源的集约化与产业化发展；让市场来推进行业内部自我管理与自我约束机制的形成。切实理顺政府与市场的关系，充分发挥政府对于乡村旅游产业发展的辅助功能。政府应将重心放在优化产业发展环境和完善旅游基础设施建设方面。政府要在充分尊重企业市场主体地位和作用的前提下，通过产业发展规划、产业政策、财政资金分配、市场运作规则等手段的综合运用，引导企业行为和市场发展方向，促进产业的升级和可持续发展。

（二）从利益分配上，建立利益联结机制和联动发展模式

经济利益始终是政府、企业、农民等主体在参与发展乡村旅游的过程中共同追求的目标。可以考虑采用实践中已经出现的诸如合同制、合作制、股份制、股份合作制、租赁制、委托管理制等多种利益联结方式，促进企业与农民的分配机制由松散型向紧密型利益共同体转变，让农民带着土地、房产、劳动力和生活方式成为乡村旅游发展和经营的主体，成为新型的乡村旅游的经营者和服务者，同时成为乡村旅游发展的最大受益者。联动发展模式是指以乡村旅游产业链中市场需求旺盛、比较优势明显、具有核心吸引力的业态或企业为龙头，通过延伸产业链，或者依靠业态间（如旅—农—工—贸）、区域间的协同作用实现对信息流、客源流、物质流等资源的整合与共享，从而提升整体竞争力并实现协同发展的乡村旅游发展模式。该模式能有效解决西部地区乡村旅游产业链条过短、经营主体散、弱、小，区域间、产业间缺乏有效合作、乡村旅游公共服务体系不完善等突出短板，解决"单打独斗"式发展产生的产品趋同化、竞争同质化问题，从而形成专业化分工、一体化经营、公司化管理，发挥乡村旅游的乘数效应和拉动功能，加速乡村产业化进程，实现乡村旅游地整合式发展。该模式的实现涉及不同的利益主体和复杂的权益关系，既要有各利益主体进行合作的意愿与积极性，又需要有超脱于具体利益之外的第三方的引导与协调。因而，

政府引导、市场运作应该是联动模式实施的重要保障。[153]

（三）从空间布局上，建立景区（点）联动，集群发展模式

一般而言，单个乡村旅游点（景区）吸引力有限，功能单一，发展成本较高。可以考虑将区域内呈点状、"碎片化"的乡村旅游点进行合理设计、有机整合，形成网式结构。这样既可以使各个旅游点在内容、特色、功能上体现出差异化与特色化，既相互分工，又相互合作，实现资源共享，利益均沾，优势互补，共同发展，还可以提高游客满意度，延长游客滞留时间，扩大旅游收益，实现集群发展，形成规模效应。实施这一模式的要点在于：一是要提升各旅游点之间的交通联系水平，设计出科学合理的旅游路线；二是要保证各旅游点的独特性，降低同质化，强化各点之间的联系与协调并实现联动式促销。

（四）从发展类型上，建立乡村旅游集聚区、乡村旅游综合体、乡村生活（度假）目的地等多元化模式

所谓乡村旅游集聚区，就是以区域内优势乡村旅游点（景区）为依托和龙头，从空间上进行范围界定和科学规划，并利用系列优惠政策，吸引各类旅游资源进入。即，以区域核心旅游资源为吸引力，发展乡村旅游产业集聚区，实现要素集聚、特色集聚、品牌集聚、经营集聚、服务集聚，提升规模效应，实现效益集聚。积极发展乡村旅游综合体，就是打造类似城市综合体的乡村旅游综合体，将休闲、养生、度假、生活、娱乐、购物、节庆等多种旅游需求汇聚在一起，让乡村旅游更生活化、多样化、综合化。现阶段可以引导那些规模较大、基础较好、经营较活的休闲农庄、家庭农场、生态园区等单体做大，向乡村休闲综合体发展，增加休闲设施，延伸休闲要素，创造休闲消费，提增综合效益。乡村生活（度假）目的地。抓住新型城镇化建设的契机，以美丽乡村、特色小镇为依托，规划建设和培育一批乡村生活主导型的主题城镇、特色城镇，注入度假元素，丰富生活体验，创造深度体验，建成环境美、特色强、品质高的乡村人文旅居目的地。

三 营销升级

在旅游市场竞争加剧，互联网的兴起和普及这一背景下，我国乡村旅游业发展进入了大旅游营销时代。乡村旅游目的地要实现长足发展，必须把宣传营销置于更加重要的引领位置，通过优化创新，实现营销升级，保证产业和企业的健康发展。

（一）政府及乡村旅游目的地层面

一是要把乡村旅游宣传营销放到更高的层面、更重要的位置上来进行谋划。如把宣传营销置于产业链的最前端，通过宣传营销来促进产品建设、管理服务水平提升和整个供给结构的优化。把宣传营销作为促进产业发展的一项引领性、全局性的工作，明确任务，分解责任，形成全员、全域宣传营销的新局面。把宣传营销纳入地区对外形象的高度来考虑和推动，予以统筹考虑和整体谋划。二是要改进和创新方式方法。最大限度地克服、改变以往工作中存在的对主要客源市场把握不准，游客需求偏好分析不够深入，宣传营销大而化之、概而论之，系统性设计不够，渠道单一，效果评估缺乏等不足。做到在分析市场时，数据清晰，了然在胸；在制定政策时，长短结合、前后承启、左右衔接；在选择渠道时，整体考虑、高效整合、主次有分；在具体实施时，一地一策、一事一策、效果突出。三是要整合旅游宣传营销的资金来源，形成经费投入的"洼地效应"。努力做大"为我所有"的经费，即从各级财政渠道争取更多的宣传营销经费。用心做好"为我所用"的经费，即经费不必在我，但是可以通过主动工作，积极寻求支持，实现为我所用。如可以借助宣传、文化、体育、交通、建设、林业、园林等部门的力量，也能达到宣传营销的效果。四是要强化宣传营销的第三方评估，最大限度发挥宣传营销的功能和效用。[154]

（二）乡村旅游企业与乡村旅游目的地层面

一是要做好营销定位体系的升级。找准市场切入，锁定目标群体，强化需求细分，针对不同的人群确定合适的营销手段，制定针对性的营销方案。二是要做好营销品牌体系的升级。推动乡村旅游与周边环境、区域的融合，包括产品融合、渠道融合、组织融合等，形成综合品牌效应，增强营销品牌形象。实施差异化策略，包括独特形象、独特活动、独特产品、独特经营模式等，形成对游客的强大吸引力，造成竞争对手难以逾越的壁垒。三是要做好营销渠道体系的升级。可通过多个乡村旅游景点的联合，以组团方式与旅行社、旅游批发商、宾馆饭店等合作，以降低营销成本。以联盟方式与媒体沟通，增强乡村旅游营销的话语权，扩大企业或目的地市场影响力。与当地政府、部门、机构、社团建立良好的合作关系，为乡村旅游营销争取政策、资金等方面的支持及机会。利用电视、网络、公交等媒体发布乡村旅游广告，推送目的地创新产品、特色美食和最新旅游动态等，加强市场对景点的了解。搭建网络营销体系，借助互联网、新媒体等进行"智慧化"宣传推销。可以借助知名的旅游网站，如携程旅行网、e龙旅游网、驴妈妈旅游网等，也可以自建网站平台，或建立包括景区、商品、家庭宾馆等在内的在线宣传、预订、交流的综合信息平台，提高乡村旅游营销的信息化。充分利用微信、微博、微电影、数字旅游、影视植入、知名网站专栏等新技术，多维度开展智慧营销，实现营销网络的全覆盖，产生多形式、广覆盖、立体化的宣传叠加效应。

四　理念升级

（一）坚持共享发展的理念

党的十八届五中全会审议通过的《中共中央关于制定国民经济和社会发展第十三个五年规划的建议》提出了共享发展的新理念。这一理念进一步强化和凸显了发展的民生导向，为我国经济社会发展指出了民生改善的新理念、新机制和新路径。旅游产业具有突出的民生属性，共享应该成为旅游产业持续发展的最终目的。具体到乡村旅游，其扩大就业、增加收入、促进乡村发展的民生意义不言自明。进入"十三五"，乡村旅游在提高国民生活品质、幸福指数、获得感以及促进环境保护、文化传承等方面的民生功能必将进一步凸显。在我国各地县域经济发展规划中，乡村旅游更是被确定为实现扶贫减困、完成全面小康社会最重要的产业途径。显然，乡村旅游在今后的发展过程中，必须自觉坚持共享理念，积极承担起民生发展这一重任，努力提升发展质量，扩大综合效益，让发展的成果最大限度地惠及民生，实现共享目标。

（二）坚持低碳化发展理念

党的十八大从新的历史起点出发，做出"大力推进生态文明建设"的战略决策。低碳旅游作为一种全新的旅游理念和旅游方式，其发展内核与生态文明建设的要求不谋而合，成为我国旅游产业加快转变发展方式、提高发展质量和效益的必然选择。2009年12月国务院通过的《关于加快发展旅游业的意见》中提出，要把旅游业培育成国民经济的战略性支柱产业，要"倡导低碳旅游方式"。这是在节能减排的大背景下，从国家层面对旅游业发展提出的新要求。乡村旅游虽然对乡村性、生态性有较高的要求，但是各地在发展过程中，还是不约而同地出现了比较普遍的碳排放超标问题：开发建设对乡村生态环境和乡村景观的破坏；管理不当、低效导致大量设施和日常运营处于高碳化；乡村旅游地低碳技术普遍采用不足；自驾车旅游者日益剧增，能源消耗突出；旅游参与者低碳意识欠缺，乡村旅游消费中奢华之风盛行、浪费现象严重。这些问题既有观念、规划方面的原因，也有资金、技术等能力方面的问题。但无论如何，乡村旅游要实现转型升级，成为"国内旅游市场的重要支撑之一"，就必须顺应低碳化发展这一时代潮流，对低碳化要求做出积极响应。

（三）坚持品牌化发展理念

品牌化是提升乡村旅游竞争力的重要途径。当前，世界旅游经济已进入品牌经营时代，市场竞争即品牌竞争。人们认牌购买的行为向产品或服务提供者发出了强烈的信号，只有塑造强势品牌才能获得消费者的货币选票。品牌不仅是一个企业长期的战略性资产，是竞争优势和财务回报的一个重要来源，品牌更是一个国家或地区经济发展水平的象征。通过创造品牌来培育自己的竞争优势已经成为各地提升旅游竞争力的主要策略和源泉。虽然近年来我国乡村旅游有了长足发展，甚至出现了以成都、北京等为代表，在全国处于领军位置的著名乡村旅游品牌，但是客观来看，绝大部分乡村旅游目的地因为缺乏个性与特色，影响力和知名度有限，仍然徘徊在低层次、同质化竞争的歧路之上。究其原因，品牌意识淡漠、品牌建设滞后是要害之所在。面对我国民众不断提升的旅游需求和日益加剧的市场竞争，各乡村旅游地要避免分散化经营，同质化竞争，防止衰退，提质增效，就必须以民生为导向，尽快实现品牌化发展。

（四）坚持智慧化发展理念

科技进步和创新是产业实现转型升级的技术保障与支撑。作为现代信息技术面向旅游业的集成创新和应用创新，"智慧旅游"在提升旅游服务、改善旅游体验、创新旅游管理、优化资源利用、增强旅游竞争力、促进产业融合等方面具有不可替代的作用，是旅游业发展的一种最新趋势。从爱尔兰、葡萄牙、澳大利亚等国外乡村旅游的成熟发展经验来看，智慧化也必将是我国乡村旅游实现转型升级的必然之举。实际上，自2011年以来，北京、南京、扬州等智慧旅游试点城市就已经启动了乡村旅游的智慧化建设，一大批诸如旅游商品在线营销、乡村旅游电子商务采购、乡村旅游资讯等平台开始成为建设主流，并有效地推动了乡村旅游在智慧化应用和运营中的发展。可以预见，以"互联网＋"为核心思想的智慧旅游建设将全面而又系统地提升乡村旅游目的地、乡村旅游企业的服务和管理水平，从根本上改变传统的运营管理模式和商业盈利模式，实现旅游企业流程再造和旅游产业价值链重组。

（五）坚持标准化发展理念

标准是规范、引领产业发展的重要技术手段，标准化则是提升产业整体素质与竞争力的关键途径。旅游标准化在提高我国旅游产品和服务质量水平，规范旅游市场秩序、强化行业监督管理，推动旅游产业转型升级等方面发挥着重要而特殊的作用。我国西部地区乡村旅游要进一步做大做强，实现产业化、规范化、品牌化发展；要保护好乡村环境、传承好乡村文化、保障相关者利益、强化社区参与、充分发挥其民生功能，就必须针对规划、开发、生产、经营、服务和管理诸活动，制定全方位、体系化的规范和标准，并认真予以贯彻落实，强化监督检查。可以说，坚定地走标准化道路，实现标准化发展，应该是我国乡村旅游升级的必由之路。

第九章 西部地区乡村旅游转型升级的对策建议

以民生为导向，实现西部地区乡村旅游的转型升级，当务之急要做好两件事情：一是千方百计将乡村旅游作为一项产业做大做强。二是注重乡村旅游的社会属性，形成合理、科学的利益分配机制与体制。乡村旅游的转型升级是一个复杂过程、系统工程，需要各不同主体在科学定位的基础上，既努力追求自身利益，又协调各方，统筹兼顾。

第一节 政府部门

一 理顺乡村旅游转型升级中政府与市场的关系

（一）乡村旅游转型升级需要政府介入

美国著名旅游专家托马斯·戴维森曾指出，旅游不是产业，而是超然于产业分类之上，关系到国民教育、社会进步、生存价值的社会经济综合体系。2009 年 11 月发布的《国务院关于加快发展旅游业的意见》明确提出，"旅游业兼具经济和社会功能，资源消耗低，带动系数大，就业机会多，综合效益好"。这一提法超越了以往将旅游业视为单一产业的范畴，并将其上升到关系民生的高度。乡村旅游业具有准公共产品的性质，乡村旅游资源作为一种不可再生、独一无二的稀缺资源，如果过分倚重市场，极易形成"被垄断"的格局，不利于实现乡村社区整体福利的最大化。从我国乡村旅游发展的实践来看，政府主导曾发挥了重要作用，特别是在政策与资金方面是促成乡村旅游快速推进的重要力量。从我国乡村旅游所处发展阶段来看，旅游市场发育仍不成熟、旅游秩序仍待健全，无论是大力培育市场主体还是规范市场秩序，也还都离不开政府作用的发挥。因此，乡村旅游转型升级尚需要政府介入。

（二）政府旅游管理部门是推进乡村旅游转型升级的重要力量

旅游行政部门虽然不是乡村旅游转型升级的主体，但是在推进转型升级的过程中仍然大有文章可做。比如，旅游供给涉及各个环节，其中也不乏公共产品的投入，因此单靠分散的企业，要实现产业转型升级有较大的难度，这就需要旅游部门积极争取政府的支持，加大乡村旅游公共产品投入。再如，单个旅游企业理性的选择是根据市场来确定自己的经营行为，而很少有动力和有能力去改变市场运行的规则。因此如果市场出现问题，就会造成"劣币驱除良币"，这无疑不利于乡村旅游的转型升级。这就要求旅游行政部门和其他维护市场秩序的部门一起，创新监管方式，实现旅游经济的健康运行。此外，乡村旅游企业的目标是追求利润最大化，这就意味着企业的有些行为并不一定符合转型升级的需要。比如乡村旅游转型升级应该符合资源节约型和环境友好型发展的基本要求，这可能会要求旅游企业加大环境保护方面投入的力度，因而会降低企业的利润率。因此，政府部门应该加大公共服务和公共产品的投入力度，为乡村旅游的转型升级创造必要的条件；应该引导旅游企业在实现自身发展的过程中推动产业的转型升级；应该深入了解旅游市场的发展变化，把握游客和旅游企业的需求，因势利导，充分履行自己的职能，创造性地开展工作来推进转型升级。从这个意义上讲，虽然转型升级的主体是旅游企业，但旅游部门应该成为推进乡村旅游转型升级的重要力量。

（三）政府应承担起规划者、组织者、协调者和控制者的角色

十八届三中全会通过的《中共中央关于全面深化改革若干重大问题的决定》中一个重大而鲜明的观点是使市场在资源配置中起决定性作用并对政府与市场的关系、政府的职责与作用做了明确规定："主要是保持宏观经济稳定，加强和优化公共服务，保障公平

竞争，加强市场监管，维护市场秩序，推动可持续发展，促进共同富裕，弥补市场失灵。"乡村旅游要成功实现转型升级，除了坚持政府主导外，也必须厘清和规范政府行为与市场行为。贯彻全会《决定》精神，要求旅游主管部门在市场能够独立调节的领域，发挥市场在资源配置中的主导作用，如对于乡村旅游所涉及的交通、住宿、游览、餐饮、购物、文娱等完全市场化的领域，政府部门应当收起行政干预的"触角"，摒弃直接干预模式；在宏观调控、政策制定、战略研究、市场监管、环境保护、公共服务、培育发展环境、加快产业促进等领域，政府要承担起规划者、组织者、协调者和控制者的角色，通过建立旅游综合协调机制，加强对旅游工作的组织和领导，强化规划统筹、要素整合、投资引导、区域协调和政府投入等，并切实做到不越位、不缺位、不错位。

二　政府促进乡村旅游转型升级的主要举措

（一）创新完善乡村旅游管理体制机制

乡村旅游景区规划、建设过程中涉及规划、环保、建设、土地、农业、林业等行政部门，经营过程中涉及工商、税务、消防、卫生、消协等众多行政部门，因此，其转型升级需要政府出面协调，形成合力。[112]所谓创新完善乡村旅游管理体制机制，一是要建立健全区域旅游管理的大部门职能和权威，厘清公共服务职能与市场经营职能定位，解决部门之间相互扯皮、推诿，相互争利的混乱局面，改变某些由企业承担社会公共管理职能的现象，建立乡村旅游产业发展的协调推动机制，形成发展合力。二是要强化旅游行政部门的服务功能。转变旅游行政主管部门的工作方式，由管理向服务转变；以服务旅游企业、乡村旅游社区为导向，强化服务职能，为乡村旅游社区与企业提供业务指导、信息服务、人才培训、营销宣传等全方位的服务。

（二）依法治旅、依法兴旅，加强规划引导与日常监管

随着《旅游法》的颁布实施，我国旅游行业管理逐步走向法治化管理、规范化管理阶段。在乡村旅游转型升级过程中，政府必须从法治引导、政策引导、规划引导等方面，对乡村旅游进行规范治

理。如要改变现有乡村旅游景区小、散、乱的现状、结束无序竞争、低效发展的状态，就需要政府部门牵头制定高质量、高水平的乡村旅游发展总体规划与专项规划，以高品质、前瞻性的规划引领、形成完善的产业发展规划体系，优化乡村旅游发展布局，确保乡村旅游资源合理开发、确保乡村环境和文化得到有效保护与科学传承、确保乡村社区与居民真正受益，最终确保乡村旅游沿着正确的方向实现转型升级。要不断提升经营管理水平，实现管理升级，就必须积极完善乡村旅游开发建设、生产经营、日常管理的相关标准，以标准化引导乡村旅游健康发展。此外，要重点加强日常监管，防止因利益驱动带来的无序开发和低价竞争、宰客欺客、环境污染等破坏市场秩序的行为，可通过建立乡村旅游市场秩序综合评价制度，开展游客满意度调查，让全社会都来评价和监督乡村旅游市场的管理。

（三）强化政策与资金支撑

乡村旅游转型升级涉及旅游企业、社区居民等各利益相关方之间的利益整合和重新分配，因而需要政府以协调者的身份，出台相应的产业政策积极予以推动。例如，在土地流转等问题上，需要政府部门根据上位相关法律与规定，出面明确政策导向，给予切实支持。政府部门要像扶持战略性新兴产业那样，扶持乡村旅游产业的发展，在财政、税收、金融、土地、人才等方面，加大扶持力度。尤其要对本地居民创办的旅游小微企业给予政策扶持，积极鼓励以社区贫困家庭为主体的家庭旅馆、民宿、乡村酒店、家庭农场等的发展，为其创造良好的政策环境。积极探索社会资金投入渠道，创新社会资金投入方式，鼓励支持国资、民资、外资等投资建设乡村旅游项目及功能性配套项目，形成多元化投资格局。小微企业发展。可以考虑通过设立乡村旅游专项发展基金以重点扶持乡村旅游企业发展：将相关职能部门对乡村旅游企业的财政拨款、补助等统一划拨至专项基金，实行集中管理、统筹安排；设立旅游发展税以补充基金池，按照乡村旅游收入的1%—2%征收乡村旅游发展税，用于专项支持乡村旅游发展；符合条件的乡村旅游企业主可以申请低息资助，且无须任何形式的抵押担保，仅需分期偿还。

（四）强化公共服务和设施配套

乡村旅游景区开放性的特征使得景区与社区、旅游专用设施与公共设施的边界并不十分明确，政府作为社区基础设施和公共服务的提供者在乡村旅游发展过程中扮演着重要角色。要加强生态保护，优化自然环境；加强文化挖掘与整理、合理开发与利用；大力改造提升乡村面貌改造与整体布局；切实改善公共服务条件与配套服务设施。强化"乡村旅游惠民"理念，健全乡村旅游标准体系，实施乡村旅游标准化服务，全面提升旅游整体品质和游客满意度。大力实施"智慧旅游"工程，以信息化为手段，完善地方乡村旅游网，建立地方旅游信息库，逐步打造乡村旅游电商平台；充分利用社会资源构建乡村旅游数据中心，全面提升乡村旅游行业的信息化服务水平。

（五）积极推动乡村旅游扶贫工作

把乡村旅游作为产业扶贫的重要支撑，开展乡村旅游示范点建设和乡村旅游规划扶贫公益活动，对扶贫重点村建档立卡精准管理，支持其公厕、步道、停车场、标识标牌等公益设施建设。推动政府部门、企业、各种社会组织以多种形式与乡村旅游扶贫重点村开展合作。尤其是要发挥大型旅游企业集团的市场、才智与技术优势，对乡镇村民进行农家乐运营管理、家庭旅馆服务与管理、烹饪、导游、接待、"互联网＋"等旅游服务知识和技能培训，帮助乡镇进行旅游规划设计、统一的旅游标识系统建设、拓宽特产销售渠道，组织自驾游客下乡，依托自身的景区项目为贫困户创业提供帮助等。

（六）完善乡村旅游专业人才培养机制

乡村旅游的竞争，归根到底是人才的竞争。应立足于长远发展，建立健全旅游人力资源开发体制，有计划、有重点、分层次地加快乡村旅游人才培养。一是旅游管理人才、旅游经营主体、旅游服务人员等不同对象进行分层培训。二是在培训方式方面，可以聘请专家、教授，高级职业经理人等进行讲座的方式，也可以采用参观考察学习、到高校深造的方式，还可以拓展旅游人才培养的国际交流与合作，做到灵活多样。在培训的内容方面，对于旅游管理人员，主要是进行旅游管理、开发、市场营销等方面知识的学习，提高管理能力；对于旅游经营主体，主要是进行企业经营方法、产业推广技术、可持续发展理论学习等方面的培训；对于旅游从业人员的培训，主要是提高他们的基本素质、职业道德水平和服务技能。[155]

（七）实施旅游"大营销"战略

一是强化旅游行政部门的服务功能。转变旅游行政主管部门的工作方式，以服务旅游企业为导向，强化服务职能，为乡村旅游微型企业提供业务指导、信息服务、人才培训、营销宣传等全方位的服务。二是完善扶持政策体系，出台税费、土地利用、金融信贷、财政补助等优惠扶持政策，促进乡村旅游微型企业又好又快发展。其一是完善融资政策。鼓励金融机构开展乡村旅游抵押贷款业务，发展景点经营权和门票收入权质押业务。支持运营较好的景点尝试资产证券化。其二是完善落实税费优惠补贴政策。制定相应的评价、监督、检查和评估标准，对于能够促进生态环境协调发展的乡村旅游项目进行补贴或税费减免，对不符合条件的造成环境污染的要加重税费或取消补贴。其三是完善财政投入政策。设立乡村旅游发展资金，用于乡村旅游的规划编制、基础设施建设补贴、宣传促销和人才培训等，形成政策扶持引导保障体系。其四是完善人才培养政策。普及环保知识和旅游教育，实施乡村旅游从业人员持证上岗制度，未达标准不得上岗，以提高服务质量。

第二节　乡村社区

社区参与乡村旅游理论自引入国内以来，得到了众多的讨论与实践，但在实际旅游发展过程中仍然存在参与意愿不强、参与水平较低、参与效果较差等问题，究其原因在于参与机制不畅、社区居民参与能力较弱等。因此，建立以社区为主导的乡村旅游发展与利

益分配机制、提升居民旅游参与能力，既是实现乡村社区民生增进
的重要手段，也是乡村旅游转型升级的重要保障。

一　谨慎选择乡村旅游的发展模式

影响乡村旅游参与的因素比较多，但最大的障碍来自于乡村旅
游发展模式的选择。因为不同的旅游发展模式决定了乡村社区居民
不同的参与层次及参与地位。西部地区很多地方政府为加快乡村旅
游发展，过度依赖招商引资，而外部开发商的引入在加快当地旅游
开发建设的同时，一定程度限制了本地居民的参与领域和参与层
次，使社区居民的旅游参与多数停留于服务员、保安、清洁工等高
劳力、低技术、低收入、低层次的参与水平。一个显著的事实是，
来自外部的旅游投资越多，旅游漏损就越高，当地社区居民可获得
的旅游收益就越少，乡村旅游目的地演变为"旅游飞地"的风险就
越大。同时，少数的外来旅游企业能够吸纳的农村剩余劳动力也较
为有限。可见，拥有强大资本的外部旅游企业无形中对社区居民的
旅游参与形成一种挤压，也对社区居民的旅游获益形成一种剥夺。
因此，要提高乡村旅游社区居民的旅游参与能力，扩大旅游发展的
民生效应，首先就必须谨慎选择乡村旅游的发展模式。理论上讲，
应该从社区发展现状、资源赋存、旅游开发难度、基本能力等情况
出发，以充分尊重社区居民的主体性，发挥社区居民的能动性作为
旅游发展模式选择的重要前提。[156]

二　建立以社区主导的乡村旅游发展机制

以社区主导的理由在于：社区是乡村旅游产业发展的直接利益
相关者，乡村旅游的基础性旅游资源如优美的自然景观、独特的人
文景观和乡村民俗文化是在长期的乡村生活中形成的，所有权属于
全体社区居民。乡村旅游发展过程中，社区居民要承受因发展旅游
业引起的物价上涨、环境恶化、治安混乱、生产生活受限、道路拥
挤、出行不便、活动范围受限等问题，应该成为乡村旅游发展的受
益者。[6]以社区为主导意味着社区是乡村旅游发展的主体，社区及
其居民从原来的从属和被动参与转变到主导和主动参与，社区必须
保持对乡村旅游发展基本方向的掌控，必须具有保持参与的广度与

深度，只有这样，才能保证社区居民民生的增进。以社区主导的乡村旅游发展机制，主要依靠社区参与乡村旅游的形式来实现，通过不断丰富社区参与的形式，通过参与制定规划、参与决策、参与管理和参与利益分配，确保社区在乡村旅游发展中的主动权。通过技能培训、业务培训、考察交流、小额贷款等途径，提高社区居民参与乡村旅游的能力。确保社区享有充分的知情权和通畅的诉求表达途径，积极听取社区居民对乡村旅游的看法和意见，优先吸收社区居民参与乡村旅游就业，形成合理的利益反馈机制，使社区居民共享旅游发展成果。[112]

三　明确社区居民的角色扮演与旅游参与

从角色扮演上，社区居民可以五个角色参与乡村旅游的发展。一是表演者，即作为乡村文化的载体演绎特别的乡村风情及乡村文化，表演行为包括有组织的专门演绎，也包括居民的日常生产、生活行为。二是决策参与者，即对于乡村旅游的发展提出相关意见、建议。三是投资者，即在乡村旅游发展中投入生产资料与劳动资料。四是资源环境保护者，即培养环境意识，改善生存生活环境，保护旅游环境。五是利益获得者，即享受乡村旅游发展带来的利益分配。当然，在参与过程中，由于居民能力的不同，参与的程度也不同，不可能实现完全的平等参与。但是，组织者应该在考虑乡村旅游发展的基础上，以实现全体社区居民的共同参与、社区居民的共同发展为目标，尽可能地为全民参与提供条件，创造一些参与竞争机制，提高居民的参与积极性。而开发商的利益分配会影响参与居民的积极性，政府的旅游规划征用土地则关系着社区居民的切身利益。对待乡村旅游的态度和行为则直接取决于其在乡村旅游发展中的所处地位以及与之相伴的获益情况。[32]

四　强化乡村旅游社区的自主管理

乡村旅游景区因为地理位置等原因，政府管理幅度较弱，景区经营者以社区居民为主，乡土观念比较浓厚，具备开展自主管理的条件。国内大多数成熟景区大都成立了乡村旅游协会、乡村旅游委员会等民间旅游产业组织。乡村旅游民间产业组织由管理部门、经营者和社区居民代表共同组成，介于政府和景区经营者之间，是连接政府、经营者和社区的桥梁和纽带。他们向政府反映经营者和社区的诉求，协助政府制定和实施乡村旅游发展规划和产业政策；监督乡村旅游景区的服务质量、竞争手段和经营作风；维护社区在乡村旅游发展过程中的主体地位，致力于规范乡村旅游业发展和维护乡村旅游景区形象，具有理论指导、舆情沟通、经营监督、行业自律、利益协调等功能，可以弥补政府管理的缺失，规范乡村旅游业健康发展，有助于提高政府决策的科学性、推动乡村旅游业健康发展。[112]

五 重点提升贫困居民的社区旅游参与能力

乡村旅游的社区参与群体应该是社区的所有居民，而不是个别的参与，是一种有组织的全民参与、全过程参与。组织者的组织工作则主要是为全体居民参与提供各种途径与指导，并进行有效的调解与安排，使他们的参与变得有序、有效。在这一过程中，尤其是要重点提升贫困居民的社区旅游参与能力。贫困居民社区参与能力的薄弱很大程度源于参与条件的匮乏，即缺乏经济投入、缺乏经营接待能力、缺乏信息获取能力、地理区位欠佳等。提升贫困居民的社区旅游参与能力，关键在于准确查找参与能力薄弱的原因，有针对性地去除或减少其参与障碍。政府和乡村社区可以在其自身职能范围内，通过相关政策制定等，充分发挥社会力量，完善乡村小额贷款扶持政策，加强对贫困居民的教育培训，以及通过帮扶活动建立"一对一"的旅游扶贫机制等，并注意形成"社区参与—旅游发展—旅游获益—社区参与"的良性循环，从根本上实现旅游发展与民生福祉的双提升。

第三节 中介组织

"政府主导"或"市场主导"的发展模式在推动乡村旅游发展的同时，往往不可避免地存在一些弊端，如公司和政府因为掌握了权力和资源而成为参与旅游开发的强势群体，社区及居民在合作中处于不平等地位，其利益极易受到损害。社区居民分散性的经营，也常因缺乏严格的监管而破坏公平的市场竞争秩序，导致社区纠纷时有发生，造成人际关系紧张，不利于乡村社区的和谐发展，同时也会影响游客的体验质量，对乡村旅游目的地形象造成影响。此外，社区居民的分散化经营事实上限制了农户或企业自身的做大做强与升级改造，原因在于：单个农户或乡村旅游小微企业缺乏升级改造所需的资本、经营管理的高级技能、产品营销渠道与市场开拓能力，无法与外来资本竞争，与政府的沟通成本也较高，因而使得乡村旅游产品创新、服务质量、管理水平长期停留在较低水平。[157]

2014 年全国旅游工作会议提出，全国旅游行业要从充分发挥市场在资源配置中的决定性作用、促进市场公平竞争、完善旅游管理体制机制、推动行业中介组织发展等方面入手，全面深化旅游业的改革。乡村旅游要顺利实现转型升级，就必须重视发挥行业中介组织的协调、统领作用，让本地居民真正参与到社区旅游的规划、开发、决策、管理等各个环节之中并从中获益，这是实现乡村经济可持续发展、解决"三农"问题的关键点之一。

一　发挥乡村旅游合作社等专业协会的作用

"乡村旅游合作社是由开展乡村旅游、进行涉农旅游接待服务的本社区农户依托当地农业资源，自愿联合、自发成立的一种通过共同所有和民主管理来满足共同的经济和社会需求的互助性经济组织。"[158]乡村旅游合作社以"政府推动、市场主导、平等互利、充分合作"为特征，体现了各利益主体之间的一种新型合作关系。它对于解决西部乡村旅游目的地分散化经营导致的散、弱、小，同质化、低质化、无序化竞争问题，提高乡村旅游发展的组织化、集约化程度，保证社区居民普遍受益，促进乡村旅游转型升级具有重大意义。

二　成立乡村旅游微型企业联合体

从产业链整合的角度出发，由行业协会牵头，将分散独立经营的乡村旅游小微型企业联合起来，成立松散型的企业联合体。在联合体机制下，成员企业可以定期开展业务合作与经验交流，进行统一的市场开发和营销，共享预订网络、信息服务、集中采购和人员招聘与培训等，以实现"1+1>2"的协同效应；联合体实行松散型的契约式管理，成员企业通过对话与协商，减少分歧以增进合作。

三　构建乡村旅游资源共享平台

基于资源整合思想，由旅游主管部门牵头建立乡村旅游微型企业的资源共享平台；资源共享平台按照"统一规划、分工协作、功能互补、互利互惠、合作共赢"的指导思想，将相对独立的政府、企业、高校、协会以及其他社会组织的人力资源、物质资源、技术资源、信息资源等进行系统的资源整合。资源共享平台以收取会费或低收费的方式提供资源共享服务。西部地区乡村旅游小微企业能够借助于资源共享平台"低成本、高效率"地获取相关非核心资源，既瘦身了组织机构、减少了经营成本，又提高了核心竞争力。

第四节　旅游企业

乡村旅游企业是乡村旅游转型升级的主体。西部地区乡村旅游能否通过转型升级，提升整体竞争力，实现可持续发展，关键在于乡村旅游企业在理念提升、产品创新、技术创新、管理创新、品牌建设等方面的持续努力。

一　创新机制，增强发展活力

创新是乡村旅游发展的原动力。只有不断创新乡村旅游投入、管理、经营机制，才能不断增强乡村旅游的发展活力。对于乡村旅游企业而言，既要坚持引进创新、鼓励集成创新，更要推进自主创新。从外部看，要积极探索多元资金投入机制，破解资金短缺难题，鼓励农民集资入股、产权入股，采取以"公司+农户"为代表的各种不同的可用、适用形式，组建乡村旅游开发公司或合作社，投资乡村旅游发展。鼓励引导社会资本及各类经济实体投资，带动乡村旅游规模化发展，引导金融机构加大对乡村旅游信贷支持力度，降低贷款担保准入门槛。从内部看，首先，应强化企业治理，特别是在股权安排、资本构成方面要强化创新。自主创新的源泉在于劳动者的利益和心田，"联产才能联心"，与自身利益相关才能催生创新的内在冲动。其次，在企业内部，应倡导宽松、自由、民主的管理氛围，真正让员工敢想、敢说，才可能让员工敢闯、敢干，最终让创新在整个企业乃至行业和社会蔚然成风。最后，要保护好创意、专利、品牌等无形资产的知识产权，尊重首倡者、发明者、发现者等创新个体的心力劳动，一旦取得商业成功，务必给他们以足够的精神和物质奖励。

二　努力提高旅游服务质量

提高旅游服务质量的核心在于提高游客满意度。而游客满意度既与产品质量与价格相关，也与员工服务水平、服务时效相关，还受到环境质量、服务硬件等因素的影响。因此，乡村旅游企业服务质量的提升必须同时从以上三个方面入手。坚持产品开发与创新，使旅游产品的结构与质量适应旅游消费转型升级的需要。坚持合理定价，根据游客不同需求提供可选择的服务组合，设定相应的多层次的价格。保证服务准时，科学应对服务高峰期，如可以通过聘请"临时工"补充人员使服务能准时到位。积极告知游客需要注意的事项，提供贴心服务，积累良好声誉。在环境质量上，正确处理与其他企业经营者及非经营者之间的关系、注意环境保护和景观设计。在硬件质量上，可以采用外包策略，提升硬件设备。坚持把服务标准化和特色化的结合、精细化和人性化的结合作为提高服务水平的基本方向，采取多种手段，加大旅游培训力度，提高从业人员的劳动素质和服务技能，使旅游服务水平提升成为乡村旅游转型升级的核心动力。

三　创新旅游营销模式

移动互联网时代，信息传播的内容和方式发生了革命性的变革，更加丰富多元、便捷迅速。这不仅对乡村旅游者的思维方式、选择偏好、决策模式、行为模式等产生了深刻影响，而且对乡村旅游企业的经营管理、设施建设、市场营销等工作产生了全方位的冲击，尤其是对企业传统的旅游营销方式产生了颠覆性的影响。作为身处其中的乡村旅游企业必须积极面对、尽快适应这一变化，并善于从中发现机遇，乘势而上。西部地区乡村旅游企业要牢牢把握"旅游大众化、出行散客化、服务个性化和营销网络化"的发展趋势，因地制宜，根据资源特色和发展模式，加快硬件设施建设。借助于新媒体、新技术进行信息的及时传递和实时交换，有效疏通由于信息不对称而带来的游客进入障碍。科学统计和分析各项营销数据，准确测算营销费用的投入产出比，清晰确定营销重点市场和区域，合理安排营销费用支出。注重市场的细分化和渠道的体系化，不断提升营销管理水平。通过舆情监控和大数据分析，挖掘旅游热点和游客关注度，策划适销的主题品牌营销。不断加大网络营销力度，善于借用新媒体（如手机新闻短信、短信手机报、WAP 新闻网站、APP 新闻客户端等）进行"微营销"，吸引游客主动参与乡村旅游的传播和营销。通过积累游客数据和旅游产品消费数据，逐步形成自身的移动媒体营销平台。充分完善乡村旅游各项信息［如各景区（点）、宾馆、交通、餐饮、娱乐、购物等］，建立一个涉及产品、渠道、市场、品牌传播等更高效的营销链条。[160]积极创建或加入旅游营销联盟、旅游营销代理、旅游专家等营销模式，主动把本地区乡村旅游推向国内外市场。[161]

四　加快品牌建设

一是成立专职机构负责培育与推广乡村旅游企业品牌工作。二是积极参加旅游、农业等行业著名乡村旅游企业品牌的创评，不断提升企业影响力，塑造品牌形象。三是积极争取政府部门在财政资助、税收优惠、银行贷款、市场推介、营销宣传、品牌扶持与建设等方面的政策与资金支持。四是针对不同的客源市场进行主题形象宣传、开展特色节庆活动，着力打造乡村旅游中旅游目的地品牌、企业品牌、节庆品牌、演艺品牌、商品品牌和美食品牌等。五是努力提升品牌经营管理水平，通过品牌输出、品牌营销、品牌资产管理等多种经营方式实现效益最大化。六是重视企业品牌的商标注册、保护，加强品牌危机管理。

参考文献

［1］ 王德刚：《发展乡村旅游有利于构建新型工农城乡关系》，《中国旅游报》2013 年 11 月 29 日第 2 版。

［2］ 李金早：《国家旅游局局长谈乡村旅游：城乡共享"5＋2"生活模式》，新华网。

［3］ 贾君钰：《转变经济发展方式背景下民族村寨旅游转型升级研究》，硕士学位论文，中南民族大学，2013 年。

［4］ 李太光：《上海旅游业转型升级的战略机遇与路径选择》，硕士学位论文，上海师范大学，2009 年。

［5］ 何景明、李立华：《关于乡村旅游概念的探讨》，《西南师范大学学报》（人文社会科学版）2002 年第 5 期。

［6］ 王琼英、冯学钢：《乡村旅游研究综述》，《北京第二外国语学院学报》2006 年第 1 期。

［7］ 王成斌：《中国乡村旅游发展现状》，新浪网。

［8］ 魏敏：《乡村旅游研究综述》，《安徽商贸职业技术学院学报》2010 年第 1 期。

［9］ 何景明：《国外乡村旅游研究述评》，《旅游学刊》2003 年第 1 期。

［10］ 王素洁、刘海英：《国外乡村旅游研究综述》，《旅游科学》2007 年第 2 期。

［11］ 卢小丽、成宇行、王立伟：《国内外乡村旅游研究热点——近 20 年文献回顾》，《资源科学》2014 年第 1 期。

［12］ Simpson，M. C.，Community benefits tourism initiatives – A con-ceptual oxymoron ［J］．Tourism Management，2008，29（1）：

1 – 18.

[13] Bramwell, B., Sharman, A., Collaboration in local tourism olicy – making [J]. Annals of Tourism Research, 1999, 26 (2): 392 – 415. Erick.

[14] Byrd Jr. E. T.: An analysis of variables that influence stakeholder participation and support for sustainable tourism development inrural North Carolina [J]. A dissertation of Doctor of Philosophy, http://www.lib.ncsu.edu/resolver/1840.16/5365, 2003 – 11 – 13.

[15] 何景明:《国外乡村旅游研究述评——关于"乡村旅游"概念的探讨》,《西南师范大学学报》(人文社会科学版) 2002 年第 4 期。

[16] 刘德谦:《关于乡村旅游、农业旅游与民俗旅游的几点辨析》,《旅游学刊》2006 年第 3 期。

[17] 杜江、向萍:《关于乡村旅游可持续发展的思考》,《旅游学刊》1999 年第 3 期。

[18] 肖佑兴、明庆忠:《论乡村旅游的概念和类型》,《旅游科学》2001 年第 3 期。

[19] 郑文俊、周志翔:《可持续乡村旅游的基本特征及其实现途径》,《生态经济》2007 年第 9 期。

[20] 崔凤军:《实现乡村旅游可持续发展需要正确把握的七个关系》,《中国人口资源与环境》2006 年第 6 期。

[21] 王继庆、张德成:《制约我国乡村旅游业可持续发展的原因》,《中国林业经济》2008 年第 4 期。

[22] 邹统钎、马欣、张昕玲:《乡村旅游可持续发展的动力机制与政府规制》,《杭州师范学院学报》(社会科学版) 2006 年第 2 期。

[23] 王素洁、李想:《基于社会网络视角的可持续乡村旅游决策探究——以山东省潍坊市杨家埠村为例》,《中国农村经济》2011 年第 3 期。

[24] 左晓斯:《乡村旅游可持续发展的新出路——社会学的分析思

路及解决方案》,《广东社会科学》2010 年第 5 期。

[25] 张集良、邬秋艳:《乡村旅游可持续发展的关键因子研究——以长乐村、宏村、三山岛为例》,《旅游论坛》2009 年第 6 期。

[26] 陶卓民、是丽娜:《南京市旅游农业市场开发研究》,《资源开发与市场》2003 年第 4 期。

[27] 朱华:《乡村旅游利益主体研究——以成都市三圣乡红砂村观光旅游为例》,《旅游学刊》2006 年第 5 期。

[28] 胡文海:《基于利益相关者的乡村旅游开发研究——以安徽省池州市为例》,《农业经济问题》2008 年第 7 期。

[29] 李文军、马雪蓉:《自然保护地旅游经营权转让中社区获益能力的变化》,《北京大学学报》(哲学社会科学版) 2009 年第 5 期。

[30] 郭华:《乡村旅游社区利益相关者研究——基于制度变迁的视角》,暨南大学出版社 2010 年版。

[31] 宋章海、马顺卫:《社区参与乡村旅游发展的理论思考》,《山地农业生物学报》2004 年第 5 期。

[32] 王琼英:《乡村旅游的社区参与模型及保障机制》,《农村经济》2006 年第 11 期。

[33] 陈志永、李乐京、梁玉华:《乡村居民参与旅游发展的多维价值及完善建议——以贵州安顺天龙屯堡文化村为个案研究》,《旅游学刊》2007 年第 7 期。

[34] 唐代剑、池静:《中国乡村旅游研究述评》,《杭州师范学院学报》(社会科学版) 2006 年第 2 期。

[35] 郭华、甘巧林:《乡村旅游社区居民社会排斥的多维度感知——江西婺源李坑村案例的质化研究》,《旅游学刊》2011 年第 8 期。

[36] 邹统钎、王燕华、丛日芳:《乡村旅游社区主导开发(CBD)模式研究——以北京市通州区大营村为例》,《北京第二外国语学院学报》2007 年第 1 期。

［37］周永广、姜佳将、王晓平：《基于社区主导的乡村旅游内生式开发模式研究》，《旅游科学》2009 年第 4 期。

［38］张环宙、周永广、魏蕙雅等：《基于行动者网络理论的乡村旅游内生式发展的实证研究——以浙江浦江仙华山村为例》，《旅游学刊》2008 年第 2 期。

［39］郑杨、周志斌、朱莎：《近 5 年中国国内乡村旅游研究热点问题综述》，《北京第二外国语学院学报》2012 年第 5 期。

［40］王龙、武邦涛：《乡村旅游业对增加农民收入的效应分析》，《安徽农业科学》2006 年第 19 期。

［41］高谋洲：《乡村旅游促进农民增收机理探析》，《商业研究》2012 年第 5 期。

［42］董志文、张萍：《近年来中国乡村旅游研究热点综述》，《安徽农业科学》2009 年第 3 期。

［43］邹统钎：《乡村旅游推动新农村建设的模式与政策取向》，《福建农林大学学报》（哲学社会科学版）2008 年第 3 期。

［44］张遵东、章立峰：《贵州民族地区乡村旅游扶贫对农民收入的影响研究——以雷山县西江苗寨为例》，《贵州民族研究》2011 年第 6 期。

［45］梁慧：《中国乡村旅游研究的主要方向及进展》，《中国市场》2011 年第 9 期。

［46］何景明：《国内乡村旅游研究：蓬勃发展而有待深入》，《旅游学刊》2004 年第 1 期。

［47］王仰麟、祁黄雄：《区域观光农业规划的理论与案例研究》，《人文地理》1999 年第 4 期。

［48］王云才：《现代乡村景观旅游规划设计》，青岛出版社 2003 年版。

［49］熊凯：《乡村意象与乡村旅游开发刍议》，《地域研究与开发》1999 年第 4 期。

［50］吴文智、庄志民：《体验经济时代下旅游产品的设计与创新》，《旅游学刊》2003 年第 6 期。

[51] 文军、唐代剑：《乡村旅游开发研究》，《农村经济》2003 年第 10 期。

[52] 章锦河、凌善金：《黟县宏村古村落旅游形象设计研究》，《人文地理》2001 年第 3 期。

[53] 叶宝忠：《乡村旅游开发对策探析》，《理论月刊》2009 年第 5 期。

[54] 陈谨：《可持续发展的乡村旅游经济四模式》，《求索》2011 年第 3 期。

[55] 王铄：《中国和英国乡村旅游发展模式比较研究——以英国伦敦东南部乡村和中国武汉木兰山乡村旅游为例》，《桂林旅游高等专科学校学报》2007 年第 2 期。

[56] 贾跃千、周永广、吴文静：《基于盈利模式与开发模式相匹配的乡村旅游开发研究——以黄山市乡村旅游国家示范区为例》，《旅游论坛》2009 年第 2 期。

[57] 戴斌、周晓歌、梁壮平：《中国与国外乡村旅游发展模式比较研究》，《江西科技师范学院学报》2006 年第 1 期。

[58] 卢杨：《乡村旅游运营机制研究》，硕士学位论文，东北财经大学，2005 年。

[59] 郑群明、钟林生：《参与式乡村旅游开发模式探讨》，《旅游学刊》2004 年第 4 期。

[60] 李德明：《乡村旅游与农村经济互动持续发展模式与对策探析》，《人文地理》2005 年第 3 期。

[61] 王云才：《中国乡村旅游发展的新形态和新模式》，《旅游学刊》2006 年第 4 期。

[62] 赵承华：《基于文化体验的乡村旅游开发研究》，《社会科学辑刊》2011 年第 3 期。

[63] 殷平：《1997—2003 年国内乡村旅游研究文献分析》，《桂林旅游高等专科学校学报》2004 年第 5 期。

[64] 王云才：《国际乡村旅游发展的政策经验与借鉴》，《旅游学刊》2002 年第 3 期。

[65] 张环宙、许欣、周永广:《外国乡村旅游发展经验及对中国的借鉴》,《人文地理》2007 年第 5 期。

[66] 邹统钎:《中国乡村旅游发展模式研究——成都农家乐与北京民俗村的比较与对策分析》,《旅游学刊》2005 年第 3 期。

[67] 何景明:《中外乡村旅游研究:对比、反思与展望》,《农村经济》2005 年第 4 期。

[68] 郭文:《现代服务业视野下的旅游业转型升级》,《中国旅游报》2012 年 2 月 22 日第 11 版。

[69] 李锐:《我国民营企业转型升级问题研究》,博士学位论文,福建师范大学,2013 年。

[70] 谢春山、孟文、李琳琳等:《旅游产业转型升级的理论研究》,《辽宁师范大学学报》(社会科学版) 2010 年第 1 期。

[71] 郑四渭、赵云云:《基于产业融合理论的城市旅游业转型升级机制研究》,《商业研究》2010 年第 2 期。

[72] 张晶:《基于旅游产业链视角下对转型升级的思考——以贵州乡村旅游为例》,《林业经济》2012 年第 5 期。

[73] 王伟:《基于协同理论的旅行社转型升级路径》,《现代商业》2011 年第 5 期。

[74] 麻学锋:《旅游产业结构升级的动力机制与动态演化研究》,《新疆社会科学》2010 年第 3 期。

[75] 赵书虹:《技术变迁:民族地区旅游产业升级优化的途径》,《桂林旅游高等专科学校学报》2006 年第 5 期。

[76] 车玲:《促进中国旅游业升级转型》,《发展研究》2008 年第 4 期。

[77] 张文建:《市场变化格局下的旅游业态转型与创新》,《社会科学》2011 年第 2 期。

[78] 马波:《中国旅游业转型发展的若干重要问题》,《旅游学刊》2007 年第 3 期。

[79] 王大悟:《论小康社会的旅游转型》,《旅游科学》2004 年第 2 期。

［80］唐留雄：《中国旅游产业转型与旅游产业政策选择》，《财贸经济》2006 年第 12 期。

［81］麻学锋：《旅游产业转型的理性构建与自发演进》，《经济问题》2009 年第 2 期。

［82］王永和、俞铁军：《适应旅游转型需求 创造和谐发展未来》，《中国城市经济》2007 年第 7 期。

［83］钱文芳、钱文科：《区域旅游产业转型增效刍议——以海南（国际旅游岛）为例》，《中国集体经济》2008 年第 21 期。

［84］李太光、张文建：《新时期上海推动旅游业转型升级的若干思考》，《北京第二外国语学院学报》2009 年第 3 期。

［85］王起静：《转型时期我国旅游产业链的构建》，《山西财经大学学报》2005 年第 5 期。

［86］李万立：《转型时期中国旅游产业链建设浅析》，《社会科学家》2005 年第 1 期。

［87］李万立：《转型时期我国旅游供应链优化机制研究》，《桂林旅游高等专科学校学报》2007 年第 4 期。

［88］刘少和：《旅游转型研究综述及我国旅游转型发展的探讨》，《旅游论坛》2008 年第 6 期。

［89］杜江：《论我国旅游产业功能的转变》，《北京第二外国语学院学报》2004 年第 5 期。

［90］孙飒：《旅游产业转型中旅行社竞争优势新思维》，《江西农业学报》2008 年第 8 期。

［91］刘志江：《关于旅游教育与旅游业发展的适应性问题》，《旅游学刊》2003 年第 1 期。

［92］刘涛：《中国旅游业转型与升级研究综述》，《商业时代》2010 年第 11 期。

［93］吴必虎：《中国乡村旅游发展产业升级问题》，《旅游科学》2007 年第 3 期。

［94］胡敏：《我国乡村旅游专业合作组织的发展和转型——兼论乡村旅游发展模式的升级》，《旅游学刊》2009 年第 2 期。

[95] 徐福英：《新形势下我国乡村旅游转型与升级研究》，《农业经济》2010 年第 2 期。

[96] 郭文、黄震方：《乡村旅游开发背景下社区权能发展研究——基于对云南傣族园和雨崩社区两种典型案例的调查》，《旅游学刊》2011 年第 12 期。

[97] 李月丽：《湖州乡村旅游转型升级的路径选择》，《湖州师范学院学报》2012 年第 5 期。

[98] 李玉新：《基于产业协同与城乡统筹的乡村旅游转型路径——以山东省寿光市、蓬莱市、长岛县为例》，《哈尔滨商业大学学报》（社会科学版）2012 年第 6 期。

[99] 郑耀星：《基于生态文明视角对福建乡村旅游转型升级的思考》，《广东农业科学》2013 年第 7 期。

[100] 刘战慧：《韶关市乡村旅游产业转型升级的路径与对策》，《广东农业科学》2012 年第 3 期。

[101] 安传艳：《中原经济区建设背景下河南省乡村旅游转型升级路径研究》，《新乡学院学报》（社会科学版）2013 年第 4 期。

[102] 刘孝蓉：《基于产业融合的传统农业与乡村旅游互动发展模式》，《贵州农业科学》2013 年第 3 期。

[103] 杨超：《漓江流域乡村旅游产业转型升级研究》，硕士学位论文，广西师范大学，2013 年。

[104] 张碧星、赵瑞：《基于利益相关者理论的乡村旅游开发研究》，《宜春学院学报》2010 年第 3 期。

[105] 郭华：《乡村旅游社区利益相关者研究——基于制度变迁的视角》，暨南大学出版社 2010 年版。

[106] 陈志永、李乐京、梁涛：《利益相关者理论视角下的乡村旅游发展模式研究》，《经济问题探索》2008 年第 7 期。

[107] 代则光、洪名勇：《社区参与乡村旅游利益相关者分析》，《经济与管理》2009 年第 3 期。

[108] 侯晓丽、贾若祥：《乡村旅游为农耕文明注入现代活力——

全产业链模式，我国乡村旅游的新探索》，《中国经济导报》
2011 年 7 月 12 日第 4 版。

[109] 王今：《产业集聚的识别理论与方法研究》，《经济地理》
2005 年第 1 期。

[110] 钱津：《产业集群与乡村旅游发展》，《广州大学学报》（社
会科学版）2007 年第 4 期。

[111] 杨竹青：《重庆乡村旅游产业集群发展初探》，《重庆科技学
院学报》（社会科学版）2010 年第 6 期。

[112] 樊忠涛：《产业集群理论指导下的乡村旅游产业升级研究》，
《江西农业学报》2012 年第 10 期。

[113] 黄义英：《中国传统民生理论的特点分析》，《广西社会科
学》2010 年第 8 期。

[114] 龙佳解：《蒋晓东构建民生理论的价值意义》，《云南社会科
学》2010 年第 3 期。

[115] 童利娜、卢继元：《马克思主义民生理论的中国化实践》，
《重庆社会科学》2014 年第 1 期。

[116] 孙中山：《孙中山选集》，人民出版社 1981 年版。

[117] 吴忠民：《民生的基本含义及特征》，《中国党政干部论坛》
2008 年第 5 期。

[118] 杜惠敏、贾友军、张涛：《学界关于民生问题的研究》，《理
论考察》2012 年第 3 期。

[119] 刘锋：《"民生改善"引领旅游发展方式转变》，《中国旅游
报》2012 年 4 月 20 日第 11 版。

[120] 廖维俊：《发展城市旅游以提升旅游民生》，《改革与战略》
2012 年第 28 期。

[121] 王小军、张双双：《乡村旅游对农村经济的影响及发展策
略》，《农业经济》2012 年第 11 期。

[122] 卢宏：《乡村旅游与社会主义新农村建设协调发展机制初
探》，《安徽农业大学学报》（社会科学版）2013 年第 2 期。

[123] 张文、安艳艳、李娜：《我国乡村旅游发展的社会与经济效

益、问题及对策》，《北京第二外国语学院学报》2006 年第 3
期。

[124] 刘星：《乡村旅游的"四川典范"》，《四川日报》2012 年 4
月 24 日第 13 版。

[125] 贾会娟：《安图县发展乡村旅游的思考》，《吉林农业》2011
年第 9 期。

[126] 田里：《云南省乡村旅游发展研究》，中国旅游出版社 2013
年版。

[127] 曹水群：《大力发展乡村旅游是构建西藏地区和谐社会的重
要途径》，《西藏民族学院学报》（哲学社会科学版）2010 年
第 2 期。

[128] 吴昱群：《甘肃省社区参与乡村旅游发展升级研究——以景泰县
龙湾村为例》，硕士学位论文，西北师范大学，2011 年。

[129] 王三北、高亚芳：《新农村建设视角下发展西部乡村旅游的
三个向度》，《甘肃社会科学》2008 年第 2 期。

[130] 金颖若、周玲强：《东西部比较视野下的乡村旅游发展研
究》，中国社会科学出版社 2011 年版。

[131] 唐继刚：《乡村旅游"飞地化"的破解之道》，《农村工作通
讯》2012 年第 3 期。

[132] 张媛：《乡村旅游产业升级的制约因素与策略选择》，《中国
商贸》2012 年第 35 期。

[133] 温秀美：《依法治旅　依法兴旅　促进福建旅游转型升级》，
《中国旅游报》2016 年 1 月 13 日第 14 版。

[134] 李慧：《美国发展乡村旅游的经验及其对中国的启示》，《科
技广场》2012 年第 11 期。

[135] 陈雪钧：《国外乡村旅游创新发展的成功经验与借鉴》，《重
庆交通大学学报》（社会科学版）2012 年第 5 期。

[136] 苏勤：《国内外乡村旅游发展的经验借鉴》，《质量探索》
2012 年第 8 期。

[137] 娄在凤：《法国乡村休闲旅游发展的背景、特征及经验》，

《世界农业》2015 年第 5 期。

[138] 李丽娜：《西班牙乡村旅游的发展及启示》，《老区建设》2008 年第 17 期。

[139] 杨丽君：《英国乡村旅游发展的原因、特征及启示》，《世界农业》2014 年第 7 期。

[140] 谢维新、赵萍：《后工业时代旅游业转型初探》，《当代经理人》2005 年第 3 期。

[141] 陈慧娟：《乡村旅游信息化加速旅游业发展红利共享》，《中国旅游报》2016 年 1 月 1 日第 4 版。

[142] 钱春弦、王立武：《城乡共享"5+2"生活模式——就乡村旅游问题专访国家旅游局局长李金早》，新华网。

[143] 张栋：《旅游消费升级倒逼供给侧创新》，《中国旅游报》2016 年 1 月 8 日第 14 版。

[144] 方勇刚、黄蔚艳：《乡村旅游发展中利益相关者的利益及协调》，《管理观察》2014 年第 13 期。

[145] 陈志刚、孙九霞：《城市边缘区乡村旅游化动力机制分析——以山东日照城市边缘区乡村为例》，《西南民族大学学报》（人文社科版）2007 年第 3 期。

[146] 乔花芳：《乡村旅游发展的村镇空间结构效应——以武汉市石榴红村为例》，《地域研究与开发》2010 年第 3 期。

[147] 韩非、蔡建明、刘军萍：《大都市郊区乡村旅游地发展的驱动力分析》，《干旱区资源与环境》2010 年第 11 期。

[148] 赵承华：《我国乡村旅游发展中的政府行为研究》，《辽宁大学学报》（哲学社会科学版）2009 年第 5 期。

[149] 段兆雯：《乡村旅游发展动力系统研究——以西安市为例》，博士学位论文，西北农林科技大学，2012 年。

[150] 李文宁、康莉莉：《加快推进我国旅游产业转型升级》，光明网。

[151] 王吉发、冯晋、李汉铃：《企业转型的内涵研究》，《统计与决策》2006 年第 1 期。

［152］张春娥：《旅游产业运行方式转型下的产业链运行主体研究》，《科协论坛》（下半月）2008 年第 4 期。

［153］裴泽生：《发挥宣传营销在旅游发展中的重要作用》，《中国旅游报》2016 年 1 月 11 日第 14 版。

［154］刘影：《乡村旅游发展中县级政府角色定位研究——以汨罗市为例》，硕士学位论文，湖南师范大学，2014 年。

［155］蔡克信：《以社区参与推动乡村旅游精准扶贫》，第一旅游网。

［156］郑燕、李庆雷：《新形势下乡村旅游发展模式创新研究》，《安徽农业科学》2011 年第 13 期。

［157］阳宁东、邓文：《农民专业合作社在乡村社区旅游中的运用》，《农村经济》2012 年第 3 期。

［158］祁黄雄、谢钱：《基于 BCM 模型的乡村旅游企业服务质量测评》，《地理研究》2011 年第 7 期。

［159］唐欢：《移动互联网时代下成都市乡村旅游营销创新研究》，《安徽农学通报》2015 年第 21 期。

［160］杨主泉：《西部民族地区旅游产业转型升级与创新发展》，《北方经贸》2010 年第 11 期。

下　篇

专　题　研　究

陕西省乡村旅游低碳化发展研究

一 研究背景、目的与意义

低碳经济是在 20 世纪 90 年代人类为应对全球气候变暖提出的一种全新的发展理念与发展模式,其以减少温室气体(CO_2)排放,防止全球变暖为己任,以低能耗、低污染、低排放为特征,是人类社会继农业文明、工业文明之后的又一次重大进步。低碳经济的实质是提高能源利用效率、开发清洁能源、追求绿色 GDP,核心是能源技术和减排技术创新、产业结构和制度创新以及人类生存发展观念的根本性转变。2009 年哥本哈根会议以后,低碳这一概念开始受到了前所未有的关注。向低碳经济转型已经成为世界经济发展的大趋势。

旅游业向来被称为"无烟工业",但是随着旅游经济的不断发展,一些地方旅游资源遭到过度开发,旅游者、旅游企业的不当行为使得碳排放超标,对环境造成了严重破坏。国家旅游局副局长杜一力在接受采访时表示,国内旅游人数 33 亿人次、出入境人数 2 亿多人次,35 亿人次的流动,如果都采取不环保、不绿色的旅游方式,对环境将是一个巨大的威胁。世界旅游组织发表的一份技术报告称,如果旅游业仍维持现有的发展方式,在旅游业现有增长速度的情况下,到 2035 年全球旅游者数量将增加 179%,旅游部门 CO_2 的排放量将增加 152%,整个旅游部门的温室气体排放对全球变暖的贡献率将增加 188%,很明显,旅游部门目前这种对全球变暖贡献率不断增大的趋势,与未来国际社会对气候变化的控制战略是背道而驰的(蔡萌等,2009)。

2009 年 5 月,在"气候变化世界商业峰会"上,世界旅游组织与几个关键行业机构向大会呈递了《迈向低碳旅游业》的报告。这项研究报告是旅游部门为应对气候变化所采取的长期行动计划的一部分。报告呼吁各国政府、行业利益相关者和消费者应该共同提高旅行的低碳可持续性。此后，该概念在全世界迅速传播。2009 年 11 月 25 日，国务院常务会议决定，到 2020 年我国单位国内生产总值 CO_2 排放比 2005 年下降 40% 至 45%，作为约束性指标纳入国民经济和社会发展中长期规划，并制定相应的国内统计、监测、考核办法。这是中国政府向世界承诺的减排目标。2009 年 12 月国务院又通过了《关于加快发展旅游业的意见》，提出要把旅游业培育成国民经济的战略性支柱产业，要"倡导低碳旅游方式"。这是在减排的大背景下，国家为配合低碳经济发展而进行产业结构调整的一个重要信号。作为产业关联度高、带动作用突出的综合性行业，在实现减排目标上，旅游行业责无旁贷，责任重大，必须对低碳要求做出积极响应，这不仅有助于本行业健康发展，而且也必然会为国家经济社会的可持续发展做出重要贡献。目前，旅游业低碳化发展的基本共识已经形成。低碳旅游必将成为中国旅游产业升级的必要手段，逐渐成为旅游业优化产业结构的必然发展趋势。

乡村旅游是我国旅游业的重要组成部分。作为新时期农村发展和旅游业开发融合的产物，其在振兴经济、协调社会、优化生态环境和促进城乡一体化等方面的重要作用不断凸显。虽然乡村旅游对乡村性、生态性、文化性有较高的要求，但是各地在发展过程中，同样不约而同地出现了比较普遍的碳排放超标问题。乡村旅游要成为"国内旅游市场的重要支撑之一"，就必须对低碳要求做出积极响应，尽快转变发展方式，实现低碳化发展。国际权威性旅游专业刊物《旅游研究纪事》（*Annals of Tourism Research*）、《旅行研究杂志》（*Journal of Travel Research*）、《旅游管理》（*Tourism Management*）以及国内旅游研究成果发布的重要阵地《旅游学刊》、《人文地理》、《经济地理》上发文情况的统计结果表明，乡村旅游一直是近年来国内外旅游研究的热点之一，但乡村旅游的低碳化研究尚属空白。

基于以上低碳经济的发展背景、低碳旅游发展的必要性以及低碳旅游和乡村旅游低碳化发展研究领域的空白，本课题试图对低碳旅游进行一个初步的比较系统的理论分析，在此基础之上，以陕西省乡村旅游为切入点，对其低碳化发展的路径与对策进行实证研究，以期在理论上起到抛砖引玉的作用，在实践上发挥一定的指导意义。以陕西省为例的实证研究，可以为旅游管理部门提供决策依据；可以为乡村旅游经营管理者提供科学指导；从而为全省乡村旅游的科学发展做出贡献；本研究对旅游行业节能减排工作的推进、向低碳化模式的转变亦具有相应的借鉴作用。从学科建设来看，本研究拓宽了乡村旅游研究视角与领域，对于旅游经济、旅游管理诸学科的发展均具有一定的促进作用。

二　研究综述

1. 乡村旅游及其研究进展

乡村旅游是目前国内外研究的热点之一。陈辰对 *Tourism Management* 和 *Annals of Tourism Research* 上近二十年来乡村旅游方面的文献进行了梳理，发现国外的研究焦点集中在乡村旅游影响、乡村旅游发展策略、乡村旅游市场供需、乡村旅游与可持续发展的相互关系、乡村旅游利益相关者、乡村旅游的性别问题等方面。从研究方法看，体现出起步阶段以定性方法为主，发展阶段定性方法和定量方法并重，再到成熟阶段定量方法日趋复杂并精确的趋势。从研究内容看，研究对象和切入点都不断细化和深入，在住宿、营销、质量体验等方面都有专项研究。

随着乡村旅游在国内的迅速推进，我国乡村旅游研究也取得了许多有价值的成果，研究领域不断扩展，研究领域涉及乡村旅游概念界定、乡村旅游发展模式、乡村旅游利益相关者研究、乡村旅游的社区参与、乡村旅游与农村社会经济发展、乡村旅游规划与设计等方面。近年来，研究内涵不断丰富、研究视野逐步扩大，实证研究明显增多，研究方法不断创新，研究热点持续升温。从总体上来看，我国乡村旅游研究为产业发展提供了有力指导，但理论研究仍然滞后于实践发展，相关研究有待深入。国内部分学者虽然注意到了乡村旅游发展过程中出现的生态环境问题、乡村原真性的丧失、乡村旅游的可持续发展问题等，但相关研究大都以理论分析为主、期望套用生态旅游的理念来解决旅游中的生态问题，事实上由于诸多困难而流于理论上的探讨和实践上的形式操作性不强。笔者认为，低碳旅游是对生态旅游的升级，它覆盖了旅游的全过程，囊括了旅游的全方位，具有较强的操作性，从低碳化视角审视乡村旅游的可持续发展应是今后乡村旅游研究的一条现实途径。

2. 低碳旅游及其研究进展

（1）低碳旅游的概念。低碳旅游在世界范围内是一个新生概念，国内外众多学者对其概念、内涵、特征等基础性问题的研究都还处于起步和探索阶段。概括起来，国内学者对低碳旅游概念的探讨主要有以下几种看法：

"环保旅游说"：低碳旅游是"一种深层次的环保旅游，是将旅游开发、低碳理念、生态建设充分整合，以节能低碳、减少污染、生态环保为重要标志，进而形成的一种全新旅游理念和旅游形式"。（富筱琦，2009）"可持续旅游说"：低碳旅游是指"在旅游发展过程中，通过运用低碳技术、推行碳汇机制和倡导低碳旅游消费方式，以获得更高的旅游体验质量和更大的旅游经济、社会、环境效益的一种可持续旅游发展新方式"。（蔡萌、汪宇明，2010）"绿色旅游说"：低碳旅游就是"借用低碳经济的理念，以低能耗、低污染为基础的绿色旅游。它不仅对旅游资源的规划开发提出了新要求，而且对旅游者和旅游全过程提出了明确要求。它要求通过食、住、行、游、购、娱的每一个环节来体现节约能源、降低污染，以行动来诠释和谐社会、节约社会和文明社会的建设"。（刘啸，2009）"低碳经济说"：低碳旅游是"低碳经济理念在旅游业发展中的具体体现，是一种全新的旅游发展模式。它是以完整的旅游系统作为研究对象，将旅游产品服务的低碳生产与低碳消费作为主要发展内容，其目的是要实现旅游业的低碳化和可持续发展"。（石培华，2010）

以上几种低碳旅游的概念虽然表述各异，侧重点也有所不同，但也体现出了一些共同的内涵、形成了若干基本的共识：低碳旅游是一种全新的旅游理念和旅游方式；低碳旅游涉及旅游业的各个环节，囊括了旅游生产和旅游消费两个方面。低碳旅游的核心是"降低碳排放"，前提是"不降低游客的旅游体验与质量"，目的是实现"可持续发展"，实质是"低碳理念在旅游业中的具体体现"。

（2）低碳旅游的特征。低碳旅游是从低碳经济中衍生出来的，是全球气候变化背景下发展低碳经济的旅游响应方式。因此，必然具有低碳经济的基本特征，同时又有自身独有的特征：①低碳旅游的对象更加全面，不仅包含自然环境或是以自然环境因素为基础的自然景观，也包含与自然环境相联系的人文吸引物，对象上并没有明确的限定范围。②低碳旅游的关注点更明晰，着眼于降低旅游业中的碳排放量，重在"低碳"和"碳补偿"，即低碳旅游不仅关注并尽量控制旅游过程造成的负面影响，还在负面影响发生后采取碳补偿等措施抵消这种负面影响。③低碳旅游的目的性更广泛，不仅强调旅游者的身心健康，还强调对资源环境的有效保护，为旅游产业链甚至整个社会经济的可持续循环发展提供了方向。④低碳旅游实际操作性更强，技术及结果可量化、可对比，强调通过低碳技术、低碳行为、低碳消费等方式实现"低碳排放"，甚至是"零碳排放"，在整个旅游过程中有着明确、具体的做法，并且可以量化。⑤低碳旅游实际能耗更少，低碳旅游以低碳理念和低碳技术为支撑，从旅游开发、旅游经营管理到旅游消费各个环节都贯穿低碳理念，充分运用低碳节能技术。

低碳旅游与生态旅游既有联系又有区别。世界旅游组织对生态旅游的定义是：以生态为基础的旅游，是专项自然旅游的一种形式。强调组织小规模旅游者参观保护区或者其他有传统文化吸引力的地方。生态旅游被认为是解决旅游环境问题的有效途径，并被寄予厚望。但事实上，生态旅游的发展实践与人们的美好预期并没有同步而至。究其原因，生态旅游更多地体现为一种发展理念和对旅游者一方在道德层面的一种要求，在实际操作中还存在诸多困难并具有较大的弹性。低碳旅游和生态旅游具有相同的理念，即遵循人与自然的和谐，追求可持续发展，但是它们又具有不同侧重点。低碳旅游基于生态文明理念，其核心思想是节能减排，侧重强调减少碳排放量，以应对气候变暖；生态旅游的核心思想是以自然为基础的活动，侧重强调对自然景观的保护和开发。（郑琳琳）从旅游目的地、旅游规模等方面对生态旅游和低碳旅游进行比较发现，生态旅游的目的地是一些保护完整的自然和人文生态系统，而低碳旅游体现在整个旅游过程中，不存在目的地限制；生态旅游强调小型化，而低碳旅游不涉及旅游规模，强调旅游过程全方位的低碳化。（黄文胜、廖忠明）2010 年低碳旅游不仅对旅游资源的规划开发提出了新要求，而且对旅游企业、旅游者和旅游全过程提出了明确要求，它要求通过食、住、行、游、购、娱的每一个环节来体现节约能源、降低污染，以行动来诠释和谐社会、节约社会和文明社会的建设。相形之下，低碳旅游是一种高层次的、深度的生态旅游，是目前最可行的、可量化的可持续旅游发展形势。（梅燕）

（3）低碳旅游研究进展。低碳旅游（low‐carbon tourism）是继可持续旅游（sustainable tourism）、绿色旅游（green tourism）、生态旅游（ecological tourism）、生态足迹（ecological footprint）之后最热门的研究课题，也成为低碳经济研究、可持续发展研究、和谐发展研究最活跃的研究领域之一。

目前，国外关于低碳旅游的研究主要集中在以下三个方面：一是旅游业与全球气候变化关系及其相互影响研究。如 Susanne 等认为，旅游业能源消耗量与旅游者行为具有很强的相关性，旅游者选择不同的出游方式、不同的住宿设施甚至是饮食方式等都影响旅游过程的能源消耗和气候变化。Paul 等研究发现旅游者对全球 CO_2 的排放负有 4.4% 的责任，并且预计在 2005—2035 年的三十年间，这一影响会继续按每年 3.2% 的速度增长。他们认为现有应对方案不能够显著降低旅游给气候变化带来的影响，应该寻求更为科学的减碳方案。二是旅游业碳排放的定量测算研究。Karen 等对英国航空税的研究表明，如果用碳税代替登机税的话，在相同的收入水平下，航空业的碳排放会不增反降。Smith 等以新西兰为研究案例，第一次从国家层面对旅游航空运输业导致的 CO_2 排放量进行了测算。Kuo 等利用 LCA（a life cycle assessment）评价方法对旅游业的能源使用、温室气体排放量、废水、固体废弃物等进行定量研究，结果表明旅游者消耗量与废弃排放量均超过当地居民日常用量。三是低碳旅游的发展策略研究。Bristow 等从交通工具的视角研究英国实行低碳的发展策略，预计到 2050 年建立一个预测碳排放影响的信息系统。Stefan 等认为，完善餐饮管理可以减少碳排放，目前餐饮供应商可以从购买、准备和烹饪食品方面进行完善，未来的研究希望从食品管理的深层次角度减少旅游业的碳足迹。Lin 在对台湾地区的五个国家公园数据分析结果中发现私家车的碳排放危害程度大于其他交通工具。交通对于旅游部门中能源的使用和二氧化碳的排放量有着深远的影响，旅游交通的碳减排措施有两种：提倡使用公共交通，加大运输率并且鼓励短程旅游。

在国内，2009 年 5 月刘啸发表了我国最早以低碳旅游为题的学术论文，提出旅游业持续发展的目标应该是低碳旅游。此后，低碳旅游在中国得到越来越多的关注，相关的研究和成果急剧增多，但这些文献大多以新闻报道居多。从学术研究视角来看，研究者们界定了低碳旅游的概念与内涵、归纳出了低碳旅游的特征、分析了低碳旅游的意义、构建出实施低碳旅游的基本路径，并对多个地方进行了低碳旅游发展的个案研究；另有部分学者初步从酒店行业的减碳减排角度进行分析，有的从旅游景区的低碳化角度进行探索，还有的则从设计低碳旅游产品的角度加以透视，等等。总体来看，近几年国内的研究主要还停留在对国外低碳旅游研究的引介以及针对具体地理区域旅游业低碳化发展的宏观分析上，少有以定量化手段为基础的深度研究。

综上所述，国内外关于低碳旅游的理论研究均处于探索阶段，研究成果较少。其中，国外相关研究起步较早，研究内容主要集中于旅游部门碳排放的测定、旅游过程中碳足迹的调查、低碳旅游的实施路径等，研究方法主要以实证研究法为主，研究成果更具有科学性和可操作性。国内针对低碳旅游的研究起步相对较晚，研究内容主要集中于低碳旅游的概念、实施路径等方面，研究方法以定性描述为主。为促进低碳旅游的可持续发展，今后应进一步重视对低碳旅游基础理论研究，加强低碳旅游的定量研究（如旅游业能源消耗和碳排放测度等），同时注重低碳旅游研究方法创新与多学科综合应用等。

三　研究思路与方法

1. 研究思路

首先，通过面上调查，掌握全省乡村旅游发展现状及其碳排放的基本表现与主要途径。其次，选取具有代表性、典型性的不同类型乡村旅游地，分别对其碳排放情况进行测度与评价，并以此为基础对全省乡村旅游排放情况、低碳发展水平作出整体判断。再次，对全省乡村旅游转向低碳化发展具有的优势、劣势，面临的机遇、挑战进行全面分析。最后，提出陕西省乡村旅游低碳化发展的对策建议。

2. 研究方法

（1）考虑到旅游产业的综合性、多样性和分散性，乡村旅游统计工作的缺位，低碳旅游又为一新生事物，要科学计算出乡村旅游的碳排放量必然面临数据不足、资料缺失以及技术手段的限制等诸多困难，课题组采用点面结合的方式进行了调查。面上调查主要采用实际考察、入户访谈等手段；点上调查是在识别出乡村旅游地碳排放主要影响因素的基础上，构建评价指标体系，通过问卷调查和专家打分，采用定性与定量相结合的方法，综合分析判断乡村旅游地碳排放各指标的表现与整体水平。

（2）采用 SWOT 分析法，对陕西省乡村旅游低碳化发展的优势、劣势、机遇、挑战进行逐一分析，并根据不同组合给出低碳化发展战略的不同选项。

四　陕西省乡村旅游发展现状及其碳排放的主要途径

1. 陕西省乡村旅游发展现状

乡村旅游在陕西省经济社会发展中居于非常重要的地位。"十一五"期间，陕西省委、省政府把乡村旅游作为经济发展的重要增长极，通过科学规划，巧妙策划，注入文化，精心打造，强化营销等方式，实现了农业与旅游业的良性互动发展，成功地探索出了"政府统筹、部门联动、市场引导、协会主体、农户参与"的乡村旅游发展新模式。2007 年 5 月，陕西省成立了由省农业厅、省旅游局组成的陕西省乡村旅游工作领导小组，省政府先后三次召开了陕西省乡村旅游发展工作会议。2007 年先后制定下发了《陕西省旅游局、陕西省农业厅关于大力推进乡村旅游发展的通知》、《陕西省乡村旅游发展工作指导意见》、《陕西省创建旅游强县工作指导意见》、《陕西省农家乐工作指导意见》等五个乡村旅游发展指导性政策文件，省发改委、财政、农业、林业、水利、建设、交通、扶贫等相关部门也相继出台了一系列有利于发展乡村旅游、帮助农民增收致富的相关政策性文件。省旅游局先后制定了《陕西乡村旅游示范村评定标准及评分细则》、《陕西乡村旅游示范村服务指南》、《陕西旅游特色名镇评定标准及评分细则》、《陕西省农家乐旅游星级评定管理办法》、《陕西省农家乐旅游星级划分与评定标准》、《陕西省农家乐旅游星级评分细则》等规范性文件，加强了乡村旅游的标准化建设和规范化管理。"十一五"期间，全省以项目为依托，不断加大了对乡村旅游的投资力度。截至目前，陕西已选出了 110 个乡村旅游重点项目，总投资达 9.18 亿元人民币。省财政 2007—2011 年共拨付 2000 万元对其中 120 个项目给予了引导性投入。

在一系列强有力的政策、资金扶持下，陕西乡村旅游焕发出蓬勃的生机。"十一五"期间，陕西省已培育国家级"旅游强县"4个，省级"旅游强县（区）"22 个，创建省级旅游示范试点县 7个；"农业观光旅游示范区"30 个，陕西省乡村旅游示范村 47 个；2010 年"农家乐"经营户已发展至 1.37 万多户，年接待旅游者达2500 万人次，年直接经营收入达 15 亿元以上，直接从业人员已超过 6.6 万人，间接从业人员突破 25 万人。岐山北郭村、户县东韩村、长安上王村、宝鸡关中风情园、礼泉袁家村关中印象体验地、汉滨区毛坝田园、白水富卓苹果人家、西乡樱桃沟、城固橘园及陈炉古镇、青木川、华阳古镇、凤凰古镇、后柳古镇等一大批特色鲜明、独具规模的乡村旅游点和特色旅游名镇（村）纷纷涌现，极大地丰富了陕西乡村旅游的产品体系。乡村旅游成为全省新兴产业和旅游经济新的增长点，在统筹城乡发展、促进社会主义新农村建设中发挥了巨大作用。

2. 乡村旅游碳排放的基本表现与主要途径

乡村旅游地碳排放应该是当地居民日常的生产、生活活动与旅游活动的加总。由旅游活动所引致的碳排放则主要表现在以下几个方面：

（1）景区的不当开发和运营，破坏环境导致高碳化。具体表现在开发乡村旅游资源时，缺乏深入调研和科学规划，旅游项目的开发不能较好地从当地资源优势等实际情况出发，而是采取"拿来主义"，生搬硬套，缺乏文化内涵和地域特色，轻视旅游环境保护，对一些品位较高的旅游资源造成了开发性破坏。同时在乡村旅游快速发展过程中，景区旅游资源的人工化、商业化现象越来越突出，景区建设城镇化倾向明显，"视觉"污染和"行为"污染日益严重，景区盲目扩建、上马高能耗项目，无视对旅游发展环境的客观保护作用。这些盲目开发行为正在吞噬乡村旅游资源，导致乡村旅游景区自然和文化生态环境的不可修复性破坏，同时也致使其碳汇能力大大降低，因此不符合低碳旅游的发展要求。

（2）旅游企业在"食、宿"等环节普遍存在高碳化。餐饮和住宿是乡村旅游产品的重要内容，是影响乡村旅游地排碳量的重要因素之一。在"热点"乡村旅游地，社区居民大多放弃了传统生计，从事旅游接待工作。餐饮食材逆本土化，忽视环保，摒弃了低碳理念，加工过程等多环节均有高碳化倾向。"乡土性"是乡村旅游的本质特征和灵魂，但是陕西省部分乡村旅游地的乡村性退化严重，城市化特征不断凸显。调查发现，许多乡村旅游地、旅游企业、农家乐接待户盲目追求外观，忽视了乡村旅游建筑物在体量、用料、风格上与环境意境的协调性，而乡村建筑物自身在天然采光、温控及空气净化方面的天然低碳优势得不到彰显，乡村旅游酒店及一般住宿接待像城市酒店一样能耗高、碳耗大，高碳化倾向明显。此外，乡村旅游地生活污水随意排放、固体垃圾处理不当或不处理的问题非常普遍。

（3）乡村旅游地内外部交通工具高碳化排放严重。交通工具是旅游业碳排放的主要源头之一，乡村旅游同样如此。随着人们经济能力和生活水平的提高，私家车数量不断增加。由于乡村旅游地多在远离城市的偏远地带，公共交通工具发展存在着这样那样的不足，因此大部分的旅游者都会选择乘坐私家车作为交通工具，这样就造成了旅游活动过程中严重的尾气污染。在一些规模较大的乡村旅游地内部，过度迎合旅游者需求，放弃了乡村人力、畜力车等特种交通工具在低能耗上的优势，随意增加机动车或高耗能交通工具，造成了景区内部温室气体及污染物排放量的剧增。

（4）旅游者行为的高碳化普遍存在。只要有人类出现的地方，就会有碳排放的存在。在乡村旅游活动中，人们的一些活动和行为正在破坏着自然环境，例如，人们随手丢垃圾、随意践踏花草树木、对水电的浪费行为等都无时无刻不在增加着碳排量。特别是大量旅游者进入乡村旅游景区，必然要发生消费能源、排放废水、固体废弃物等旅游行为。在许多乡村旅游地，因为节假日旅游者蜂拥而至，大量聚集而超过了乡村旅游地的环境接待能力，导致了碳排放量的增加，并造成比较严重的生态破坏和环境污染。

（5）节能减排技术应用的严重不足。受经济发展水平的影响，不少乡村旅游景区对于各种清洁能源的利用和节能减排技术的应用严重不足。如一些乡村饭店使用老式灶具，直接燃烧秸秆、木柴等从事餐饮生产，不仅由于燃料燃烧不充分，热利用率低，造成资源的大量浪费，而且其排放的气体还污染了环境，使人体健康受到了威胁。又如发展乡村旅游所产生的大量生活垃圾，由于缺乏必要的污水、垃圾处理设施，污水未经处理直接排入河流，使河水发黑发臭，垃圾乱倒乱堆，二次污染现象严重，乡村旅游景区的生态环境受到了严重的影响。

五 陕西省典型乡村旅游地碳排放的测度与评价

1. 基本思路

一般而言，可从产业、区域两个不同的视角出发进行测度。在某个时间断面，根据乡村旅游业占区域旅游业的比重及其碳排放强度做出一个大概的估计。以这样一种方法所作出的测度，有利于从宏观上、大尺度对乡村旅游的碳排放情况进行把握。另一种方法思路就是建立一个测评体系，针对某一具体的乡村旅游地（景区）进行实际调查与计算。但这两种方法在数据获取和具体操作上均存在较大困难。本研究认为，识别出乡村旅游地碳排放的主要影响因素，据此建立评价的指标体系并确定权重，然后设计出相关问题，通过问卷调查，以专家打分的方式，采用定性与定量相结合的方法，来评判乡村旅游地碳排放情况应该是一种不错的选择。这种方法的缺点是不能给出具体乡村旅游地碳排放的精确数量。但其优点是简单易行，具有较好的操作性与实用性，测量结果能帮助乡村旅游地从纵横两个方面对其碳排放情况进行比较分析，也可以为旅游管理部门实施科学的监督管理提供依据。

2. 指标体系

（1）指标选取遵循的原则。①科学性。指标体系应能全面涵盖低碳旅游发展目标的内涵和目标的实现程度。②代表性。指标应简洁、系统、有代表性；要能全面反映低碳旅游效益。③可操作性。数据容易获取，或者可以以合理成本获得。④定性与定量相结合原则。以定量评价指标为主，但考虑到指标体系涉及面广，对于无法直接量化的指标，可采用一些主观评价指标。

（2）建立指标体系并确定权重。借鉴李晓琴（2012）、杨娟（2012）、陈海珊（2012）、周常春（2012）等有关低碳旅游景区以及低碳旅游发展评价的相关思路与建议，结合乡村旅游特征、陕西省乡村发展的实际，利用专家咨询法和层次分析法（AHP），确定了下列各个指标及其权重。（通过引入 Saayt 教授提出的 1—9 标度法对不同评价指标进行两两比较，构建判断矩阵，并对判断矩阵，整体一致性进行了检验）

（3）指标的解释。经济指标直接衡量乡村旅游对居民的重要程度，间接衡量乡村旅游地向低碳转型的能力与潜力。环境指标既关注乡村旅游地的低碳本底，又关注其环境质量发展水平。运营指标与乡村旅游地企业、农家乐接待户的经营行为、低碳投入以及旅游者的消费模式紧密相关。技术指标反映乡村旅游地对节能减排技术的现实采用情况。低碳转型离不开管理体制的规范与政策工具的推动，管理指标可以通过乡村旅游地是否将低碳化纳入了发展规划、是否对经营者、居民、旅游者进行低碳知识的宣传与介绍、是否从事"碳补偿"活动等来衡量。

表1 乡村旅游地低碳化评价指标体系

	一级指标（w）	二级指标（w）
乡村旅游地低碳评价的指标体系	低碳经济指标（0.0947）	旅游从业人员比重（0.3716）
		居民人均收入（0.3305）
		旅游商品的本地化（0.2979）
	低碳环境指标（0.1371）	植被覆盖情况（0.6112）
		空气质量等级（0.3888）
	低碳化运营指标（0.4465）	二次能源及天然能源使用（0.3027）
		低碳材料使用（0.2110）
		低碳交通工具的选择（0.4224）
		景区道路绿化率（0.0413）
		生态停车场的面积（0.0226）
	低碳技术指标（0.2053）	节水循环利用（0.2936）
		污水排放处理（0.2816）
		固体垃圾循环利用（0.4248）
	低碳管理指标（0.1164）	低碳建设规划（0.2731）
		低碳知识的宣传和介绍（0.3329）
		景区"碳补偿"活动（0.3940）

3. 测度方法

上述指标体系建立以后，将16个指标分别设计成16个问题，根据低碳化程度的不同将每个问题的答案设置为 A、B、C、D、E 五个量级选项。五个量级选项对应的分值段分别为：（80，100]、（60，80]、（40，60]、（20，40]、（0，20]。选取一定数量的专家（包括旅游专家、乡村旅游地管理人员、经营者等），根据景区各项指标的表现状况对各项指标进行评分。

设具体乡村旅游地低碳程度为 K，则 $K = \sum_{i=1}^{18} G_i F_i G_i$ 表示权重，F_i 表示每一个指标的得分。为了兼顾每个乡村旅游地得分的最大公正性，可以请多位专家打分，最终每个乡村旅游地低碳水平得分为专家评分的算术平均值，即：

乡村旅游地低碳化得分 = 专家评分/专家的位数

根据各个乡村旅游地分值的高低，可对其低碳水平进行检测。低碳水平可简单区分为以下四个等级：

表2　　　　　　　　　乡村旅游地低碳化等级分类

等级划分	一级低碳旅游地	二级低碳旅游地	三级低碳旅游地	四级低碳旅游地
分级标准	（85，100]	（70，85]	（50，70]	（0，50]
评价说明	低碳景区，需保持	低碳化水平较高，仍有潜力	低碳水平不足，需要提高	高碳景区，急需改善

4. 面向典型乡村旅游地的实证分析

实证研究拟选取西安市长安区上王村、咸阳市礼泉县袁家村、宝鸡市岐山县北郭村作为案例地。原因在于，这三个村子乡村旅游发展较早、规模较大、声誉较高，它们的发展情况能反映全省乡村旅游低碳化发展的最高水平，因而在全省乡村旅游地中具有典型性和代表性。

（1）长安区上王村农家乐旅游

上王村隶属长安区滦镇街办，位于秦岭清华山下，北有环山公路擦肩而过，西邻210国道；地理位置优越，交通便利，环境优美，空气清新。全村包括3个村民小组，163户，总人口596人，2010

年年底，全村经济总年收入达到 1100 万元，人均收入达到 16000
元。上王村农家乐旅游始于 2003 年，目前经营户已达到 98 家，成
为西安市农家乐旅游的典型代表、陕西省乡村旅游示范村。近年
来，上王村不断提高饮食水平、突出农家特色，大部分接待户的住
宿条件达到了星级标准。全村在节能减排、低碳化发展方面也做出
了持续努力。目前，上王村村容村貌整洁有序，绿化率达到 40%，
垃圾、污水得到科学处理，太阳能、沼气等洁净能源开始全面推
广，整体旅游环境不断优化。

在充分了解上王村农家乐旅游的基础上，结合前述评价指标以
及评分标准，请旅游专家对其打分，最终得到上王村农家乐旅游低
碳化的评价结果（见表 3）。

利用前述公式，通过求和计算，得到上王村的综合得分为：
$K = 61.014$。其中五个一级指标得分分别为：低碳经济指标：
8.433；低碳环境指标：12.339；低碳运营指标：26.090；低碳技
术指标：12.563；低碳管理指标：1.589。根据前面对低碳景区的
分类，上王村总得分介于 50—70 分之间，属于三级低碳旅游地，低
碳水平不足，需要提高。从一级指标的得分情况可以看到，上王村
在日常的低碳化运营与低碳技术的采用上表现平平，需要从多个方
面予以提高；在低碳管理方面严重滞后，尤其是低碳知识的宣传普
及、"碳补偿"活动急需跟进，此外，如何将上王村打造成低碳、
可持续发展型需要从规划高度作出安排。上王村生态环境本底和资
源禀赋很好，经济能力强，向低碳乡村旅游地转型具有很好的基础
和能力。

表 3 　　　　　　　　　　**上王村乡村旅游低碳化综合评分表**

指标	指标现状	打分	总得分
1. 旅游从业人员比重	90% 以上的村民从事旅游接待	95	3.3431
2. 居民人均收入	16000 元以上	95	2.9733
3. 旅游商品的本地化	食材主要由本地供应	75	2.1158
4. 植被覆盖率	植被覆盖良好，大于 80%	90	7.5416

续表

指标	指标现状	打分	总得分
5. 空气质量	优	90	4.7974
6. 二次能源及天然能源使用	无一次能源使用，部分农户开始使用天然、清洁能源	75	10.1367
7. 低碳材料使用	较低	50	4.7106
8. 低碳交通工具的选择	自驾游为主，公共交通量较少	50	9.4301
9. 景区道路绿化率	一般	60	1.1064
10. 生态停车场面积	3500m^2，较好	70	0.7064
11. 节水循环利用	浪费严重，循环利用程度很低	40	2.4110
12. 污水排放处理	有污水处理厂，随意排放可见	70	4.0469
13. 固体垃圾循环利用	予以集中，进行了无害化处理	70	6.1048
14. 低碳建设规划	无，但涉及可持续发展	50	1.5894
15. 低碳知识的宣传和介绍	无	0	0.0000
16. "碳补偿"活动	无	0	0.0000

（2）礼泉县袁家村关中印象体验地

礼泉县烟霞镇袁家村坐落在举世闻名的唐太宗李世民陵山下，处在西安咸半小时经济圈内，312 国道、银武高速、陇海铁路近在咫尺、107 省道、关中旅游环线、唐昭陵旅游专线从附近经过，交通十分便利。袁家村是全国村镇建设先进单位，陕西省新农村示范村、"一村一品"农家乐明星村、国家级生态示范村。2007 年，村上建成占地 160 亩，集餐饮、观光、休闲娱乐于一体的关中印象体验地、村史博物馆、唐保宁寺，此后，该村民俗旅游发展迅速。2010 年全村农民人均纯收入 17800 元，农家乐发展到 48 户。2010 年，袁家村荣获农业部首批 10 个中国最具魅力休闲乡村称号，已经成为陕西关中民俗旅游的典型代表。

以下是对袁家村民俗旅游低碳化发展情况的评价结果（见表4）。

利用前述公式，通过求和计算，袁家村的综合得分为：K = 55.375。其中五个一级指标得分分别为：低碳经济指标：8.554；低碳环境指标：9.292；低碳运营指标：20.301；低碳技术指标：

14.6156；低碳管理指标：2.613。结果显示：袁家村总得分介于50—70分之间，也属于三级低碳旅游地，低碳水平不足，需要提高。从一级指标的得分情况来看：袁家村在日常的低碳化运营与低碳技术的采用上表现平平，需要从多个方面予以提高；在低碳管理方面同样严重滞后，尤其是低碳知识的宣传普及、"碳补偿"活动急需跟进。袁家村生态环境本底和资源禀赋不如上王村，但在创建国家级生态示范村的过程中，有较大投入，在低碳技术的采用方面相对较好；袁家村经济实力雄厚，今后向低碳乡村旅游地转型也具有很好的基础和能力。

表4 　　　　　　　　　　**袁家村乡村旅游低碳化综合评分表**

指标	指标现状	打分	总得分
1. 旅游从业人员比重	有75%上的农户从事旅游接待	90	3.1671
2. 居民人均收入	18000元以上	100	3.1298
3. 旅游商品的本地化	食材、绿色旅游产品主要由本地供应	80	2.2569
4. 植被覆盖率	植被覆盖一般	60	5.0277
5. 空气质量等级	良	80	4.2644
6. 二次能源及天然能源使用	基本无一次能源使用，农户开始使用天然、清洁能源	75	10.1367
7. 低碳材料使用	较低	40	3.7685
8. 低碳交通工具的选择	自驾游为主，公共交通量极少	30	5.6580
9. 景区道路绿化率	较低	40	0.7376
10. 生态停车场面积	无	0	0
11. 节水循环利用	浪费普遍，循环利用程度较低	50	3.0138
12. 污水排放处理	生活污水化粪池处理，综合利用	80	4.6250
13. 固体垃圾循环利用	予以清运，进行了无害化处理	80	6.9769
14. 低碳建设规划	无，国家级生态示范村达标	70	2.2252
15. 低碳知识的宣传和介绍	有一些	10	0.3875
16. "碳补偿"活动	无	0	0.0000

（3）岐山县北郭民俗小吃示范村

　　北郭村南距岐山县城 3 公里，北与国家 AAAA 级旅游景区——周公庙风景名胜区相毗邻，是周公故里，也是中华文明的发祥地。该村大力发展民俗旅游产业，以岐山臊子面为龙头的"一村一品"特色产业已成为中国西部一大亮点，被誉为"陕西民俗第一村"。截至 2010 年，全村农家乐民俗餐饮接待户达 330 余户，年可接待游客 80 万人次，全村农民人均纯收入近 11000 元。近年来，北郭村投入巨资，先后实施了绿化、亮化和污染物治理工程，建设了封闭式垃圾台，安装了太阳能路灯，建设了人工湿地废水处理工程，极大地优化了村庄环境，经济效益与社会效益大幅提高。北郭村先后被命名为"陕西乡村旅游示范村"、"陕西省一村一品农家乐明星村"、"宝鸡市十大最美乡村"、"2011 中国最有魅力休闲乡村"等。以下是对北郭村低碳化发展情况的评价结果（见表 5）。

表 5　　　　　　　　　北郭村乡村旅游低碳化综合评分表

指标	指标现状	打分	总得分
1. 旅游从业人员比重	有 85% 上的农户从事旅游接待	95	3.4331
2. 居民人均收入	11000 元左右	90	2.8169
3. 旅游商品的本地化	食材、绿色旅游产品大部由本地供应	90	2.5390
4. 植被覆盖率	植被覆盖一般	70	5.8657
5. 空气质量等级	优	90	4.7974
6. 二次能源及天然能源使用	农户大面积使用天然、清洁能源	90	12.1640
7. 低碳材料使用	较低	40	3.7685
8. 低碳交通工具的选择	自驾游为主，公共交通量也较多	60	11.3160
9. 景区道路绿化率	较高，达到 98%	80	1.4752
10. 生态停车场面积	无	0	0
11. 节水循环利用	浪费一般，循环利用程度一般	60	3.6166
12. 污水排放处理	生活污水生态化处理	90	5.2031
13. 固体垃圾循环利用	予以清运，进行了无害化处理	80	6.9769
14. 低碳建设规划	无，但涉及可持续发展	50	1.5894
15. 低碳知识的宣传和介绍	有一些	10	0.3875
16. "碳补偿"活动	有一些	30	1.3619

利用前述公式，通过求和计算，得到北郭村的综合得分为：
$K = 67.312$。其中五个一级指标得分分别为：低碳经济指标：
8.789；低碳环境指标：10.661；低碳运营指标：28.724；低碳技
术指标：15.797；低碳管理指标：3.339。北郭村总得分介于50—
70分之间，也属于三级低碳旅游地。从一级指标的得分情况可以看
到，北郭村在日常的低碳化运营与低碳技术的采用上虽总体水平仍
然较低，但有一些亮点，如天然、清洁能源使用率较高，生活污水
生态化处理工作做得较好等；在低碳管理方面已经做了一些工作，
尤其是在碳补偿方面值得肯定，但低碳化发展仍需要从规划高度作
出安排。北郭村也具有向低碳乡村旅游地转型很好的基础和能力。

（4）上王村、袁家村、北郭村的比较分析

将三个村乡村旅游低碳化的各个一级指标得分及实现程度进行
比较（见表6），可以发现，三个村低碳化水平都在低位，均归于三
级低碳旅游景区。从经济指标看，三个村经济实力都比较雄厚，有
了较好的积累，为今后向低碳化发展准备了物质条件。从环境指标
看，上王村地理位置优越，天赋较好；袁家村、北郭村相对欠缺，
需要更多的后天努力。运营指标和技术指标权重最大，在乡村旅游
地低碳化发展中居于核心地位，但三个村实现程度都比较低，与完
全低碳化有较大的差距，这也是今后需要努力改进的方面（向）。
从管理指标看，三个村实现程度最低，这说明要在规划制定、观念
转变、机制建立、行动落实方面大力投入。

5. 陕西省乡村旅游低碳化水平的总体判断

（1）面上调查结果表明：陕西省乡村旅游地发展过程中的碳排
放主要表现在以下几个方面：自驾车旅游者日益剧增，能源消耗突
出；在乡村旅游景区的开发建设中，对乡村生态环境和乡村景观破
坏严重；乡村旅游地低碳技术采用不足，大量设施和日常运营处于
高碳化；乡村旅游消费中的浪费现象普遍，奢华之风盛行，助长了
碳排放量的不断攀升；社区、经营管理者、旅游者低碳意识欠缺，
低碳还没有纳入当地发展规划之中。

表6   三个村乡村旅游低碳化综合分析表

	指标	满分	上王村	实现程度	袁家村	实现程度	北郭村	实现程度
低碳评价的指标体系	低碳经济指标	9.47	8.433	89.04%	8.554	90.33%	8.789	92.81%
	低碳环境指标	13.71	12.339	90.00%	9.292	67.78%	10.663	77.77%
	低碳运营指标	44.65	26.090	58.43%	20.301	45.47%	28.724	64.34%
	低碳技术指标	20.53	12.563	61.19%	14.616	71.19%	15.797	76.94%
	低碳管理指标	11.64	1.589	13.65%	2.613	22.45%	3.339	28.68%
综合得分		100	61.014	61.01%	55.375	55.38%	67.312	67.31%

（2）点上测度结果显示：陕西省乡村旅游地低碳化发展水平总体处于低位。上王村、袁家村、北郭村是全省乡村旅游发展的典型代表，但实际调查、分析的结果不容乐观。发展程度和水平较高的乡村旅游地其低碳化水平尚且如此，其他旅游地低碳化水平就可想而知了。

（3）低碳化运营、低碳技术创新与采用以及规划、管理、宣传等是目前陕西省乡村旅游低碳化发展的短板。全省乡村旅游要实现健康发展，就必须对低碳化要求做出积极响应，尽快转变发展方式，尤其是要在上述几个方面实现突破。

六　陕西省乡村旅游低碳化发展的SWOT分析

SWOT是一种战略分析方法，通过对被分析对象的优势、劣势、机会和威胁等加以综合评估与分析，最终确定其综合发展的战略决策。

1. 优势分析

（1）城乡居民出游的交通条件不断改善。"十一五"期间，陕西省航空、铁路、公路事业加速发展，高密度、立体化、网络化的交通体系基本形成。目前，全省十市一区包括81个县均实现高速公路贯通，总里程达到3403公里；省内已经实现了西安到各市、到周边省会城市当日达到，陕西的一日交通圈已经基本形成。

（2）旅游经济快速发展。近年来，陕西经济保持快速增长，速度、总量均跻身全国第一方针；全省旅游业也实现了持续、快速、健康发展。2010年全省接待入境旅游者212.2万人次，国内旅游者14354万人次，旅游业总收入达到983.9亿元，年均增长分别达到18%、19.1%和22.7%。全省城乡居民外出旅游热情不断高涨，节假日近程短时旅游已经呈现常态化。

（3）环保工作得到高度重视，工作力度和投入力度持续加大。截至2010年年底，全省二氧化硫、化学需氧量相对2005年分别削减15.55%和12.18%，超额完成"十一五"减排任务29.6%和21.8%。完成率分列全国第11位和第10位，在西部均列第1位。"十一五"期间，环保惠民工程不断显效，影响经济社会发展的区域性突出环境问题有效解决，农村环保工作稳健起步。

（4）低碳试点省具有的政策优势。陕西是国内最早进行低碳探索实践的省份。2006年陕西被国家确定为《中国应对气候变化国家方案》向地方推广活动项目试点省之一。《陕西省应对气候变化方案》系统提出了全省应对气候变化，推广低碳发展的指导思想、基本原则、具体目标和实施方法。《陕西省节约能源条例》、《陕西省建筑节能条例》、《陕西省进一步加快新能源发展的若干意见》等政策法规陆续出台；政策鼓励、资金扶持、贴息补助、技术支持等多种措施持续跟进。2010年陕西又被国家确定为低碳试点省，低碳发展正式成为全省未来经济转型的方向。《陕西省低碳试点实施方案》确立了"十二五"和2020年低碳发展目标、任务、指导思想和建设原则，确定了从技术、产业、政策、人才、国际交流等多方面开展低碳试点，引导低碳发展的思路。《陕西省国民经济和社会发展第十二个五年规划纲要》提出，"要大幅降低能源消耗和二氧化碳排放强度，创建国家低碳示范省，'十二五'期间二氧化碳排放量下降15%"。可见，低碳发展、低碳经济已经成为陕西经济工作的基本原则和价值取向。上述政策措施将为全省经济顺利转型、实现经济可持续发展提供强有力的政策保障，也为全省旅游业提升综合竞争力，实现低碳化发展提供了强有力的政策保障。

2. 劣势分析

（1）低碳旅游发展的理论和实践基础比较缺乏。在旅游领域，陕西处于低碳实践的起步阶段，经验不足，相关机制尚待建立。在实践层面上，许多旅游企业尚处于摸索之中，多数旅游者还不知低碳旅游为何物。目前，全省还没有采取有效的机制，也没有明确地从规划层面安排设计全省旅游业的低碳化发展路径。

（2）低碳旅游发展的专业化人才十分匮乏。旅游从业人员，不管是经营人员还是管理人员，往往优先考虑经济效益，对低碳环保的重要性缺乏清醒的认识。

（3）公众的监督意识薄弱。低碳旅游及相关的政策、法规的实现与推行，以至于低碳旅游的实践，需要公民的支持与监督。然而，就目前现实情况来看，我国许多公民缺乏社会监督意识，对高碳旅游的行为缺乏应有的制约与监督，从而影响到了低碳旅游的真正推广和开展。

（4）传统生活方式转变困难。多年的现代化生活方式，使人们养成了用高耗能来维持生活舒适度的习惯，但越舒适、越高档的生活方式，排碳量也就越高。所以说如何树立低碳意识、践行低碳理念，从日常生活的小事做起来改变传统的耗能、高碳的生活习惯，还要保证生活质量不受影响，对普通百姓来说也需要一个漫长的认识和适应过程。

（5）高碳经济背景下旅游产业的低碳化发展较难迅速进入决策者视野。陕西是我国重要的能源基地和装备制造业基地。能源化工和有色金属产业是陕西的支柱产业之一，也是推动陕西经济发展的重要引擎。由于煤炭资源丰富，陕西的能源消费在客观上形成了以煤为主的结构，并过度依赖煤炭。按照相关数据进行计算，到2020年，全省二氧化碳年排放量至少4亿吨，排量相当惊人。当前，陕西正处于工业化和城镇化加速发展阶段，产业结构重型化是这一时期的阶段性特征。近年来陕西的 GDP 以两位数的增长率在递增，让人遗憾的是，这种高速增长依然是通过资源的大量消耗来实现的。在高碳经济的背景下，旅游产业因为相对较低的碳排放量使其很难进入现阶段决策者的视野。这是制约陕西旅游业低碳化发展的重要因素。

3. 机遇分析

（1）低碳理念、低碳发展模式为乡村旅游转变发展方式提供了内在的精神动力。低碳经济低能耗、低污染、高能效的发展理念是人类追求自然和谐、清洁健康的美好愿望在经济生活中的现实体现，也是实践科学发展观，走持续协调发展道路的最佳选择。低碳经济的实质，激发了旅游企业的创造活力，极大地激发了人们积极创造，超前发展的意识和思维，为跨越式发展提供了全新的技术、理论和精神推动力，有力地推动着低碳试点的开展，促动着向低碳社会转型的脚步。

（2）低碳社会氛围正在促进低碳旅游新时尚的形成。以低碳为主题的社会公益活动已经在陕西多频次开展，正全力推进全社会对低碳发展的认知和接纳。标志性事件是 2010 年 6 月由陕西师范大学与日本名古屋大学联合在西安主办的"低碳经济与西部大开发战略国际研讨会"。自 2008 年至 2010 年年底，全省各类学术机构、新闻媒体、社会团体、政府机关举办的低碳研讨会、交流会、学术报告会、低碳产业促进会等多达上百次。以低碳发展为主题的博览会、低碳林基地植树活动、倡导低碳生活系列活动接连不断，使低碳概念和知识在全社会得到普及，低碳发展的意识逐步确立，形成了向低碳社会转型的氛围。

（3）陕西旅游业进入加快发展的重要战略机遇期。一是国务院出台《关于加快发展旅游业的意见》，将旅游业发展纳入了国家战略体系；省政府出台《关于进一步加快旅游产业发展的决定》，全面规划了旅游业发展的目标、路径和政策措施；《关中—天水经济区发展规划》的实施为旅游业大发展提供了有力的支撑；新一轮西部大开发是旅游业大发展的强力推进器。二是全省经济发展、社会和谐，为旅游业的发展创造了良好的大环境。城乡居民收入进一步增长，旅游消费进入快速增长的黄金期，旅游持续较快发展具有强大的市场基础；全省高速交通等配套支撑体系不断完善，将为旅游业提供更加稳固的发展基础；西安世园会等一系列重大活动的举办为旅游业的大发展拓展了市场空间。三是陕西被国家确定为低碳试点省，低碳发展正式成为全省未来经济转型的方向。与此相适应，《陕西旅游业十二五发展规划》明确提出，"十二五"时期，陕西旅游业要坚持低碳发展战略。要建立新型低碳化、生态化发展模式，旅游发展与区域生态环境建设相协调，大力发展低碳环保、绿色生态旅游项目，逐步建立旅游低碳环保准入标准，推进全省旅游低碳发展。四是乡村旅游被确认为促进县域经济发展、带动农民致富、建设社会主义新农村的重要途径。"十二五"期间，以创建省级旅游示范县、旅游名镇、旅游示范村、星级"农家乐"为抓手，陕西省将完善乡村旅游基础服务设施，以西安为核心，构建秦岭北麓、千里汉江、秦晋大峡谷三大乡村旅游带，力争2015年全省旅游名镇达到40个，旅游名村达到200个，星级"农家乐"达到2万家，使乡村旅游成为具有较强竞争力的旅游产品。

4. 挑战分析

（1）乡村旅游低碳化发展是一系统工程，需要大量要素投入。目前，全国有许多地方已经开始低碳旅游的实践。燕子沟、峨眉山、张家界、香格里拉、喀纳斯景区、云台山等均在全力打造低碳旅游景区。但低碳旅游景区的建设是一个复杂的系统工程，涉及规划、经营、管理的诸多方面，包括景区开发建设、能源结构、道路交通、餐饮住宿、环境保护与监督等许多工作，需要资金、时间、管理、政策等要素投入也需要相关低碳技术的全面及时跟进。

（2）乡村旅游企业低碳化发展困难重重。作为旅游业的重要组成部分，乡村旅游虽然近年来获得了长足发展，但总体来看，目前还处在较低的发展阶段，分布分散，力量弱小、功能单一、特色缺乏、低质竞争、管理粗放等涉及产业、企业、产品、管理等不同层面的问题在各地普遍存在。乡村旅游企业多以小微企业为主，其中家庭经营居多，规模偏小、自身积累有限、抗风险能力不足、经营的随机性明显。受制于发展阶段、采用成本以及农民、农户自身经营管理能力方面的先天不足，要在短期内实现彻底的低碳化转变绝非易事。

（3）日益激烈的市场竞争对乡村旅游低碳化发展形成挑战。全国旅游产业发展步伐不断加快，旅游市场竞争日趋激烈。目前，陕西旅游业在全国的位次不容乐观。陕西旅游业要迅速突围并实现跨越式发展，就必须不断创新旅游形式、丰富旅游产品，尽快实现转型升级。作为乡村旅游而言，既要顺应这一发展趋势，向休闲化、体验化、品牌化迈进，同时又要实现低碳化发展，的确是一个不小的挑战。

表 7　　　　陕西省乡村旅游低碳化发展的 SWOT 分析矩阵

	S（优势）	W（劣势）
	居民出游交通条件不断改善；旅游经济快速发展；环保工作得到高度重视；低碳试点省，有多方政策优势	理论和实践基础缺乏；专业人才匮乏；公众的监督意识薄弱；传统生活方式转变困难；旅游低碳化难以进入决策者视野
O（机遇）	SO 战略	WO 战略
低碳理念提供了精神动力；低碳社会的氛围正在形成；陕西发展进入战略机遇期	力争将旅游产业纳入省府低碳化发展的范畴；争取更多政策、项目、资金支持	强化对社会公众的宣传引导；先行试点、逐步推进；力争纳入省低碳化发展的范畴
T（威胁）	ST 战略	WT 战略
需要大量要素投入；产业发展阶段及自身不足；面临多重障碍；市场竞争日益激烈	加强对乡村旅游的支持；促进其转型升级，提高竞争能力和低碳化发展的能力	实行品牌化战略，提高自我发展的能力；积极应对各种困难，做好乡村旅游低碳化发展和转型升级的各项工作

5. 战略选择

根据以上分析，可以将陕西省乡村旅游低碳化发展的优势、劣势分别与外部的机遇与挑战进行组合，从而得到全省乡村旅游低碳化发展的不同路径。

七 结论与建议

1. 结论

（1）陕西省乡村旅游地碳排放的主要途径和影响因素是：自驾车旅游者日益剧增，能源消耗突出；乡村旅游景区的开发建设对生态环境和乡村景观破坏严重；各地低碳技术的采用严重不足，大量设施和日常运营处于高碳化；旅游参与者低碳意识欠缺，乡村旅游消费中的浪费现象普遍，奢华之风盛行；低碳化发展还没有纳入各地的发展规划之中。

（2）陕西省乡村旅游低碳化发展水平总体处于低位。低碳意识欠缺、低碳规划滞后、低碳管理缺位、低碳技术采用不足等是陕西省乡村旅游低碳化的短板，也是今后各地向低碳转型需要努力的方向。

（3）陕西省乡村旅游低碳化发展的内外部环境：优势主要是居民出游交通条件不断改善；旅游经济快速发展；环保工作得到高度重视；低碳试点省提供了多方政策优势。劣势主要是低碳旅游实践基础缺乏；专业人才匮乏；公众的监督意识薄弱；传统生活方式转变困难；现阶段旅游低碳化较难进入决策者视野。面临的机遇是低碳理念为低碳旅游发展提供了精神动力；低碳社会的氛围正在形成；陕西发展进入战略机遇期。挑战是：乡村旅游低碳化发展需要大量要素投入；乡村旅游产业发展处于初级阶段，存在不足是市场竞争日益激烈。陕西省乡村旅游低碳化发展战略有不同的选项。

2. 建议

乡村旅游较少涉及大尺度的航空旅行活动，对旅游业碳排放总量的贡献应该不大。但可以预见与肯定的是，随着乡村旅游在全省旅游产业中比重与地位的不断上升，其碳排放不容忽视。陕西省乡村旅游的低碳化发展应该得到应有重视并提上议事日程。结合对陕西省乡村旅游低碳化发展优势、劣势、机遇、挑战的科学分析，认为应该从旅游者、政府、旅游企业、乡村社区等不同层面作出相应的应对。

（1）积极发挥旅游者的参与和主体作用。旅游者是旅游活动的主体，其旅游消费心理和消费行为将直接影响到低碳乡村旅游的顺利开展。

改变传统消费心理，积极推动低碳旅游。作为较高层次的消费，旅游活动在很多旅游者的心目中历来是和追求轻松与享受联系在一起的。因而，炫耀性消费和过度消费的现象屡见不鲜。事实上，低碳旅游不仅不会降低旅游的质量，更能让旅游者体验到别样的乐趣。徒步行走既减少了碳排放，更锻炼了身体，使自身的潜能得到了激发；干净整洁的农家乐饭店既能提供良好的休息环境，更能感受原汁原味的农家风情。只有旅游者的消费心理发生了改变，旅游企业开发低碳旅游产品的积极性才能得到激发，才能保证低碳乡村旅游的顺利开展。

为强化公众的环保心理和绿色意识，使绿色消费、低碳旅游成为新的时代风尚，政府部门应该重视和加强宣传、教育与引导。例如，每年 5 月 20 日是"全球低碳日"，旅游管理部门可以组织大型活动开展乡村低碳旅游宣传，通过举办徒步登山、郊野踏青、环保志愿等活动，鼓励人们参与乡村低碳旅游。再如，旅游宣传部门可以举办低碳旅游宣传标语征集大赛，向社会公开征集低碳旅游宣传标语，遴选能够充分体现乡村旅游地特色、广大游客喜闻乐见的宣传口号，并将其张贴在旅游景点及主要人流聚集区，扩大乡村低碳旅游的影响力。

规范消费行为，主动践行低碳旅游。出行尽可能选择低碳的交通工具；自带洗漱用品，减少饭店一次性用品的使用；合理使用电器，节约用水用电。这些旅游者个人的行为，看似微不足道，但不积小流，无以成江海。每个旅游者的一点点努力，都将成为推动低碳乡村旅游进一步发展的推进器。在这方面，旅游企业应该通过与相关部门的合作，利用广告、旅游产品、公关活动等多种手段与途径，对广大旅游者进行低碳旅游的宣传教育，积极倡导低碳旅游新理念。

（2）发挥政府部门在规划、政策、行业标准方面的规范与引导作用。各级旅游管理部门必须及时做好乡村旅游规划、出台低碳旅游的行业政策和标准，对于全体旅游参与者发挥约束、规范、引导、协调、激励的作用。

认真开展乡村旅游资源的普查工作，做好全省乡村旅游环境质量评价与低碳化发展水平评价，加强乡村土地资源、水资源、动植物资源的保护和水土保持，将低碳元素融入规划设计的每一个环节当中。

乡村旅游低碳化发展政策应主要包括两个着力点：一是收费，二是补贴（马驰，2009）。对于那些不采用低碳经济模式发展、对环境造成污染、浪费资源的旅游企业征收费用，促使其改变发展模式；对于那些积极采用的旅游企业，应给予优惠政策、加大扶植力度，如低碳项目优先上马、给予补贴、减免税收、建立低碳旅游示范户等，鼓励其表现和发挥示范效应，以推动低碳旅游的发展。

在乡村旅游行业的标准化方面，一是要建立相应的市场运行规则，如规定旅游企业进入市场的条件、规范项目的竞标方式、建立和完善企业实施低碳模式发展所带来的效果考核机制等，增强企业发展低碳经济的信心，提升其推广低碳经济发展的动力（魏莉，2008）。二是要在乡村旅游景区的规划、开发、运营、管理，以及软硬件建设方面出台符合低碳经济发展的新标准，对旅游企业的行为提供切实可行的指导和规范。

出台和健全地方性法规体系，建立碳排放统计监测体系，构建行之有效的低碳旅游协调和监督机制。有计划地对乡村旅游从业人员进行低碳知识、低碳技术的培训与指导。向社会公众，包括乡村旅游企业、旅游者等尽可能地提供低碳资讯与低碳服务。

（3）乡村旅游企业要树立低碳经营理念、建立低碳运营模式。乡村旅游企业是乡村旅游低碳化顺利推行的先导和主体，肩负着保护乡村生态环境的重任。在全球一致倡导节能减排的大趋势下，旅游业界要树立低碳经济的新理念，借鉴国外实施低碳经济的模式和经验，全面引进节能减排技术，注重低碳体系构建，合理规划生态承载量，大力开发低碳旅游产品。

乡村旅游企业要扭转认识误区，大力推进低碳旅游。旅游者之所以青睐乡村旅游是为了体验乡土生活情趣，城市化的倾向反倒会降低对旅游者的吸引力，因而不能一味迎合部分旅游者的奢侈性消费需求，必须从规划建设起就要做到低碳化。第一，根据生态承载力，科学地规划旅游项目，尽量避免高能耗项目的开发。第二，在旅游旺季，进行游客分流。如在一些热点乡村旅游地，可以实行预约和适当限制客流。第三，坚持旅游设施建设的生态化和低碳化，如建设生态停车场、生态厕所，配置生态垃圾桶等。第四，将低碳的理念融入景区的管理运营过程中。严格控制或禁止环保不达标的机动车辆进入景区，积极倡导、推广公共交通和混合动力汽车、电动车、自行车、畜力和人力等节能低碳的交通工具；推广使用电子门票，减少纸张的浪费；将乡村旅游商品的塑料包装改用可降解的材料包装；开展"低碳积分兑奖"活动，使游客在乡村旅游过程中的各种低碳行为可以获得相应积分和奖励；开展植树赠门票活动，鼓励游客种植"青年林"、"新婚林"、"生日林"、"成人仪式林"等各类主题纪念林，以此来补偿自己在旅游过程中所产生的碳排放，达到改善乡村生态、保护乡村环境的目的。

乡村旅游企业通过提供低碳服务，引导游客参与节能减排活动。乡村旅游企业要积极采用新能源、新材料，运用节能节水减排技术，如安装太阳能热水器和 LED 照明设备，采用沼气或新醇基低碳环保燃料进行烹饪、取暖、照明等。在住宿方面，可以推行"绿色客房"项目，鼓励客人减少一次性用品的使用；在卫生间放置节水提示牌，洗浴时间不超过 15 分钟；在床头柜上放置温馨提示卡片，提示客人睡觉前关闭所有电源，手机和电脑充电结束后及时拔去插头。在餐饮方面，可以通过改善垃圾分类系统、污水处理系统；推广节能灶具；引入潮汐能、风力能、生物能和太阳能等清洁能源和可再生能源等方式来实现节能减排的目的。在娱乐方面，设计和开发低碳环保的乡村体验旅游项目。如请农业技术人员传授花卉养护知识、绿色果蔬培育技巧、绿色食品烹制技术等，让游客在农事体验的过程中，潜移默化地获得绿色、环保、健康、低碳的生活常识。

（4）乡村旅游社区要积极参与，带头实践。社区居民是乡村旅游地的主要成员，也是乡村旅游的重要参与者，乡村旅游地低碳化发展的成效与当地居民的利益息息相关。

社区居民和接待户要以身作则，从我做起，积极参与节能减排活动，发挥对游客低碳消费的示范导向作用。乡村社区可以开辟低碳知识宣传栏，举办以低碳为主题的讲座，定期对相关人员进行节能减排技能培训。也可以牵头成立低碳旅游志愿服务队，深入百姓农家，开展低碳知识辅导，发放低碳知识资料，普及低碳消费知识，营造低碳生活氛围。在这方面，可以学习和借鉴国内先进经验。如"中国最美乡村"江西婺源，以低碳理念引领乡村旅游发展，太阳能、沼气等清洁能源成为乡村百姓的日常生活能源。享有"中国生态第一村"美誉的浙江省奉化滕头村，成立了全国首家村级环保委员会，帮助和辅导村民开展低碳环保活动，建设优美生态环境。

参考文献：

［1］侯文亮：《低碳旅游基本概念体系研究》，《安阳师范学院学报》2010 年第 3 期。

［2］谢园方、赵媛：《国内外低碳旅游研究进展及启示》，《人文地理》2012 年第 5 期。

［3］刘笑明：《低碳旅游及其发展研究》，《商业研究》2010 年第 3 期。

［4］蔡萌：《低碳旅游：一种新的旅游发展方式》，《旅游学刊》2010 年第 1 期。

［5］蔡萌、汪宇明：《低碳经济、低碳旅游与旅游发展新方式》，《中国城市研究》2009 年第 12 期。

［6］刘啸：《论低碳经济与低碳旅游》，《中国集体经济》2009 年第 5 期。

［7］陈辰：《近二十年国外乡村旅游研究进展》，《东南大学学报》（哲学社会

科学版）2011 年第 13 期。

[8] 董怡菲、杨晓霞：《国内外低碳旅游研究综述》，《西南农业大学学报》（社会科学版）2011 年第 12 期。

[9] 史云：《关于低碳旅游与绿色旅游的辨析》，《旅游论坛》2010 年第 6 期。

[10] 王衍用：《低碳旅游——旅游业发展的必然选择》，《中国旅游报》2010 年 4 月 14 日第 14 版。

[11] 魏小安：《低碳经济带来旅游发展机遇》，新华网。

[12] 徐喆、汤蓓蓓：《低碳旅游概念辨析及发展路径探讨》，《中国商贸》2011 年第 12 期。

[13] 孟英伟：《低碳旅游研究综述》，《淮北职业技术学院学报》2011 年第 5 期。

[14] 瞿葆：《生态旅游与低碳旅游之辨析》，《中国市场》2011 年第 9 期。

[15] 陈海波、莫莉萍：《低碳旅游的概念、特征及动力机制探析》，《北京第二外国语学院学报》2011 年第 7 期。

[16] 何玮、徐喆：《低碳旅游概念辨析及发展路径探讨》，《焦作大学学报》2011 年第 3 期。

[17] 郭蓉、吴长年、何芸：《从生态旅游到低碳旅游——从理念到实践》，《环境保护科学》2011 年第 2 期。

[18] 张明、刘曦、刘鸿翔：《基于经济学视角下的低碳旅游概念体系研究》，《价值工程》2011 年第 8 期。

[19] Susanne Becken, David G. Simmons, Chris Frampton, "Energy use associated with different travel choices", *Tourism Management*, 2003, 24 (3): 267 –277.

[20] Sabine Perch – Nielsen, Ana Sesartic, Matthias Stucki, "The greenhouse gas intensity of the tourism sector: The case of Switzerland", *Environmental Science & Policy*, 2009, 13 (2): 131 –140.

[21] Paul Peeters, Eckhard Szimba, Marco Duijnisveld, "Major environmentalism pacts of European tourist transport", *Journal of Transport Geography*, 2007, 15 (2): 83 –93.

[22] Tzu – Ping Lin, "Carbon dioxide emissions from transport in Taiwan's national parks", *Tourism Management*, 2010, 31 (2): 285 –290.

[23] Joe Kelly, Peter W. Williams, "Modelling Tourism Destination Energy Consumption and Greenhouse Gas Emissions: Whistler, British Columbia, Canada",

Journal of Sustainable Tourism，2007，15（1）：67 – 90.

［24］谢园方、赵媛：《基于低碳旅游的旅游业碳排放测度方法研讨》，《人文地理》2011 年第 2 期。

［25］王文军：《低碳经济：国外的经验启示与中国的发展》，《西北农林科技大学学报》（社会科学版）2009 年第 29 期。

［26］吕丹：《南京市低碳旅游发展的 SWOT 分析及对策研究》，《环境教育》2011 年第 12 期。

［27］马东跃：《低碳经济背景下我国乡村旅游发展研究》，《西南民族大学学报》（人文社会科学版）2010 年第 7 期。

［28］吴晓山：《低碳旅游发展评价指标体系的构建》，《统计与决策》2011 年第 13 期。

［29］杨军辉：《国内外低碳旅游研究述评》，《经济问题探索》2011 年第 6 期。

［30］唐承财、钟林生、成升魁：《我国低碳旅游的内涵及可持续发展策略研究》，《经济地理》2011 年第 5 期。

［31］王群、章锦河：《低碳旅游发展的困境与对策》，《地理与地理信息科学》2011 年第 3 期。

［32］马勇、颜琪、陈小连：《低碳旅游目的地综合评价指标体系构建研究》，《经济地理》2011 年第 4 期。

［33］瞿葆：《浅谈浙江省低碳旅游发展路径》，《北方经济》2011 年第 8 期。

［34］年四锋、李东和、杨洋：《我国低碳旅游发展动力机制研究》，《生态经济》2011 年第 4 期。

［35］安微娜：《论低碳旅游与社会责任》，《广西财经学院学报》2011 年第 1 期。

［36］周连斌：《低碳旅游发展动力机制系统研究》，《西南民族大学学报》（人文社会科学版）2011 年第 2 期。

［37］丁华、岳丹、董风：《陕西省乡村旅游发展思路》，《安徽农业科学》2011 年第 24 期。

［38］胡粉宁、丁华、郭威：《陕西省乡村旅游资源评价与特色优势探析》，《安徽农业科学》2011 年第 17 期。

［39］董晓英：《陕西省乡村旅游发展模式及策略探讨》，《旅游纵览》（行业版）2011 年第 9 期。

［40］岳冬菊、傅晓萌：《陕西省乡村旅游发展条件及模式研究》，《安徽农业

科学》2011 年第 3 期。

[41] 郑琳琳、林喜庆：《试论"低碳旅游"模式的构建》，《襄樊职业技术学院学报》2010 年第 3 期。

[42] 董鑫：《新形势下发展低碳旅游的探索》，《未来与发展》2010 年第 9 期。

[43] 周梅：《我国低碳旅游及其发展对策研究》，《现代商贸工业》2010 年第 7 期。

[44] 梅燕：《发展低碳旅游五大措施》，《商业研究》2010 年第 9 期。

[45] 石培华、吴普：《发展低碳旅游的思路与举措》，《中国旅游报》2010 年 1 月 8 日第 14 版。

[46] 冯清：《低碳乡村旅游发展对策》，《合作经济与科技》2010 年第 9 期。

[47] 黄文胜：《论低碳旅游与低碳旅游景区的创建》，《生态经济》2009 年第 11 期。

[48] 马驰、丁俊慧：《基于低碳经济的旅游业发展对策研究》，《现代经济》2009 年第 8 期。

[49] 魏莉、汤颖松：《基于循环经济的旅游业发展模式研究》，《商业时代》2008 年第 18 期。

[50] 郑岩：《乡村旅游低碳化发展策略》，《中国旅游报》2012 年 3 月 9 日第 14 版。

[51] 谭锦：《旅游景区低碳评价指标体系研究》，硕士学位论文，浙江工商大学，2011 年。

[52] 翟媛：《乡村度假发展条件评价指标体系研究》，硕士学位论文，浙江工商大学，2008 年。

[53] 俞棋文：《低碳旅游开发模式研究》，硕士学位论文，华东师范大学，2009 年。

[54] 浦云：《构建四川低碳旅游体系设想》，《合作经济与科技》2010 年第 10 期。

陕西省乡村旅游标准化的
现状与对策分析

一 研究背景

乡村旅游是以乡村社区为旅游活动场所，以乡村特有的自然景观、人文景观、民俗文化风情等为资源基础，满足旅游者各种旅游需求的新型旅游业态。进入新世纪以来，乡村旅游在我国各地进一步扩张，形成蓬勃发展之势。据国家旅游局测算，2012 年，我国乡村旅游年接待游客人数已经达到 3 亿人次，旅游收入超过 500 亿元，占全国出游总量的近 1/3。可以预见，随着可支配性收入的增加、闲暇时间的增多，未来一个时期，我国居民的乡村旅游需求仍将不断扩张。与乡村旅游需求持续走高形成鲜明对比的是，国内乡村旅游发展仍然处于初级阶段，分布分散、力量弱小、功能单一、特色缺乏、低质竞争、管理粗放等涉及产业、企业、产品、管理等不同层面的问题在各地普遍存在。这些问题微观上阻碍了乡村旅游企业的健康发展，宏观上导致整个行业整体素质不高，总体上影响了其民生效应的充分发挥。乡村旅游发展过程中上述问题的出现虽由多种因素导致，但标准化建设滞后、管理不力应该是重要原因之一。标准是规范、引领产业发展的重要技术手段，标准化则是提升产业整体素质与竞争力的关键途径。旅游标准化在提高我国旅游产品和服务质量水平，规范旅游市场秩序、强化行业监督管理，推动旅游产业转型升级等方面发挥着重要而特殊的作用。我国乡村旅游要进一步做大做强，实现产业化、规范化、品牌化发展；要保护好乡村环境、传承好乡村文化、保障相关者利益、强化社区参与、充分发挥其民生功能，就必须针对规划、开发、生产、经营、服务和管理诸活动，制定全方位、体系化的规范和标准，并认真予以贯彻落实，强化监督检查。可以说，坚定地走标准化道路，实现标准化发展，应该是我国乡村旅游转型升级的必由之路。本文试图在审视陕西省乡村旅游标准化工作发展现状的基础上，对其存在的问题进行科学分析，并给出具有针对性的对策建议。

二、陕西省乡村旅游发展现状

近年来，以田园观光、农事体验、农家饭菜、民俗节庆、古建遗迹、新村风貌、现代农业为主要内容，以观光、体验、休闲、度假为主要形式的乡村旅游在陕西省呈现迅猛发展之势，产业规模不断扩大，产业地位不断提升。"十一五"期间，陕西省共培育国家级"旅游强县" 4 个，省级"旅游强县（区）" 22 个，创建省级旅游示范试点县 7 个；省级乡村旅游示范村 47 个，农业观光旅游示范区 30 个。2010 年，全省"农家乐"经营户已发展至 1.37 万户，年接待旅游者达 2500 万人次，年直接经营收入达 15 亿元以上，直接从业人员已超过 6.6 万人，间接从业人员突破 25 万人。以户县东韩村、岐山北郭村、宝鸡关中风情园、长安上王村、礼泉袁家村关中印象体验地、汉滨区毛坝田园、西乡樱桃沟、城固橘园及陈炉古镇、青木川、华阳古镇、凤凰古镇、后柳古镇等为代表的一大批初步具有品牌效应的乡村旅游点和特色旅游名镇（村）纷纷涌现，极大地丰富了陕西乡村旅游的产品体系。乡村旅游已经成为全省旅游经济新的增长点，在统筹城乡发展、促进社会主义新农村建设进程中发挥着日益重要的作用。

三 陕西省乡村旅游标准化的现状

1. 乡村旅游标准化成为共识

陕西省是全国旅游大省，但是长期以来标准化工作相对滞后。除了星级酒店评定标准以外，并没有建立适合本省旅游业发展实际的标准体系，从业人员标准化意识不强，对国际惯例了解较少，导致服务行为不规范、服务标准不统一，旅游品牌企业少，行业竞争力差。标准的缺失也给有关职能部门的管理带来了不小的难度。可喜的是，近年来随着旅游市场竞争的日益激烈，旅游业的提质增效问题不断凸显，旅游标准化包括乡村旅游标准化开始进入决策者和旅游管理经营者的视野。在 2009 年出台的《关于进一步加快旅游产业发展的决定》中，明确提出了全省旅游标准化建设的工作任务。在 2011 年出台的《陕西省标准化发展战略纲要（2011—2020年)》中，更是提出要把"加快推进旅游标准化建设"作为现代服务业五大标准之一予以重点推进。乡村旅游示范县、乡村旅游示范村建设等被列为全省乡村旅游标准化建设的主要内容。可见，乡村旅游的标准化发展已经成为政府、业界和学界的共识。

2. 乡村旅游标准化成效初显

近年来，全省各级政府及旅游管理部门为加强对乡村旅游的规范管理与科学引导，制定了大量的相关规范与标准，出台了不少促进乡村旅游发展的规范性文件（见表1）。各乡村旅游企业、农家乐接待户逐渐转变观念、积极配合、主动参与，使这些标准和规范得到了较高的认可和较好的实施。政府规范引导、部门协调合作、行业协会配合、上下齐抓共管的乡村旅游标准化建设格局基本形成。截至目前，华清池景区、华山景区已被国家旅游局授予全国旅游标准化示范单位，金丝峡景区已纳入第二批国家标准化试点。这些著名景区周边的乡村旅游标准化水平得到了明显的提升。省级层面，到 2013 年 11 月，全省已创建 A 级旅游景区 214 个，评定星级饭店 375 家；创建省级旅游示范县 7 个、特色名镇 30 个、示范村 95 个。此外，各地市、各县区的乡村旅游标准化建设以及示范村、示范户的认定、评比等一系列工作均有力地促进了全省乡村旅游的提质增效和规范发展。

3. 乡村旅游标准化体系初成

从现有标准的规范对象来看，主要以"村"和"接待户"为主；从规范目的来看，分为评比标准和服务规范两大类型；从规范内容而言，主要涉及乡村旅游接待设施规范、服务质量与安全卫生规范以及环境质量、基础设施规范；从制定和实施主体来看，主要以各地的旅游部门和农村工作办公室等农业部门为主；从时间序列来看，2009 年以前制定的规范大多数是乡村旅游接待点的等级评定标准与宏观层面的乡村旅游管理办法，多从硬件条件方面进行规定；2009 年以后，乡村旅游标准化工作明显加快，尤其是从 2013

年开始进入规范管理发展期，这一时期规范的尺度开始扩大到村、镇，规范内容除了原有的评比标准以外，还出现了专门为提高乡村旅游服务而制定的服务规范。总体来看，这些标准的出台与实施，标志着全省乡村旅游标准体系的初步形成。

表 1　　陕西省乡村旅游发展的相关标准与管理办法（部分）

编号	名称	颁布单位	时间
1	《陕西乡村旅游示范村评定标准》	陕西省旅游局	2013
2	《陕西乡村旅游示范村服务指南》	陕西省旅游局	2012
3	《陕西省农家乐旅游管理工作指导意见》	陕西省旅游局	2007
4	《陕西省农家乐旅游星级评定管理办法》	陕西省旅游局	2013
5	《陕西旅游特色名镇评定标准》	陕西省旅游局	2013
6	《陕西省旅游特色名镇评分细则》	陕西省旅游局	2013
7	《陕西省农家乐旅游星级划分与评定标准》	陕西省旅游局	2013
8	《陕西省农家乐旅游星级评分细则》	陕西省旅游局	2013
9	《西安市农家乐旅游管理办法（试行)》	西安市质量技术监督局、西安市旅游局	2010
10	《西安市乡村旅游酒店星级评定实施方案》	西安市旅游局、西安市农业委员会	2013
11	《西安市乡村旅游酒店星级评定实施细则》	西安市旅游局、西安市农业委员会	2013
12	《西安市农家乐服务质量评定标准》	西安市质量技术监督局、西安市旅游局	2007
13	《咸阳市农家乐星级划分与评定》	咸阳市文物旅游局	2013
14	《商洛市农家乐旅游服务质量等级评定评分标准》	商洛市旅游局	2013
15	《商洛市农家乐旅游管理办法》	商洛市旅游局	2013
16	《商洛市"秦岭美丽乡村"评定管理办法（试行)》	商洛市人民政府	2013

续表

编号	名称	颁布单位	时间
17	《商洛市"秦岭美丽乡村"评定标准（试行）》	商洛市人民政府	2013
18	《商洛市"秦岭美丽乡村"评分细则（试行）》	商洛市人民政府	2013
19	《安康市农家乐管理办法》	安康市旅游局	2012
20	《安康市"农家乐"卫生监督管理暂行办法》	安康市卫生局	2003
21	《汉中市A级景区暨乡村旅游标准化创建奖励补助办法》	汉中市旅游局	2013
22	《汉中市星级农家管理办法》	汉中市旅游局	2013
23	《汉中农家乐旅游星级评定管理办法》	汉中市旅游局	2013
24	《汉中农家乐旅游餐饮推荐单位评定办法》	汉中市旅游局	2010
25	《铜川市乡村旅游示范村评定标准》	铜川市文物旅游局	2013
26	《铜川市星级农家乐评定标准》	铜川市文物旅游局	2013
27	《榆林市农家乐旅游星级划分与评定标准》	榆林市旅游局	2011
28	《延安市"农家乐"星级划分及评定标准管理办法》	延安市旅游局	2012
29	《宝鸡市乡村旅游服务管理办法》	宝鸡市文物旅游局	2007
30	《宝鸡市乡村旅游服务质量等级与评定》	宝鸡市文物旅游局	2007
31	《柞水县农家乐开办标准》	柞水县农家乐管委会	2011
32	《柞水县农家乐食品安全监管办法》	柞水县农家乐管委会	2011
33	《柞水县农家乐星级评定管理办法》	柞水县农家乐管委会	2011
34	《石泉县农家乐经营管理暂行办法》	石泉县人民政府	2007
35	《长安区农家乐星级等级评价准则》	西安市质监局长安分局、长安区旅游局	2007

四 陕西省乡村旅游标准化存在的问题

陕西省乡村旅游标准化工作在持续推进、取得长足发展的同时，在标准制定、标准实施、标准管理等环节还存在一些突出问题；从标准的数量、质量、内容以及全面性、系统性、完整性等方面来看，还远远不能满足乡村旅游发展的实践需要。这些问题具体体现在以下一些方面：

1. 对乡村旅游的标准化重视不够

虽然发展乡村旅游的重要性得到了各级政府和旅游管理部门的明确认识，但对乡村旅游的支持仍局限在资金投入、政策优惠等方面，标准化对规范、引领乡村旅游经营管理的突出作用还未得到应有的认识，实施标准化管理的意识不强，重视程度不够。政府部门旅游标准化的工作重点仍主要放在 A 级景区创建和大中型旅游企业方面。

2. 乡村旅游标准化的手段不足、内容单一

在促进乡村旅游发展的方式方法上，仍习惯于选择由政府管理部门强势主导的评定和分级。行政命令式的管理仍然是主要方式，服务、引导、监督等作用没有得到有效发挥。"一刀切"式的刚性管理在实践中很容易抹杀乡村旅游的个性与特色，最终有可能使其丧失应有的吸引力。如何将规范化管理与特色化发展融合协调是一个需要深入思考、及时解决的问题。

3. 乡村旅游标准呈碎片化和零散化，体系建设仍显滞后

现有标准主要集中在对经营者的行为规范、卫生安全、服务设施、等级评定等方面，而产品标准、方法标准、服务资质、生态环境、旅游者权益保护等方面的标准缺失或者需要进一步明确和细化。此外，在自驾游、自助游快速发展的背景下，相关的标准也不够完善，还不能适应旅游新业态发展的需求，需要加紧建立完善有关标准体系。

4. 标准化的体制不当

当前，颁布实施的乡村旅游发展的相关标准主要由旅游主管部门或农业管理等部门制定，缺失与质量技术监督等部门的联动，这

在一定程度上会影响到标准的质量、权威和实施。乡村旅游是一个跨行业、跨部门、跨地区的综合性产业。如由旅游局或者少数部门推动其标准化发展难度较大、效果不佳。由多部门联动，如果协调不力，又会导致工作的缺位或越位。

5. 规范制定主体与乡村社区之间欠缺有效沟通

乡村旅游不同于一般的旅游类型：其主要发生在乡村空间，经营者多为当地农户和农民。乡村社区基础设施建设欠账较多、经营者综合素质不高、观念相对落后、管理服务水平低是不争的事实。这就需要规范制定者必须在行政通道之外，拓宽沟通渠道，注重社区参与，这样才能制定出符合实际和需要的规范与标准。

6. 缺乏对旅游者的调查与研究

乡村旅游标准化的一个重要的目标对象就是旅游者。对旅游者需求的尊重、满足与合理引导应该是标准化的基本出发点之一。但从现有标准来看，单向度的意愿比较明显：要么过分迎合旅游者对便捷、舒适甚至奢华的要求，要么忽略了旅游者对活动、体验、环境的重视。

7. 现有标准缺乏动态调整

近年来，随着城乡居民闲暇时间增多、可支配收入的不断增加，其进行乡村旅游的意愿不断高涨、旅游需求持续变动。乡村旅游发展应顺应这一趋势，在标准的制定、标准的层次、标准的调整方面及时做出响应。

8. 重制定轻执行的问题比较突出

标准的制定只是标准化的基础工作。标准在制定和发布后，如何宣贯、实施？有无对标准质量的跟踪和评价？标准是否需要、如何改进？这些后续工作常常被忽视，致使标准化的效果大打折扣，制定标准的目的不能很好实现。

五　提高陕西省乡村旅游标准化水平的对策建议

1. 强化宣传教育

标准是通用语言；标准是思维方式；标准是服务质量的保证；标准是企业与游客间信息对称的保障；标准是游客维权及旅游执

法的重要参照依据；标准是企业创建品牌的重要途径和手段。无论是政府管理部门，还是乡村旅游企业及相关从业人员，都必须深刻认识乡村旅游标准化的重要作用与意义。为此，必须大力加强对乡村旅游参与者的标准化教育，提高对标准化工作的认识，普及标准化知识，为乡村旅游实现标准化发展铺平道路、形成合力。

2. 健全组织机构

鉴于乡村旅游产业关联性强、多头多部门参与管理的现状，为防止乡村旅游标准化工作的错位、越位，建议在省、市不同层面上，成立标准制定的技术工作协调机构，在旅游管理部门内部增设旅游标准化技术委员会，并在其下成立乡村旅游标准制定的专门工作机构。在质量技术监督部门的指导下，由省、市旅游局负责牵头各专业标准的制定、申报、实施和监督等工作。

3. 完善标准体系

乡村旅游的标准化是一个系统工程，需要根据其实践发展的需要，不断制定新的标准、适时修订过时标准、不时细化原有标准，持续扩大标准的覆盖面，从而构建比较完善的标准体系，为乡村旅游业的有序发展提供全方位、系统化技术支撑，同时也为我国服务标准体系的建立打下良好的基础。

4. 加强实施与引导

除了明确的标准和规范化的管理之外，还需要相关部门对乡村旅游标准的实施情况进行定期或不定期的检查和监督，只有这样才能真正实现标准化的初衷。乡村旅游的发展不应该简单地停留在标准化这个层面上。标准化的最终目的，是要在强化规范经营的基础上，引导乡村旅游企业（景区）充分挖掘自身特色和文化优势，形成核心竞争力，实现持续发展。

5. 注重社区参与

制定乡村旅游标准时，应当针对乡村社区进行深入的调查和研究，注意调动社区组织和居民的积极性，鼓励他们参与到乡村旅游标准的讨论当中并认真衡量他们的意见，采纳他们的合理化建议，以保证制定的标准能获得社区居民的普遍认同和支持，从而确保标准的全面性和科学性、提高标准的可操作性。另外，在实际操作过程中标准化的推行方与乡村社区之间应当建立双向沟通机制，在执行中不断修正完善乡村旅游标准。

6. 重视旅游者研究

乡村旅游作为一种产业形态，必须按照市场化机制进行运行。因此，在乡村旅游标准化工作中，应该尊重并发挥市场机理的作用，即重视旅游者研究。只有符合供给与需求相一致这一市场经济最基本原理的标准，才有生命力。这就要求在标准制定和修订工作中，积极引导企业参加，尽量让"旅游标准来源于市场并用之于市场"。

参考文献：

[1] 廖建华、陈文君：《广州乡村旅游标准化体系的构建》，《广州城市职业学院学报》2010 年第 4 期。

[2] 梁峰：《转型时期推进旅游标准化建设的思路与对策》，《无锡商业职业技术学院学报》2011 年第 11 期。

[3] 吴慧英：《标准化助力旅游业发展的对策思考》，《中国标准导报》2012 年第 4 期。

[4] 王嵘山：《中国旅游标准化工作成效回顾》，《旅游学刊》2008 年第 11 期。

[5] 周永博、谢雨萍：《乡村旅游标准化研究》，《桂林旅游高等专科学校学报》2005 年第 4 期。

[6] 段雪辉：《"农家乐"旅游标准化管理的思考》，《今日南国》2008 年第 11 期。

[7] 周建明、蔡晓霞：《试论我国乡村旅游标准化发展历程及体系架构》，《旅游学刊》2011 年第 2 期。

[8] 乔海燕：《嘉兴农家乐旅游标准化对提升游客满意度的思考》，《江西农业学报》2011 年第 4 期。

[9] 林章林：《标准化在旅游业发展中的价值评价探讨》，《上海标准化》2010 年第 10 期。

[10] 张向荣：《我国旅游标准化现状及对策研究》，《标准化研究》2006 年第 2 期。

基于游客感知与评价的
乡村旅游地发展研究

——以西安上王村为例

一　研究背景与进展

游客对乡村旅游地旅游产品、旅游服务等所形成的感受与评价，对旅游地发展建设具有重要的指导意义。游客负面的感知与评价能够帮助旅游地找出经营中的薄弱环节，为其建设与完善提供正确方向，使旅游地建设决策有的放矢；游客正面的感知与评价不仅能够提振自身的重游意愿，而且会产生良好的"口碑效应"，形成正向反馈，从而促使更多的人参与当地的旅游活动，为旅游地的持久繁荣提供保障。因此，从旅游者角度对乡村旅游地的发展进行审视，无疑是乡村旅游地发现问题、提升品质、改善形象，实现持续发展的最好途径。

基于游客的乡村旅游感知与评价近年来得到国内旅游学术界的持续关注。如董观志等从旅游资源、配套设施条件、旅游活动质量的维度分析了乡村旅游者感知质量；姚娟研究证明新疆城郊型乡村农庄旅游质量的游客感知主要表现在外部综合形象、核心吸引资源、接待服务态度与质量、农庄旅游基础设施四个层面；王兵等基于游客调查问卷数据，分析了市民对北京郊区乡村旅游地服务质量的评价，并总结出了服务质量评价的核心要素（即环境、住宿、旅游商品、特殊兴趣活动、设施和服务）；杨永波等通过采用消费前问卷与消费后问卷的方法对西安乡村旅游吸引物和乡村旅游地服务质量的游客感知评价进行了研究，并得出乡村旅游地开发的优选方案。总体来看，满意程度评价是对游客的感知与评价进行测度的重要方面。

受 IPA（Importance and performance analysis）方法启发，笔者认为，缺少重要性评价的满意度分析存在一定的缺陷，缺乏适用性。

原因在于评价指标的选取具有一定的主观性，不同指标对不同游客而言，其重要性存在差异，游客满意度低的指标并不一定是游客所看重的方面。因此，在实际调查分析中应该将满意度和重要性两个方面结合起来，也就是说，游客看重但满意度低的那些方面才是乡村旅游地今后工作的重点。鉴于此，本文以西安市知名乡村旅游地上王村为研究区域，基于游客的实际问卷调查，分析比对游客满意度评价与重要性评价的一致性与差异性，以期查明影响游客体验质量的重要因素，从而为同类型乡村旅游地发展提供借鉴。

二　研究思路与问卷调查

1. 研究区域概况

上王村隶属西安市长安区滦镇，位于秦岭北麓，东接秦岭野生动物园，南依秦岭清华山，西望祥峪森林公园，北邻环山旅游观光公路，距市中心约 25 公里、1 小时车程，区位优越，交通便利。自2003 年开办"农家乐"起，至 2010 年，已有农家乐 128 家，占全村农户总数 80%，年接待游客量 80 多万人次，年旅游收入达 1500万元并呈逐年递增趋势。上王村是陕西省乡村旅游示范村、全国工农业旅游示范点，在省内外享有较高的知名度，是西安市及周边居民节假日近程旅游的常选之地，在西安市周边的乡村旅游地中具有较高的典型性与代表性。

2. 研究思路与问卷调查

采取问卷调查法、观察法和对比分析法。首先，借鉴前人相关研究，结合陕西省乡村旅游示范村建设验收标准设计调查问卷，构建游客感知评价的指标体系。评价体系由两个层次构成：一级指标包括乡村旅游吸引物、旅游服务、旅游环境三大类；一级指标下涵盖了18 个具体的二级指标（见表 1）。问卷题项采用李克特 5 点量表，要求接受调查的游客表明对调查表所列选项的感知（5＝非常重要/非常满意、4＝重要/满意、3＝一般、2＝不太重要/不太满意、1＝不重要/不满意）。其次，通过实际调查，收集游客重要性、满意度评价资料，统计不同指标方面游客的满意度与该指标在游客心目中的重要性分值，调查结果见表 1。再次，分别从旅游吸引物、旅游服务、旅游环境三个方面比对游客满意度评价与重要性评价二者之间的匹配情况（差距），并对其原因作出分析解释，其中差距（绝对值）在0.5以下认为较小，大于1.0认为很大，在0.5—1.0之间认为较大；进一步分析游客的总体满意度、重游意愿与推荐意愿。最后，结合上王村实际提出其乡村旅游建设的优化途径与对策。

问卷调查时间选择在2012年4—6月的若干双休日和节假日进行；调查对象为来上王村农家乐接待户的各类游客。共发放问卷200份，回收有效问卷178份，有效率89.0%。问卷发放随机进行。统计分析的工具主要采用SPSS 11.5和Excel软件。

表1　　　　　　　　　指标体系及游客感知评价结果

一级指标	二级指标	指标的含义	重要性	满意度	差距
旅游吸引物	自然风光	山、水、空气、景色等	4.52	4.21	-0.31
	田园景观	农田、果园、菜园、庄园等	4.06	3.92	-0.14
	农家饭菜	地方特色农家饭菜、小吃等	4.19	4.07	-0.12
	农村产品	农产品、土特产、手工艺品等	2.67	2.22	-0.45
	农事体验	瓜果采摘、种菜、种花、农事体验等	2.94	2.44	-0.50
	室内休闲娱乐活动	品茶聊天、棋牌麻将、卡拉OK等	2.72	2.60	-0.12
	室外休闲娱乐活动	垂钓、烧烤、散步、爬山、戏水等	3.62	2.97	-0.65
	乡村气氛	乡村生产、生活场景、器具服饰等	3.58	2.99	-0.59
	乡土文化	乡村民俗、节庆活动、民间艺术等	3.61	2.89	-0.72
旅游服务	就餐环境	卫生条件、装修装饰、拥挤程度等	4.35	4.02	-0.33
	服务质量	服务人员的态度、仪表和效率等	4.15	3.61	-0.54
	价格	价格高低、性价比等	3.09	2.88	-0.21
	住宿条件	装修、家具、面积、卫生洗浴设施等	3.84	2.85	-0.99
	室内休闲娱乐条件	装修装饰、娱乐设施、面积等	3.09	2.33	-0.76
	室外休闲娱乐条件	游览基础设施条件等	3.94	2.48	-1.16

续表

一级指标	二级指标	指标的含义	重要性	满意度	差距
旅游环境	安全及卫生状况	人身财产安全、环境清洁卫生状况等	4.48	3.52	−0.96
	村内拥挤、安静程度	游客容量与旅游舒适度等	4.19	3.43	−0.76
	交通便捷程度	时间距离、道路状况、停车设施等	4.08	3.40	−0.68

注：为避免重复，将旅游环境中的一些也可以作为旅游吸引物或旅游服务的评价对象纳入旅游吸引物与旅游服务。

三　调查样本情况

1. 信度检验

运用 SPSS 11.5 软件进行可靠性分析，测量样本信度。结果显示，总测试信度 Cronbach α 值为 0.7249，可见，量表的信度比较好，说明样本测量指标的一致性程度较强，可靠性较高。

2. 样本的基本情况

在客源结构方面，女性游客略少于男性；年龄呈正态分布，其中 18—46 岁的游客占到总数的 82.6%；游客文化程度普遍较高，高中专以上学历占到总数的 92.6%；游客中学生较多，其次是企业管理人员、自由职业者、教师及专业技术人员，离退休人员、工人、公务员等游客较少；从家庭月收入来看，4000 元以下的占 79.8%。

出游特征方面，经亲友介绍和重游的游客占绝大多数（93.3%）；游客出游目的分布均匀，聚餐、休闲娱乐、欣赏山水田园风光和休息放松的人数接近；与朋友、亲人结伴出行较多（69.6%）；私家车游客占半数以上，其次是公交车，其他出行方式较少；绝大多数为一日游（98.3%）。

四　结果分析

1. 旅游吸引物感知评价分析

由表 1 中游客对上王村旅游吸引物的感知评价得分可以看出：

从重要性来看，自然风光、田园景观、农家饭菜得分最高；室外休闲娱乐、乡土文化、乡村氛围次之；农事体验、室内休闲娱乐、乡村产品得分最低。从满意度来看，自然风光、农家饭菜两项达到满意，得分最高；仅田园景观一项达到一般评价，游客在乡村产品、乡土文化、乡村氛围、室内外休闲娱乐等方面均不太满意。从各指标满意度与重要性得分之间的差距来看，农事体验、室外休闲娱乐、乡土文化、乡村氛围四项游客期望与实际感知之间存在较大距离。

综合各指标重要性、满意度得分均值以及二者之间的差距，可将旅游吸引物一级指标下的 9 个二级指标分为三类进行分析。自然风光、农家饭菜、田园景观三项，其重要性评价得分均值最高，其满意度得分均值也最高，分别为 4.52、4.06、4.19 与 4.21、3.92、4.07，说明大多游客对这三方面旅游吸引物最为看重，也比较满意，这意味着这些旅游吸引物与游客现阶段旅游偏好相吻合，开发经营较好，受到了游客的欢迎。但满意度与重要性之间的差距也说明上王村在这几方面仍有提升的必要与空间。室外休闲娱乐活动、乡土文化、乡村氛围三项指标，其重要性与满意度得分均值分别为 3.62、3.61、3.58 与 2.97、2.89、2.99，可以看出，重要性得分全部在 3.00 以上，满意度得分均在 3.00 以下，表明游客较为看重，但满意度不高，一定程度说明上王村旅游吸引物比较单一，没有很好地满足游客多元化的旅游需求。这与上王村长期着力经营农家饭菜，对其他类型旅游吸引物关注不够、开发滞后是分不开的。上王村室外休闲娱乐活动目前主要包括散步、爬山和戏水等，村后秦岭自然风光虽然秀丽，但游览设施并不完善，一定程度阻碍了游人亲近自然、放松身心的需求。乡土文化、乡村氛围方面，因经历了基础设施改造、房屋立面改造等，村容村貌大幅改观，环境卫生更加清洁，行车停车更加方便，但同时在很大程度上也失去了原生态的乡村氛围与乡村文化特色，使得希望体验关中乡村文化与乡村氛围的游客满意度较低。农村产品、农事体验、室内休闲娱乐活动这三项指标，游客看重程度相对较低，满意度也较低，其重要性与满意度得分均值分别为2.67、2.94、2.72和2.22、2.44、2.60。可见，游客的旅游偏好目前并不在此，上王村也未重点开发这些方面。但随着乡村旅游市场的重新洗牌与深度发展，休闲、体验未必不是上王村未来发展的重要选项。

2. 旅游服务感知评价分析

从重要性来看，就餐环境、服务质量两项，游客非常看重；住宿条件、价格、室外休闲娱乐条件、室内休闲娱乐条件游客比较看重。从满意度来看，仅就餐环境一项达到满意以上，游客对服务质量比较满意；对其他方面均不太满意。从各指标满意度与重要性得分之间的差距来看，室外休闲娱乐条件方面差距最大，达到1.16，在服务质量、住宿条件、室内娱乐条件方面也存在较大的感知差距。

综合各指标重要性、满意度得分均值以及二者之间的差距，发现旅游服务中、服务质量与就餐环境是游客最为看重（重要性均在4.0以上）的方面，满意度也较高，说明此类服务与游客感兴趣的吸引物相配套，受到了游客的肯定。这一方面受益于上王村的规范管理。所有农家乐接待户的饭菜统一定价，并制定有严格的卫生标准，定期对服务人员进行培训，这使得价格、就餐环境和服务质量得到保证。另外出于竞争原因，各农家乐服务热情周到，加之时有周边大专院校学生在此兼职，也提高了农家乐的服务质量。住宿条件也是游客比较看重的方面，其重要性高达3.84，但满意度明显不相匹配，只有2.85。农家乐接待户住宿条件参差不齐，造成了游客较低的满意度，也一定程度上限制了游客作较长时间停留，加上旅游吸引物较单一，许多游客选择"当日返回"（见表2）。室内休闲娱乐条件的重要性得分为3.09，满意度的得分为2.33，这表明游客对室内休闲娱乐的需求和评价一般。游客对室外休闲娱乐条件比较看重（3.94），但满意度较低（2.48）。相比之下，游客对室外娱乐条件的改善有一定诉求。游客从城市来到乡村旅游，其主要目的就是要在户外的活动中达到放松身心的目的，因此室外休闲娱乐条件的改善应是当务之急。其他方面的服务与设施也必须及时跟进。

3. 旅游环境感知评价分析

旅游环境方面有三项指标，从重要性来看，得分均值都在 4.0 以上，说明游客对乡村旅游环境非常看重。从满意度来看，得分均值在 3.0—4.0，即游客满意度介于满意与一般之间。从各指标满意度与重要性得分之间的差距来看，游客在安全、卫生、交通等方面的实际感知与期望之间均存在较大距离。长期以来，脏、乱、差以及基础设施建设落后是我国许多乡村地区的常态表现，也是城市居民对乡村地区的普遍认知。游客对上王村旅游环境的基本认可，恰好证明了上王村在旅游环境建设方面的巨大进步。自 2001 年起，上王村先后进行了道路的拓宽、硬化、绿化和亮化，完善了给水排水系统，进行了房屋、庭院的综合改造，自来水、电话、有线电视和宽带相继入户，修建了停车场、文化墙和招牌门楼，还增加了治安办、购物商店等公共服务设施，这些都极大地改善了村内的旅游环境。

近年来，随着城市居民经济条件的不断改善以及游客自身的不断成熟，尤其是私家车出游越来越多，游客对旅游环境的要求在不断提升。游客预期与实际感知之间存在较大距离，因此上王村在旅游环境改善方面需要作出持续努力。

4. 游客的总体感知评价分析

根据统计结果，上王村游客的总体满意度均值为 3.23，重游意愿和推荐意愿分别为 3.82、3.89；说明游客的总体评价中等偏上，上王村旅游得到了大部分游客的认可，形成了较好的"口碑效应"。可以推知，游客总体满意度较高，重游和推荐意愿较强是上王村不断发展的重要保证。

重要性方面，在总体 18 个指标中，游客非常看重的分别是自然风光、安全及卫生状况、服务质量、农家饭菜、就餐环境、村内拥挤与安静程度、交通方便程度、田园景观；比较看重的是室外休闲娱乐条件、住宿条件、室外休闲娱乐、乡土文化、乡村氛围、价格；游客心目中认为比较一般甚至不太看重的是农事体验、室内休闲娱乐、乡村产品。说明目前上王村乡村旅游者最关注的是乡村风光、环境、农家饭菜及服务质量等因素，对乡村性特别关注。对农事体验不太看重，可能与上王村以农家乐为主打产品的定位有关，也可能与西安乡村旅游所处的发展阶段有关。游客对室外休闲娱乐比较看重，但对室内休闲娱乐不太看重也在情理之中，因为乡村旅游活动本身就是追求一种开放环境中的身心放松行为。满意度方面，自然风光、农家饭菜、就餐环境三项满意度最高；对田园景观、服务质量、安全及卫生状况、村内拥挤、安静程度、交通方便程度比较满意；其余指标均一般或不太满意。

针对游客调查的 18 项指标，游客的满意度得分均低于重要性得分。从各指标满意度与重要性之间的一致性与差异性来看，差距最大的是室外休闲娱乐条件；其次是住宿条件、安全及卫生状况、村内拥挤安静程度、室内休闲娱乐条件、乡土文化、交通方便程度、室外休闲娱乐、乡村氛围、服务质量、农事体验等。差距最小的是乡村产品、就餐环境、自然风光、价格、田园景观、农家饭菜、室内休闲娱乐等因素。这说明，一方面，上王村农家乐旅游需要全面改进与提升；另一方面，乡村旅游经营者必须针对重要性与满意度差距较大的方面，采取对症下药的有效措施，提高经营质量。

五　上王村乡村旅游优化开发的建议

基于以上分析，上王村乡村旅游的发展应从游客视角出发，认真研究其需求偏好与体验感知，从不同的层面作出有针对性的反应。

1. 做精做强游客看重且比较满意的旅游项目

农家饭菜方面，既要保持规范管理、规模经营的优势，还应探索差异化、精品化和特色化经营路径。如分别经营不同特色农家美味，形成错位竞争和发展的格局；自然风光方面，要合理开发村后秦岭风景资源，完善游览设施，方便游客亲近自然，放松身心；田园景观方面，要将田园景观建设与瓜果蔬菜种植采摘、田园垂钓、烧烤、品茗等活动结合，以丰富、活化旅游内容。

2. 积极改善提升游客看重但满意度低的旅游项目

室外休闲娱乐活动、乡土文化和乡村氛围三方面游客较为看重，但开发刚起步，游客满意度较低，是上王村旅游建设的重点方向。通过秦岭生态空间与村庄周围田园空间的开发，为游客散步、爬山、戏水、采摘、种植、垂钓、烧烤等室外休闲娱乐活动创造更好条件。开发各种反映关中乡村传统文化的节庆活动、婚丧嫁娶礼仪活动、戏曲民俗文艺表演活动、民间艺术展示活动，丰富游客室外休闲娱乐活动的内容。如对服务人员进行培训，对就餐环境进行区分建设，合理制定不同价位，投资建设乡土文化基础设施和筹备组织文化休闲活动等。目前的建设重点应该放在改善室外休闲娱乐条件与住宿条件上。

3. 暂缓开发游客不太看重且满意度较低的旅游项目

暂缓开发目前这些与游客需求存在一定错位的旅游产品，轻率上马只能造成资源的浪费。上王村现阶段着力推动的乡村农副产品、农事体验、室内休闲娱乐活动，并不符合游客的旅游偏好，且游客满意度也较低，目前宜暂缓开发。尤其是农产品加工与制作、棋牌麻将、卡拉 OK 等乡村性不强，效益较差，不宜大量开发。

4. 建立监控体系，对游客需求与感知予以动态掌控

面对日益激烈的市场竞争，乡村旅游地的发展必须以市场为导向，重视游客的体验与感知，密切关注游客的需求及其变动，持续跟踪游客的旅游感受与评价。为此，上王村有必要建立旅游服务与质量监控体系，对游客需求与感知进行动态掌控，以便对市场变化及时作出调整或跟进。

六 结论与讨论

游客的感知评价对乡村旅游地发展具有重要意义。IPA 这种结合了重要性评价的满意度分析方法，既有对游客需求偏好的分析，又有对游客感知体验的关照，很好地将旅游供给与市场需求对接起来，有助于为乡村旅游地的开发建设找准方向，突出重点，从而合理安排开发时序提供科学依据。本文以上王村现有游客群体为研究对象，未做更广泛的市场调研，一定程度上忽视了具有不同旅游偏好的潜在游客群体，不利于横向扩张游客市场。本研究以游客旅游偏好为导向，目的是迎合游客的这种偏好，满足游客的旅游需求，

其正确性与适用性有赖于游客旅游偏好在一定阶段保持相对稳定。

参考文献：

[1] 黄颖华、黄福才：《旅游者感知价值模型、测度与实证研究》，《旅游学刊》2007 年第 8 期。

[2] 董观志、杨凤影：《旅游景区游客满意度测评体系研究》，《旅游学刊》2005 年第 1 期。

[3] 姚娟、陈飙、田世政：《少数民族地区游客乡村旅游质量感知研究——以新疆昌吉州杜氏农庄为例》，《旅游学刊》2008 年第 11 期。

[4] 王兵、罗振鹏：《对北京郊区乡村旅游服务满意度的调查与思考》，《北京联合大学学报》（人文社会科学版）2006 年第 4 期。

[5] 杨永波、李同升：《基于游客心理感知评价的西安乡村旅游地开发研究》，《旅游学刊》2007 年第 11 期。

后 记

2012年，我以"民生导向下的乡村旅游转型升级研究"为题，申请教育部人文社会科学研究青年项目，并成功获批（12YJC630125）。摆在读者面前的这本拙作，就是该项目的最终研究成果。本书的出版还得到了西安石油大学优秀学术著作出版基金、西安石油大学油气资源经济管理研究中心的专门资助。

能申请到教育部项目，应该说是对我从事旅游学术研究的莫大鼓励！岂料在后续的课题研究进程中，却遭遇到了太多的艰辛。学术能力的不足，研究问题的复杂，数据资料获取的困难，身体频频发出的警报，使我一度陷入从未有过的困惑、迷茫、焦虑、颓废之中。幸运的是，在从青年到中年的人生转型中，在学术研究之火与现实万象之魔的反复碰撞、纠缠、较量后，我最终还是选择了继续前行。正如高晓松所言："生活不只是眼前的苟且，还有诗和远方的田野。"现在，当我泡上一杯清茶，在电脑键盘上敲下这些文字的时候，窗外春光明媚、惠风和畅，我的内心愉悦而满足！一切的压力都已经随风逝去，成为往事。我要为自己点赞！

特别感谢我的家人，尤其是妻子王华女士对我的理解、支持和勉励，正是她在高强度工作间隙，对全部家务的无私承担，对我无原则的祖护、包容，我才得以安心地端坐书桌之前、从容地展开思想之旅！女儿刘裕之是上帝派送给我们的天使。她天性活泼、顽皮乖巧，源源不断地将自己的快乐传递给我，让我增加了写作的活力，也具备了研究的动力。书稿写作最关键的一段时间，我有幸将老父亲接到了西安。有他在身边，我再无失眠，备感温暖。我知道，他一直将我当成自己的骄傲。每当我在键盘上奋力敲击时，他都以欣赏的眼光看着我！我怎能不奋力前行？

在本课题研究过程中，还得到了许多方面的大力支持与无私帮助。我的恩师、西北大学城市与环境学院院长李同昇教授、中国地理学会旅游专业委员会副主任杨新军教授多次给予了醍醐灌顶式的理论点拨。西安石油大学经济管理学院王君萍院长多次关心、过问，并予以鼓励与支持。华南师范大学李增福教授、西北政法大学山小琪副教授、西安石油大学张优智副教授、陕西学前师范学院温宏社副教授、长安大学马超群博士、西安石油大学苟三勇副教授、陕西省发改委经济研所张贵凯副所长、中科院地理所李连璞博士后等都曾提供了多种形式的帮助。在这里，我要向他们表示最真诚的感谢！

感谢西安石油大学科技处诸位领导同事的热情帮助和西安石油大学优秀学术著作出版基金的资助以及西安石油大学经济管理学院所提供的良好科研氛围。感谢中国社会科学出版社刘晓红编辑对本书不厌其烦的校对和修改完善！

高兴之余，应该冷静地对本书内容进行科学审视。客观来看，由于本人水平所限，本研究相当粗糙，仅仅初步对乡村旅游转型升级问题做了一次系统化的简单思考与理论梳理，其中有些观点仅为一家之言，还缺乏有力的证据支持，许多问题也有待于进一步细化、深化。所存不足、不当之处，敬请业内专家和各位读者批评指正！

刘笑明
2016 年 3 月 18 日于西安石油大学